نيتشه
وجذور ما بعد الحداثة

الفكر المعاصر
سلسلة أوراق فلسفية

نيتشه
وجذور ما بعد الحداثة

تحرير: د. أحمد عبد الحليم عطية

دار الفارابي

الكتاب: نيتشه وجذور ما بعد الحداثة

تحرير: الدكتور أحمد عبد الحليم عطية

الغلاف: فارس غصوب

الناشر: **دار الفارابي ـ بيروت ـ لبنان**

ت: 301461(01) ـ فاكس: 307775(01)

ص.ب: 3181/ 11 ـ الرمز البريدي: 2130 1107

e-mail: info@dar-alfarabi.com

www.dar-alfarabi.com

الطبعة الأولى 2010
ISBN: 978-9953-71-477-6

تباع النسخة الكترونياً على موقع:
www.arabicebook.com

نيتشه في الفكر العربي المعاصر

د. أحمد عبد الحليم عطية(*)

إن تأثير نيتشه في تزايد مستمر وهو تأثير لم يظهر في حياة الفيلسوف بل ظهر قوياً بعد وفاته. فقد تنبأ هو نفسه بأنه ستنشأ ـ في يوم من الأيام ـ كراسٍ جامعية خاصة من أجل دراسة كتابه «هكذا تكلم زرادشت»، وهي نبوءة تحققت ضد جميع التوقعات. ففي أوائل القرن العشرين ـ كان «زرادشت» ـ من دون ريب ـ المؤلف الأشهر في ألمانيا، وكانت شعبيته وعدد طبعاته في ازدياد متصل. هكذا كتب ستيبان أوديف في مقدمة كتابه «على دروب زرادشت». وهو كتاب مارس تأثيراً قوياً في مثقفي العربية. فأفكار نيتشه ـ كما يرى ـ لم تمارس فحسب، وإنما لا تزال تمارس، تأثيراً هائلاً في الفكر البورجوازي النظري بل وتُستخدم بصورة فعالة في النضال الأيديولوجي من حيث هي نقيض التصور التقدمي عن العالم المؤسس على المعرفة العلمية للقوانين الموضوعية

(*) جامعة القاهرة ـ كلية الآداب.

لتطور الطبيعة والتاريخ والفكر البشري. ونظراً لأن النيتشويه ليست عقيدة رسمية، فقد احتفظت بشهرة الفلسفة النقدية المستقلة التي تسمو فوق غرور النزعات النظرية والأيديولوجية والسياسية[1].

يستعرض أوديف في الفصل الأول من كتابه الأسس النظرية للنتشوية، بينما تشكل الفصول الثلاثة التالية محاولة لتتبع تأثير نيتشه على الصعيدين التاريخي والفلسفي داخل بعض التيارات الفلسفية في ألمانيا منذ أواخر القرن التاسع عشر حتى أيامنا الحاضرة[2].

ويلاحظ ستيبان أوديف أن النيتشوية ـ من حيث هي تيار فلسفي ـ لا يمثلها إلا فيلسوف واحد هو نيتشه نفسه، إذ إن تلامذته الأشهر فضلوا أن يؤسسوا «مدارسهم الخاصة»، كما أن أنصاره وشارحيه الكثيرين لم يضيفوا كلمة واحدة الى فلسفته، بل

(1) ستيبان أوديف: على دروب زرادشت، ترجمة فؤاد أيوب، دار دمشق 1983.

(2) ستيبان أوديف: على دروب زرادشت، ترجمة فؤاد أيوب، دار دمشق 1983. حيث يتناول في الفصل الثاني «من زرادشت الى أسطورة القرن العشرين»: الفلسفة الأكاديمية للحياة عند ديلتاي، ج. سيمل وماكس شيلر، والمصير والنفس والفكر لدى ازفلد شبنغلر ولودفيغ كلاجس، فلسفة نيتشه والفاشية: ألفريد باوملر، وألفريد روزنبرغ. ويعرض في فقرات الفصل الثالث «عودة زرادشت الجديدة» لكل من: فيبر، وكارل لوفيت، وأوجين فينك، بينما يخصص الفصل الرابع «دروب الوجودية التي لا تقود الى أي مكان»: لكل من: كارل ياسبرز ومارتن هايدغر، وإف بولنوف.

اكتفوا بتكييف تعاليمه مع أذواق المستهلكين المثقفين، ممهدين له بذلك درباً نحو فكر الانتلجنسيا البورجوازية وروحها. وتستدعي هذه الملاحظة التساؤل التالي: هل اكتفى الكتّاب العرب بهذه المهمة ـ مهمة الشرح ـ أم أنهم طوعوا أفكار نيتشه لخدمة قضاياهم واهتماماتهم؟ وهذا التساؤل ـ وهو هدف هام في دراستنا الحالية ـ يقتضي منا الوقوف على صورة نيتشه في الثقافة العربية منذ التعرف إليه في بدايات القرن العشرين وحتى اليوم. والوقوف عند القراءات العربية المتعددة له.

(1)

يرجع الفضل الى فرح أنطون في تقديم فلسفة نيتشه الى العربية عام 1907 ـ حسب زعمه ـ إذ يقول في الجزء الثالث من مجلة «الجامعة»، السنة السادسة نيسان/أبريل 1908:

«قلنا في الجزء الثاني الذي ظهر في أول شباط/فبراير ما نصه»: «نظن أن اسم الفيلسوف نيتشه الألماني لم يرد في اللغة العربية قبل الصفحة التي لخصت فيها «الجامعة» شيئاً من فلسفته السنة الماضية».[3] ويعرض في هذا الجزء أساس فلسفة نيتشه،

---

(3) فرح أنطون: الفيلسوف نيتشه وفلسفته، مجلة (الجامعة) الجزء الثالث، السنة السادسة نيسان/أبريل 1908 ص 57.

As^cAD E. Khayrallah: Farah Antun and Nietzsche in Kommission Bei Fraz Steiner Verlag/ Wieshraden Beirut 1979. pp. 338-350.

الذي جاءت فلسفته لتقوض تلك الجهود التي بذلها الفلاسفة في أوروبا، يقول فرح أنطون: «بينما هذه العقول والنفوس الكبيرة آخذة في بناء الهيئة الاجتماعية وهي تظن أنها بلغت منتهى العلم والفكر وأن لا جديد بعد مبادئها هذه وإذا بنيتشه يقوم عليها قومة شديدة ينشر عليها ردوده». يحدد لنا أنطون مكانة وقيمة ودور فلسفة نيتشه في أوروبا وأثرها النقدي في رفض العقائد القديمة. وهو دور هام على المثقفين في الشرق القيام به؛ ومن ثم فإن التعريف بفلسفته يمكن أن يؤدي عندنا دوراً أساسياً في رفض المعتقدات والتقاليد السائدة التي أدت الى التأخر. إن نهضة الشرق تحتاج الى أفكار جديدة تدعو للحياة وليس سوى نيتشه الذي عرض له بالترجمة والتعليق في مجلة «الجامعة» من يقوم بهذا الدور، يقول: «إن ما يحدث في أوروبا مشابه لما يحدث في الشرق الذي يحتاج أبناؤه الى أفكار نيتشه»، ويضيف: «ما زلنا نعتقد بما جهرنا به من سنتين، يوم شرعنا لأول مرة في تلخيص فلسفة نيتشه، وهو أن مبادىء هذا الرجل تحتوي على كثير من الحقائق الضرورية للحياة وعلى أبناء الشرق أن يطلّعوا عليها ليشددوا نفوسهم بها»(4).

وهو يريد بهذه المبادىء تلك التي صبّ فيها نيتشه كل ما

وعبد العزيز لبيب: حدثان نيتشه في الفكر العربي، فرح أنطون والمشروع الفلسفي المبتور. مجلة الفكر العربي المعاصر، بيروت ص 25 ـ 47.

(4) فرح أنطون، المصدر السابق، ص 42.

أعطي من قوة النفس وحماسها لتحبب الحياة والنشاط والقوة الى الناس، وخلقهم بهذه الصفات خلقاً جديداً أو سحق الانحطاط في النفوس والهمم والأمم. كما أنها تحتوي على كثير من المبادىء التي لا نرى الآن موضعاً لها في الشرق. ولأن أنطون يقوم بمهمة مثل تلك التي نهض بها نيتشه، لذا يقدم فلسفته أثناء نقله لكتاب رينان عن حياة المسيح وأثناء تناوله لفلسفة ابن رشد وسجاله مع الشيخ الإمام محمد عبده. وهو حذر لأسباب متعددة في الدعوة لأفكار فيلسوف القوة، وهو حذر يحرص على الإشارة إليه حين يؤكد لنا خطته في نقل فلسفة نيتشه، وهي أن يلخص منها كل ما لا يمس الأديان والعادات الحاضرة «لأن غرضنا هو استخراج لباب القوة والحماسة من كتبه والإعراض عما بقي»[5].

وهو من شدة تأثره بالفيلسوف كتب شعراً على غرار مبادىء نيتشه كما يتضح في «القصيدة على الجبل: بين نيتشه وتولستوي»[6]، وقام بتعريب زاراتوسترا، الذي يعد كما يقول أبلغ كتب الفيلسوف وأجملها. ويجعل منه أجمل أثر أدبي في العالم؛ «وإذا جعلنا مقارنة بينه وبين سائر أعمال البشر وجدناها جميعاً دونه. وصواعقه تنقض نحو مستقبل لم يفطن إليه أحد بعد»[7]. أثار نقل أنطون أو تلخيصه لعمل نيتشه وحذف بعض عباراته قلق

---

(5) المصدر السابق، ص 43.
(6) فرح أنطون: «القصيد على الجبل». مجلة (الجامعة) ص 212 ـ 218.
(7) المصدر السابق، ص 43.

وتعقيب القراء، وتحت عنوان «مسائل ورسائل» نشرت «المجلة» رسالة نقولا معلوف التي يقول فيها: «وددت لو أنكم تلخصون كل أقوال نيتشه (دون حذف شيء منها) وتعلقون عليها حواشي اعتراضاتكم وأفكاركم. وأن لا تحذفوا المبادىء الكثيرة التي لا ترون لها موضعاً في الشرق، ولا يمكن العمل بها، بل تتحفون قراءكم بها كلها».... ، وردت «الجامعة» موضحة موقفها مؤكدة ما سبق أن أشارت إليه لكنه توضيح يكفي للدلالة على موقف صاحبه: «لقد قصدنا أن نحذف منها كل ما هو بحث ديني محض لأننا أبعد الناس عن البحث الديني الذي لا فائدة منه. وأما المواضيع المتصلة بالمباحث الاجتماعية والفلسفية فإننا نبقيها كما هي»[8]. تلك هي أهداف أنطون المعلنة وهي استحضار نيتشه وصواعقه التي تنقض نحو مستقبل لم يفطن إليه أحد من أجل سحق الانحطاط في النفوس والهمم والأمم. لذا فإن على أبناء الشرق أن يطلعوا عليها.

(2)

لم تتوقف الكتابات عن نيتشه منذ بدأت مجلة (الجامعة) التعريف بفلسفته وأول كتاب صدر بالعربية أثناء الحرب العالمية الأولى في مصر والذي قدمه مرقس فرج بشارة (1892 ـ 1964) وهو والد الكاتب المسرحي الفريد فرج والصحفي نبيل فرج.

---

(8)   المصدر نفسه، ص 115 ـ 116.

وصدر هذا العمل عن مطبعة السلام شارع مولاي محمد بالإسكندرية وأعيد نشره في (مجلة «إبداع» العدد 9 عام 2001) وهو يقع في 28 صفحة من القطع المتوسط. وأهميته تكمن في كونه أول كتاب يصدر بالعربية عن نيتشه كما أنه يعيد الاعتبار للفيلسوف الألماني ضد الاتهامات التي اتهم بها «وقد رمي الرجل فيما رمي بالعدمية وحب الذات واحتقار الأديان. على أن القارىء المثبت لا يرى شيئاً من ذلك في كتاباته مطلقاً. ولكن تطرفه في الكتابة الناشىء عن أمراضه التي لازمته طوال حياته أعمى خلال النظر عن حبه للحرية المطلقة غير المقيدة بقانون، وعن احترامه للأديان وإقراره ـ وهو ملحد ـ بأنها تملأ المتدين سعادة وقناعة وأملاً»[9].

يعرض المؤلف حياة ونشأة الفيلسوف ثم فلسفته، التي تتجه الى غرض واحد هو ترقية النوع الإنساني. فهو يقول صريحاً: «كل شيء يساعد على ترقية الإنسان هو عندي صواب. وكل شيء يقف بالنوع الإنساني عند حد أو يرجع به القهقري عماية وضلال» موضحاً موقف نيتشه من المسيحية ومن الشفقة، ورأيه في حاضر الأدب ومستقبله. ويتوقف عند رأيه في المرأة وفي الألمان ثم مختارات من أقواله، والتعريب لكتابه «هكذا تكلم زرادشت»، إلا أن ما يلفت النظر الى هذه الكتابات المختلفة هو تناولها لحياة

_____

(9)   مرقس فرج بشارة: «نيتشه»، مطبعة السلام ؛ مولاي محمد، الإسكندرية، مجلة إبداع، العدد 9، عام 2001.

نيتشه ومؤلفاته وجنونه والمرأة في حياته والموضوع الذي يجذب الانتباه في فلسفته هو الإنسان الأعلى (السوبر مان). الملاحظة الثانية أن معظم هذه الكتابات هي نقل لآراء مؤلفين فرنسيين أو تلخيص لمؤلفات أوروبية عن نيتشه، وذلك على الوجه التالي:

(3)

تناول إدوار منسي علاقة نيتشه بالموسيقار فاغنر في دراسة نشرت على حلقتين في مجلة «الثقافة» بعنوان «بين نيتشه وفجنر»[10] وعلاقته بلوسالومي دراسة بنفس المجلة «امرأة في حياة نيتشه» كذلك كتب في «الهلال» بإمضاء أ .م «غرام الفيلسوف نيتشه»[11] وتناولت مجلة «المقتطف» عرض فلسفته بالمجلد 46 كانون الثاني/يناير 1915 «الفيلسوف نيتشه» دون توقيع[12] وعرض حبيب جاماتي «جنون نيتشه» بمجلة «الهلال»[13] وإبراهيم يوسف

---

(10) إدوار منسي: «بين فاغنر ونيتشه»، (الثقافة) العددان 654-655، ص6-11، 16-18 وهي نقل لما كتبه H.A.Rehbun: (نيتشه... قصة الفيلسوف الإنساني).

(11) إدوار منسي: «امرأة في حياة نيتشه»، (الثقافة): العدد 665 ص 26 ـ 28 و (الهلال) المجلد 45 عام 1937 ص 885 ـ 888.

(12) دون توقيع (المقتطف): «الفيلسوف نيتشه»، (المقتطف)، المجلد 46 عام 1915 ص 28 ـ 30.

(13) حبيب جاماتي: «جنون نيتشه»، مجلة (الهلال) العدد ص 1321 ـ 1324.

«أثر نيتشه» بالمقتطف[14] وترجم محمد فهمي «أغنية الليل» من «هكذا تكلم زرادشت» «بالمقتطف»[15] وقد خصص سلامة موس عدة دراسات عنه توضح الاهتمام الكبير به هي: «نيتشه وابن الإنسان» «بالمقتطف» المجلد 34 في 1909[16]. و «مقدمة السوبرمان». دار مطابع المستقبل طبعة 1910 ويقدم سلامة موسى كتابه بعبارة نيتشه «الإنسان جسر تخطو عليه الطبيعة من الحيوان للسوبرمان». ويبدأ ببيان الروح الجديدة في الآداب الأوروبية متوقفاً عند نظرية التطور ثم يخصص الفقرة الرابعة للحديث عن نيتشه والمسيحية. وهو يناقش فكرة الأقوى وفكرة الأنانية ويميز بين أنانية الفرد وأنانية الجماعة. ويرى مقابل نيتشه «أن علينا أن نضع أحياناً مصلحة الجماعة فوق مصلحة الفرد. فننال غرضاً من الرقي بدون أن نقهر في نفوسنا عواطف الرحمة والتعاون والبر»[17]. كما كتب عنه تحت عنوان «نيتشه فتنة الشباب» في كتابه «هؤلاء علموني». وعرض أحمد أمين «السوبرمان أو الإنسان الكامل» في حلقتين بمجلة «الثقافة» نقلاً عن (P.D.Ouspemk)[18].

(14) إبراهيم إبراهيم يوسف: «أثر نيتشه في العصر الحاضر»، (المقتطف) المجلد 90 أيار/مايو 1937 ص 585 ـ 590.

(15) محمد فهمي (مترجم): (أغنية الليل) من (هكذا تكلم زرادشت) (المقتطف) تموز/يوليو 1937 ص 231 ـ 232.

(16) سلامة موسى: «نيتشه وابن الإنسان»، مجلة المقتطف المجلد 34 عام 1909.

(17) سلامة موسى: مقدمة السوبرمان: دار مطابع المستقبل، 1910.

(18) أحمد أمين: «السوبرمان أو الانسان الكامل»، (الثقافة) العددان 224 ـ 225.

كما كتب عبد الحميد سالم عدة دراسات حول نيتشه هي «لما قرأت الفيلسوف نيتشه؟» للناقد الفرنسي إميل فاجيه في عدة أعداد بمجلة «العصور» أعوام 1928، 1929[19]. كما عرض «فلسفة نيتشه عن هنري ليختنبرجيه» الأستاذ بالسوربون (العصور) نيسان/ إبريل 1929[20].

(4)

وقدم العقاد عدة دراسات يقارن فيها بين نيتشه والمتنبي، فقد نشر في «البلاغ» في 31 كانون الأول/ ديسمبر 1923 مقالاً بعنوان «فلسفة المتنبي» أوضح فيها أن للمتنبي مذهباً خاصاً في الحياة ويعطينا أمثلة عديدة من أشعاره توضح هذا المذهب ويختتم مقالته بأن «من يطالع هذه الأمثلة لا يسعه إلا أن يذكر نظائرها من فلسفة فردريك نيتشه نبي القوة في العصر الحديث. وأن يميل الى المقابلة بين هذه الآراء المتماثلة في مذهب الشاعر العربي ومذهب المفكر الألماني»[21]، ويخصص مقالة ثانية عن فلسفة المتنبي وفلسفة نيتشه «البلاغ» 7 كانون الثاني/ يناير 1924) يؤكد فيها أن آراء شاعرنا وآراء المفكر الألماني تتفق في مسائل كثيرة اتفاقاً

(19) عبد الحميد سالم: « لما قرأت الفيلسوف نيتشه للناقد الفرنسي إميل فاجيه»، مجلة (العصور) المجلدات 15 ـ 18 تشرين الثاني/ نوفمبر 1928 ـ شباط/ فبراير 1929.

(20) عبد الحميد سالم: (العصور) نيسان/ أبريل 1929 ص 442 ـ 450.

(21) العقاد: «فلسفة المتنبي». (البلاغ) 31 كانون الأول/ ديسمبر 1923.

توأمياً لا نعلم أعجب منه اتفاقاً بين نابغين مفكرين ينتمي كل منهما الى قوم وعصر وحضارة ولغة غير التي ينتمي اليها الآخر.

يعتقد العقاد أن المتنبي سبق نيتشه الى أخص آرائه، وهي: أخلاق السادة وأخلاق العبيد، ويستشهد ببيت المتنبي القائل:

العبد ليس لحر صالح بأخ   لو أنه في ثياب الحر مولود

ومن قبيل ذلك، ولكن أظهر منه هذا البيت:

وما في سطوة الأرباب عيب   وما في ذلة العبدان عار

والمتنبي كصاحبه يأنف من المساواة ويأبى أن يقف دون النهايات من الفضائل والمراتب، فنيتشه يعد المساواة ظلماً ويرى العدل أن تختلف الأقدار بين الناس ويفرض على الإنسان أن يتفوق على نفسه ويتخطى أفقها الى أفق أعلى منه على الدوام. والمتنبي يحتقر أن يرضى بالحظ الجليل إذا ساواه فيه من هو دونه ويأبى الصيد الشهي إذا تلاقت عليه كرام الطير وبغاثها. وينتهي العقاد الى أنهما (نيتشه والمتنبي) مبدعان لا تابعان في الأخلاق والأقدار [22].

ويشير العقاد في دراسة ثالثة بعنوان «فلسفة المتنبي بين نيتشه وداروين» إلى أن المتنبي وقف بين نيتشه وداروين في تعليل بواعث الأخلاق ومصادر الفضائل. لأنه آلف بين إيثار الحياة وإيثار السيادة في وسط الطريق، وأبطل التناقض وأزال الخلاف،

(22) العقاد: «فلسفة المتنبي وفلسفة نيتشه»، (البلاغ) 7 كانون الثاني/يناير 1924.

17

لأنه قال لنا إن كل إنسان إنما يحب حياته هو، لا كل حياة ولا أي حياة... إن مدار التوفيق بين المتنبي وبين رأيي داروين ونيتشه مداره على أن بعض الحياة شر من بعض الموت وأن الجريء المخاطر يحب حياته حين يوجهها الى وجهتها من اقتحام المصاعب وملاقاة الخطوب[23].

وكتب العقاد دراسة أخرى بعنوان «مذاهب نيتشه» نشرها في خلاصة اليومية والشذور وخامسة بعنوان «لحظة مع نيتشه» في كتب الفصول نشرها في «دين وفن وفلسفة». وكتب عن نيتشه كل من: ابراهيم المصري «الفيلسوف نيتشه بين إرادة القوة وسطوة الحب» و «في موكب العظماء» وكامل زهيري «العدم: نيتشه» في مذاهب غربية، سلسلة كتب للجميع. ولويس عوض «تأملات في فلسفة نيتشه» في دراسات في النظم والمذاهب. ومن أساتذة الفلسفة كل من: يوسف كرم: «تاريخ الفلسفة الحديثة». ونجيب بلدي «مراحل التفكير الأخلاقي» وتوفيق الطويل «فلسفة الأخلاق نشأتها وتطورها». وعبد الغفار مكاوي «قدر المفكرين حزين»، و «العود الأبدي» في كتابه «مدرسة الحكمة» و «كن نفسك» قراءة في نصوص نيتشه والدراسات المعاصرة حوله. وما ترجم له أو عنه.

إلا أن الجدل الهام حول فلسفة نيتشه وأفكاره وعلاقتها بالدين والعلم هو ما أثارته ترجمة فليكس فارس لِـ «هكذا تكلم زرادشت» حيث اندفع الناقد الدكتور إسماعيل أدهم لمناقشة

---

(23) العقاد: «فلسفة المتنبي بين نيتشه وداروين» (البلاغ).

الترجمة وفهم فارس لفلسفة نيتشه أو تأويله لأفكار الفيلسوف الألماني.

(5)

ويبرر المترجم والناقد عملهما بالرغبة في نهضة الشرق، وهو ما وجدناه في دعوة فرح أنطون الى أفكار نيتشه، لقد استجاب فارس لرأي من أشاروا عليه بترجمة عمل نيتشه «لتسديد عزم الشبيبة في هذه المرحلة التي يتوقف على نهضتنا فيها مستقبلنا واستعادة أمجاد تاريخنا»[24]. لنتتبع دوافعه الى ترجمة الكتاب يقول: «إن ما دعانا وأصحابنا الى تقرير ترجمة «زرادشت» هو أننا نظرنا الى فلسفته من الوجهة الملامسة للمبادىء الدينية والأخلاقية التي تتجه الى إحياء حضارتنا القديمة على أساسها، وقد رأينا أن هذا المؤلف الفريد في نوعه ليس من الكتب التي تنقل الى بياننا لما لها من قيمة فلسفية وأدبية فحسب، بل هو من الكتب التي يجدر بالناشئة العربية درسها كما يدرسها طلاب الجامعات في كل قطر أوروبي... (فقد) اشتمل من المبادىء على ما كان ولا يزال محور الخلاف المستحكم بين ذهنيته وذهنية الشرق العربي بوجه خاص «مما أثار معركة نقدية هامة حول قضية نهضة الشرق ودور الدين والعلم فيها»[25]. ويشير فارس الى القضايا موضع الخلاف

---

(24) فليكس فارس: تمهيد ترجمة كتاب نيتشه (هكذا تكلم زرادشت) ص 22.

(25) الموضع السابق.

منحازاً الى الشرق والدين ويتناول الناقد ليس أفكار نيتشه فحسب بل فهم المترجم وتأويله لها.

فإذا كان نيتشه يريد خلق الإنسان المتفوق جباراً كشمشون، وشاعراً كداود، وحكيماً كسليمان، فهو يكلف الطبيعة ما لا قبل لها به. فان فارس يرى أن في الحياة مسالك خطتها الإرادة الكلية وليس للإرادة الجزئية أن تتناولها بتحوير، فمصاعد الرقي للأرواح منتصبة من كل مسلك في عالم الظاهر نحو العالم الخفي، وما خصت به العناية أقوياء الجسوم بالارتقاء[26]. ويفرق بين نوعين للوصول الى الرجل المتفوق: طريق العلماء في الغرب، وطريق الدين في الشرق. وهو ينحاز للطريق الثاني يقول: «أما نحن، أبناء هذا الشرق الذي انبثق الحق فيه انصباباً من الداخل لا تلمساً من الخارج، فلنا المسلك المفتوح منفرجاً أمامنا للإعلاء والخروج الى النور بعد هذا الليل الطويل، إذا نحن أخذنا بروح ما أوحاه الحق إلينا، لا بترقية الزراعة والصناعة ولا بنشر التعليم والتهذيب ولا بجعل البلاد جنة ثراء وتنظيم، تنشأ الأمة ويخلق الشعب الحر السعيد»[27].

إن فارس يقدر نيتشه تقديراً عالياً ويرفض ـ في الوقت نفسه ـ موقفه من الدين ويريد أن يفسره تفسيراً يقربه من الدين. يقول: «إننا لم نر كفراً أقرب الى الإيمان من كفر هذا المفكر الجبار

---

(26) المصدر نفسه، ص 7.

(27) المصدر السابق، ص 11.

الثائر الذي ينادي بموت الإله، ثم يراه متجلياً أمامه في كل نفس تخفق بين جوانح الإنسان من نسمته الخالدة»[28]. ويعطينا تأويلاً لبعض نصوص نيتشه على لسان زرادشت تجعله أقرب الى الإيمان، خاصة الفصل الذي عنوانه «بين غادتين في الصحراء» مما دفع إسماعيل أدهم الى نقد ما قدمه فارس، الذي يعده من أعلام البيان في الشرق العربي، عرفته لغة الضاد ذائداً عن حياضها أمام تيار العجمة الدخيل، وعرفه الشرق العربي رسولاً يرفع رسالة غيبيات الشرق أمام يقينيات أوروبا الجارفة.

ينتقد أدهم أفكار المترجم التي كانت تتسرب الى تفكير نيتشه فتختلط به أو تجعل كلامه ينحرف بعض الانحراف. ويعطي أمثلة لذلك بفصل «بين غادتين في الصحراء». يقول: «يرى فارس أن أسد الصحراء رمز للنبي، رمز لانبعاث الفضائل العليا وتحررها على الجحود والتضعضع في الحياة» بينما هو عند أدهم رمز للعقل الإنساني الطموح الى نيل حريته وبسط سيطرته على حياته؛ أما الصحراء فيفهمها على أنها الحياة المتحررة؛ وأما صرخة الأسد أمام غادات الصحراء فهي صرخة الإرادة في الإنسان الطموح لنيل حريته، وغادتا الصحراء، هنا هما فضائل الحياة»[29]. وبينما يرى المترجم أن نيتشه يكلف الطبيعة ما لا قبل لها به ويطمح الى

---

(28) المصدر السابق، ص 14.
(29) د. إسماعيل أدهم: هكذا تكلم زرادشت، ترجمة الأستاذ فليكس فارس، (الرسالة) يونيه 1938، ص 1799.

إيجاد جبابرة لا يصلحون لشيء في المجتمع؛ لأن الحيوية لا تنصرف من مختلف نوافذها الجسمية في آن واحد دون أن تقبض على صاحبها لتوقفه في سلم الارتقاء على مرتبة معلقة بين الاعتلاء والانحطاط؛ يرى أدهم في نقده أن هذا الاعتراض لا يصح على نيتشه؛ ذلك أنه يقيم فكرته في مجيء السوبرمان من ازدياد القوى الحيوية عن طريق ترك المجال لتنازع البقاء فيبقى القوي الأصلح[30].

وعند فكرة فارس «أن الدين الذي يهاجمه نيتشه إنما هو صورة لأصل شوهها الغرب»، وهي فكرة متكررة لديه، يرى إسماعيل أدهم أنها فكرة خاطئة. فالغرب لم يشوه الدين الذي أخذه من الشرق، وإنما كل ما فعله أنه جعله يتكافأ مع طبيعته الحيوية الإنسانية فأسبغ عليه صوراً ليست منه، ولكنها من طبيعته، فكان من ذلك صورة للدين تغاير الصورة التي هي عليها في الشرق. فالغرب كيّف الدين على حسب طبيعته حتى يقبله، وهذا التكيف هو ـ في الواقع ـ خلع للثوب الغيبي عن عقليته الآرية وعقله الإنساني المتحرر من تقاليد الماضي، وهو لم يحاول أن يجعل الإنسان يفلت من حدود إنسانيته بل عمل على أن يردّ الإنسان الى حقيقته في عالم الطبيعة بعد أن حاولت الأديان أن تفلته من حدود الطبيعة وتجعله خاضعاً لما وراء الطبيعة حتى أصبح الانسان حيواناً ميتافيزيقياً[31].

---

(30) المصدر السابق، ص 1837.
(31) المصدر السابق، ص 1839.

إن وقوف فارس عند الدين باعتباره المرجعية لفهم أفكار نيتشه
وتأويلها ليفيد منها أبناء الشرق هو أحد الوجوه في القضية،
والوجه الآخر، هو قبول أدهم بالعلم أو بنظرية التطور التي هي
سبيل الرقي الإنساني، ومن هنا فهو يحدد الاختلاف بينهما في
قوله: «صديقي المترجم رجل غيبي وأنا رجل ضد الغيبيات على
خط مستقيم. والناحية الغيبية عند صديقي هي التي جعلته ينكر
التطور كحقيقة بيولوجية. إن فليكس فارس لم يقف على حقيقة
البحوث التطورية الحديثة... وهو ينكر التطور كحقيقة علمية،
وهنا موضع الافتراق بيننا»[32].

(6)

بعد هذا العرض السريع لما كتب أو بعض ما كتب، عن نيتشه
في العربية يأتي عمل بدوي المؤثر عن نيتشه بعد كتابات متعددة
عن الفيلسوف الألماني، ومن هنا فالسؤال الذي يهمنا في هذه
الدراسة هو: ما السبب في كون دراسة بدوي عن نيتشه أثرت كل
هذا التأثير الذي ألمحنا إليه من شهادات المثقفين العرب الذين
تسرب اليهم حماس بدوي لأفكار نيتشه؟
هناك بعض الملاحظات المبدئية على الكتابات السابقة، سواء
في موضوع الاهتمام أو طريقة التناول:

---

(32) المصدر السابق، ص 1840.

الملاحظة الأولى: يغلب على الكتابات السابقة التناول الأدبي، حيث مثل كتاب «هكذا تكلم زرادشت» الاهتمام الأساسي لدى معظم من كتب عن نيتشه أو ترجم بعض مقاطع الكتاب كما رأينا لدى فرح أنطون ثم ترجمة العمل كاملاً. وهذا الاهتمام أدى بمعظم من كتب عن نيتشه الوقوف عند أحداث حياته وعلاقاته بمعاصريه. وتناول أفكاره شعراً أو استدعاء أشعار تتفق مع هذه الأفكار(33).

الملاحظة الثانية: والهامة، هي محاولة رد نيتشه الى حظيرة الدين وتفسير إلحاده بإيمان عميق مستتر، وهي محاولة نجد نظيرها في تاريخ الفلسفة حين تناول كارل ياسبرز، الفيلسوف الوجودي المؤمن، أفكار نيتشه بما يقربه من المسيحية(34). وهذا ما حاوله كل من فليكس فارس في تمهيده لترجمة «هكذا تكلم زرادشت» ومن بعده بولس سلامة في الفصل الذي عقده عن نيتشه في كتابه «الصراع في الوجود»(35).

---

(33) نشير الى ما قدمه فرح أنطون (القصيدة على الجبل) وكذلك ما قدمه بولس سلامة: الصراع في الوجود، دار المعارف ـ 1952 ـ وما أورده العقاد من أبيات المتنبي التي تتماثل مع أفكار نيتشه.

(34) انظر عرض الدكتور حسن حنفي لهذه المحاولة في «بين ياسبرز ونيتشه» الفكر المعاصر، القاهرة تشرين الأول/أكتوبر 1969 العدد 56، وكذلك في كتابه قضايا معاصرة الجزء الثاني ـ دار الفكر العربي، القاهرة 1976، ص 375 ـ 397.

(35) بولس سلامة، المصدر السابق، ص 217 ـ 218.

والملاحظة الثالثة: أن تقديم نيتشه الى العربية كان يهدف الى بيان الدور الذي قام به في تجديد الأفكار ودعوته للرقي والتقدم ورفض القديم، ومن هنا أكد كل من فرح أنطون وفليكس فارس واسماعيل أدهم ومرقس فرج بشارة أهمية أفكار نيتشه في رقي العقول ونهضة الشرق.

أراد بدوي بتقديم نيتشه الى العربية أن يقدم لنا خلاصة الفكر الأوروبي، وقد اختار من موضوعات هذا الفكر ما يمثله أحسن تمثيل ويعبر عن سموه أصدق تعبير من الفلاسفة. ومن الفلاسفة الذين يمثلون خلاصة الفكر الأوروبي لم يختر بدوي إلا أقدرهم على الإلهام وعلى إثارة التفكير وأقربهم الى روح العصر، وأعظمهم أثراً في تطور أوروبا الروحي وأشدهم عناية بمشاكل الانسانية الحقيقية، وأحرصهم على أن يكون فكرهم حياً ينبض بدماء الحياة خصباً يقدر على النمو من بعدهم والإنتاج، جريئاً يهاجم المشكلات، حراً يبدد ما قدس من الأوهام. ومن هؤلاء اختار رسم صورة نيتشه وهي كما يقول: «صورة حية قوية فيها عنف وفيها قسوة، وفيها تناقض وفيها اضطراب وفيها خصب وفيها حياة».

يريد بدوي أن يعرض على أبناء هذا الجيل ـ عن طريق هذه السلسلة ـ العقل الأوروبي وهو يناضل ويجاهد في سبيل إيجاد نظرة في الحياة وفي الوجود من شأنها أن تخلق طابعاً ممتازاً من الإنسانية، وصورة جليلة سامية من صور الحضارة يقول: «نريد أن نبين لهم كيف يفكر هذا العقل ويبدع ويخلق، وكيف يتطور فتتطور

معه صور الوجود وقيم الحياة»(36). إن ما يعني بدوي حقاً هو أن يحملهم ـ أي أبناء جيله ـ على أن يفكروا فيما فكر فيه العقل الأوروبي ويتأملوا في المشاكل التي أثار، والحلول التي قدم، كي يتخذوا من هذا النظر وذلك التأمل والتفكير، دافعاً ومادة وأداة من أجل إيجاد هذه النظرة الجديدة التي باسمها سيعلنون ثورتهم الروحية المنشودة.

يهدف بدوي، إذاً، الى ثورة روحية تعم أبناء هذا الوطن. وهذا موقف سياسي يؤكد حقيقة انتماء بدوي الى حزب (مصر الفتاة) وقصائده الوطنية التي نشرها بمجلة الحزب وكتاباته السياسية التي تعبر عن موقفه السياسي. يأتي كتاب نيتشه في هذا السياق.

تتوزع الجهود الفلسفية للدكتور بدوي بين مجالات فلسفية متعددة، بين: مبتكرات، ودراسات غربية واسلاميات، ويمتزج في أعماله التأليف بالترجمة والتحقيق. يتوقف البعض أمام المبتكرات التي يختلط فيها الإبداع الفلسفي بالأدبي وهو ما يمثل جهده الفلسفي أصدق تمثيل ويظهر في مقدمتها: «الزمان الوجودي»، و«الإنسانية والوجودية في الفكر العربي». و«هل يمكن قيام أخلاق وجودية؟»... وفي الأبحاث نجد دراسات في الفلسفة الوجودية... وفي الإسلاميات نجد تحقيقاته المختلفة للنصوص الفلسفية ومذاهب الإسلاميين وكتاباته بالفرنسية وبعض ترجماته. وفي خلاصة الفكر الأوروبي قدم عدداً من الفلاسفة والدراسات:

---

(36) بدوي: نيتشه. مكتبة النهضة المصرية الطبعة الرابعة 1965، ص (ل).

أولها وأهمها كتابه عن «نيتشه» الذي يعد ـ من وجهة نظرنا ـ أقرب الى إبداعات بدوي لأسباب متعددة، ليس فقط لأنه أول كتاباته وأنه لم يصدره باعتباره جزءاً من مهامه التدريسية بالجامعة، ولا لأنه أول دراسة فلسفية بالعربية عن نيتشه، المعروف جيداً في ثقافتنا قبل نشر بدوي كتابه، بل ترجع أهمية كتاب بدوي عن نيتشه الى سببين هامين:

الأول: سبب سياسي خالص، وهو ما نؤكده في هذه الدراسة حيث مثّل فكر نيتشه بالنسبة له الأساس النظري لتوجهه السياسي، المتمثل في انتمائه لحزب (مصر الفتاة) في فترة مبكرة من حياته، بعد تخرجه مباشرة وعمله بالجامعة، حيث كان مسؤول العلاقات الخارجية بالحزب، وتمثل كتاباته عن المشكلات السياسية والمذاهب السياسية: عن الفاشية والنازية، الأساس النظري لسياسية مصر الفتاة. لقد أراد بدوي أن يؤسس للسياسة ومن هنا اتجاهه نحو نيتشه وبدوي ليس بدعاً في ذلك. فقد سرى في فكرنا العربي المعاصر هاجس قوي في إمكانية تحقيق الثورة المنشودة وتغيير الواقع من خلال اختيار النماذج الفلسفية الغربية. حيث يمكننا إيجاد تشابه قوي بين موقف بدوي من نيتشه وموقف أنطون سعادة مؤسس الحزب القومي السوري الاجتماعي منه، مثلما نجد استدعاء البعثيين العرب لفلسفة برجسون الذي استمع كل من ميشيل عفلق وزكي الأرسوزي الى محاضراته وتتلمذوا عليه. كما استعانوا بالفيلسوف الفرنسي سارتر ليكونوا ثوريين دون اعتناق الماركسية مثلما يظهر في عمل جورج طرابيشي «سارتر والماركسية».

الثاني: سبب ذاتي تماماً يتمثل في ارتباط بدوي الوثيق بحياة وأفكار شخصية نيتشه الأرستوقراطية المتحررة وثورته ورفضه للعادات والقيم القديمة ونظراته الثاقبة في الحياة والكون التي تمثل سمواً نظرياً وثورة روحية ذات تأثير في العقول يفوق سلطة الهيئة الاجتماعية والدول بمؤسساتها المختلفة حيث ينتمي بدوي للأرستوقراطية المصرية ـ طبقة الأعيان ـ ويحرص على تأكيد ذلك. وهو يمثل الصفوة الثقافية مما أوجد نوعاً من التقارب، إن لم يكن من التطابق والتوحد، بين الرائد العربي والمفكر الألماني، الذي أعلى من الإرادة والوجدان. على العكس مما نجد لدى بعض العرب من الماركسيين والإسلاميين، مثل عبد الوهاب المسيري على سبيل المثال، الذي يعتبر نيتشه فيلسوف العلمانية والعدمية الأكبر. ويجد أنه سبب انهيار منظومة الحضارة الغربية، وكذلك لدى كل من مراد وهبة ومحمود أمين العالم؛ أما بدوي فهو إن صح القول نيتشه العربي.

وبدوي نفسه يعترف فيما كتبه بتأثير نيتشه القوي فيه. يقول عن نفسه: «فيلسوف مصري ومؤرخ للفلسفة. فلسفته هي الفلسفة الوجودية في الاتجاه الذي بدأه هايدغر... وقد أحاط علماً بكل تاريخ الفلسفة. وتعمق في مذاهب الفلاسفة المختلفين، والألمان منهم بخاصة. لكن أقوى تأثير في تطوره الفلسفي إنما يرجع الى اثنين هما هايدغر ونيتشه»[37].

---

(37) د. عبد الرحمن بدوي: موسوعة الفلسفة، الجزء الأول، المؤسسة العربية للدراسات والنشر بيروت، 1984، مادة (بدوي).

وقد ظهر تأثره بهايدغر في كتابه «الزمان الوجودي» 1945 وهو تأثير يحتاج الى تفصيل. إلا أن مهمتنا هنا هي دراسة نيتشه انطلاقاً من جهود بدوي. فالثورة والتمرد وزعزعة الأسس والأفكار السائدة وقلب القيم المتعارف عليها ــ التي تمثل دعوة نيتشه ــ وجدت صدى عند المفكر العربي. ومن هنا فإن الذي نسعى لطرحه هو خصوصية نيتشه في فكر بدوي وقراءته السياسية له وأهمية كتاب بدوي عن الفيلسوف الألماني، الذي أثر في وعي جيل كامل من المثقفين العرب ممن وجدوا في بدوي تجسيداً لأفكار نيتشه. أو بعبارة أخرى، يمكن القول إن تأثير بدوي الكبير يرجع الى حماسته في الكتابة عن نيتشه.

ويمكن أن نستشهد ببعض الآراء في هذا المجال وهي شهادات ممن سرى هذا التأثير فيهم في بداية حماس بدوي الكبير لنيتشه: يقول محمود أمين العالم «إن الدكتور بدوي كان يمثل ذات يوم دعوة للخلاص لطائفة من المثقفين أثناء الحرب العالمية الثانية. وكنت واحداً من السائرين في طريقه. كنا نلتهم كلماته كأنها الخبز المقدس ونعاني أفكاره معاناة حادة جادة... وأذكر أنني ذهبت الى الجامعة أول ما ذهبت محملاً بالنموذج الأسطوري الذي بشر به نيتشه (الإنسان الأعلى)... ولهذا كان عبد الرحمن بدوي أول تجسيد أمام عيني لهذا النموذج، كان تجسيداً لإرادة القوة، لأخلاق السادة، ولهذا الحبل المنصوب فوق الهاوية الذي يسير عليه الإنسان نحو الإنسان الأعلى»[38].

---

(38) محمود أمين العالم: «الدكتور عبد الرحمن بدوي هل يسير في طريق مسدود»، في كتاب الإنسان موقف، دار قضايا فكرية، القاهرة، ص 124.

وكذلك يمكن أن نشير الى الشهادتين الهامتين من تلميذيه
الدكتور أنور عبد الملك «كيف تكون الفلسفة؟» واسماعيل
المهدوي «الشاهد الأكبر على مذابح الفلسفة» اللتان توضحان هذا
التأثير(*).

ويدلي الشاعر المبدع محمد عفيفي مطر بشهادة «من مقصورة
المتفرجين» يقول: «لم يكن يعلم هذا المراهق الريفي أن لحظة
من لحظات الزلزال الروحي قد ألقت بين يديه بكتاب قديم مهلهل
سوف يعصف به ويفتح أمامه باب الفطام عن كل ما قرأ ووعى،
ويرمي بين جوانحه بجمرة متوقدة يصدق عليها قول صاحبها
«احرق واحترق... تلك كانت حياتي». كان الكتاب هو «نيتشه»
لمؤلفه ـ وأستاذي فيما بعد ـ عبد الرحمن بدوي»(39). ونجد
نفس التأثير الذي مارسه بدوي على عدد كبير من المثقفين في
شهادة ماهر شفيق فريد عن تأثير بدوي عليه في مرحلة مبكرة من
حياته في قوله: «كان كل كتاب جديد، مؤلفاً أو مترجماً، يقرؤه
المرء لبدوي جديداً وتجربة تهز من الأعماق... كان عبد الرحمن
بدوي هو الذي قدم إليّ نداءات نيتشه النارية، عيشوا في خطر.
ابنوا مدنكم قرب بركان فيزوف. أرسلو سفنكم الى بحار

(*) راجع: «ملف فلسفة المغترب»، مجلة «القاهرة»، العدد 158، كانون
الثاني/يناير 1996.

(39) محمد عفيفي مطر: «ابن رشد: شهادة من مقصورة المتفرجين»، مجلة
(ألف) العدد 16 عام 1996 ص 163.

مجهولة»، «لهذا نظل ـ مع كل التحفظات، وهي تحفظات مهمة وأساسية ـ مدينين له الى آخر لحظة في حياتنا»[40].

وقبل أن نواصل حديثنا نشير الى ملاحظة هامة بخصوص الشهادات السابقة والتأثير القوي الذي مارسته أفكار بدوي عن نيتشه، وهو تأثير تم في مرحلة مبكرة في حياة هؤلاء، وسرعان ما تحول كثير منهم عن هذا الاتجاه الى دراسات أكثر تعمقاً أو الى التفرغ التام للإبداع الشعري أو الى مواقف فلسفية مضادة تماماً لهذا الاتجاه الوجودي النيتشوي الذي دعا اليه بدوي.

ان الغاية التي يتغياها بدوي كما تتضح في تصديره لكتاب نيتشه هي تأكيد ضرورة الثورة الروحية. ان الغاية الوطنية التي كان يهدف اليها قبيل الحرب العالمية الثانية، والتي عبر عنها في كتاباته السياسية في جريدة مصر الفتاة، هي الاستقلال والثورة على كل القديم. فليس من شك أن هذا الوطن في أشد الحاجة الى الثورة الروحية على ما أَلِف من قيم، وما اصطلح عليه حتى الآن من أوضاع؛ في أشد الحاجة الى أن يطرح مكانها نظرة أخرى، كلها خصب، وكلها قوة، وكلها حياة؛ وفيها تعبير واضح عن كل ما يخالج ضميره من مطامح نحو السمو ونحو العلاء؛ وشعور حي نابض بالنزوع الى تطور روحي هائل تتصاعد فيه قواه مندفعة متوترة.

---

(40) د. ماهر شفيق فريد: «عبد الرحمن بدوي دراساته في الآداب الغربية». الكتاب التذكاري عن بدوي، الهيئة العامة لقصور الثقافة القاهرة 1997م.

وإذاً توقفنا أمام تصدير بدوي ـ وهو تصدير ذو دلالة ـ لظهرت لنا دلالة اختيار نيتشه، وهي دلالة سياسية أيديولوجية، تهدف الى ما يسميه بدوي: «القيام بثورة روحية اقتضتها ظروف الحرب، فإذا كانت الحرب الماضية (العالمية الأولى) قد هيأت الفرصة لهذا الوطن كي يثور ثورته السياسية، فلعل هذه الحرب الحاضرة أن تكون فرصة تدفعه الى القيام بثورته الروحية». وبدوي ليس بعيداً عن الأحداث السياسية، فهو مسؤول العلاقات الخارجية بحزب (مصر الفتاة). يستشعر خطر الحرب المقبلة ويكتب عنها ويراها تكشف عورات المذاهب السياسية المختلفة المخالفة. وإذا تساءلنا لماذا نيتشه بالتحديد؟ قد يخطر على الذهن تشابه في التكوين بين المفكر العربي والفيلسوف الألماني. وإذا كان ذلك كذلك فما هي أوجه التشابه بينهما؟ وما هي مكانة نيتشه في فكر بدوي؟ علينا أن نشير ـ قبل تحليل ما بينهما من تشابه انطلاقاً من كتاب بدوي عن نيتشه ـ الى ضرورة أن نميز بين عرض بدوي المبكر للفيلسوف الألماني في كتابه الأول، وبين الإشارات التي ذكرها عنه في كتاباته ودراساته التالية: وهي إشارات قليلة موجزة ولكنها ذات توجه أساسي في تكوين بدوي الفلسفي تختلف تماماً عما في كتابه الأول، الذي نعده أقرب الى الثقافة السياسية التي يتبناها ويدعو اليها. وإن كان لا يخلو ـ كما سنرى ـ من بعض الأفكار الفلسفية التي شغل بها المفكر العربي في فترة إبداعه الأولى.

يستهل بدوي كتابه بقصيدة نيتشه التي تعبر عن دورة التطور؛ دقات الساعة الاثنتا عشرة؛ وأي شيء أقدر من الساعة على

التعبير عن الحياة والكشف عن نسيجها العضوي الحي؟ ذلك لأنها رمز الزمان ومقياسه. إن الزمان موضوع اهتمام بدوي الأساسي، هو السطور الأولى يفتتحها كتابه عن نيتشه «فيلسوف الحياة، فليس في وسع المرء أن يصف حياة الفرد وصفاً دقيقاً، إلا إذا استعان بالزمان في وصفه، فصور هذه الحياة على شكل تطور، له أدواره ولكل دور طابعه ورسمه»(41). ومذهب بدوي الذي أعلن عنه وعرف به هو الزمان الوجودي؛ فالزمان هو أساس فلسفته التي عرف بها وعرفت عنه. يصف بدوي حياة نيتشه من خلال الزمان، ونيتشه ممن يجمعون بين حياتهم وفكرهم في نسيج واحد، الذين يحيون أفكارهم قبل أن تنتجها عقولهم وقبل أن يعرضوها على الناس.

وإذا كانت الساعة في دقتها الأولى تدعونا الى دراسة نيتشه «الإنسان». فإن وصف بدوي له يستحق التحليل، ففي كثير من فقرات الكتاب التي يعرض فيها بدوي أفكار وأقوال نيتشه يتوقف منبهاً أن نيتشه ـ وهو يكتب هذا الكلام ـ لم يكن يصف غير نفسه، ولا يستوحي غير طبيعته أو يقول ما أصدق هذا الكلام بالنسبة لنيتشه(42). وأشعر ـ وقد يوافقني القارىء في ذلك ـ أن كثيراً من هذه العبارات تصدق بنفس القدر على بدوي نفسه. يقول وهو يتحدث عن نوعين من الوحدة تفرق بينهما اللغة الألمانية:

---

(41) المصدر السابق، ص 5.
(42) المصدر السابق، ص 27، 86.

«الوحدة المؤلمة التي يجد المرء فيها نفسه، والاعتزال الاختياري، وهو الانسحاب الإرادي، هو وحده الذي نعنيه ـ هنا ـ حين نتحدث عن الوحدة عند المفكرين وأصحاب الفن. فهو وحده الشرط الجوهري لكل إنتاج وكل خلق فكري أو فني»[43]. لن نتسرع لنعقب بأن بدوي هنا وهو يصف نيتشه إنما يصف نفسه ويفسر لنا غربته أو انسحابه الاختياري، بل علينا أن نواصل وصفه للوحدة عند نيتشه. وهو يفعل ذلك باستخدام كلمات نيتشه في أحد خطاباته الذي يقول فيه:

«أشعر بأنه قضي عليّ بالوحدة حتى أصبحت حصني الحصين. وليس لي في هذا الآن أي اختيار. وإن ما يدعوني الى الاستمرار في الحياة من واجب ضخم سام لا مثيل له، يدعوني أيضاً الى تجنب الناس وعدم التعلق بشخص ما من الأشخاص»[44]. سوف نتخذ من تعليق بدوي على نيتشه تعليقاً عليهما معاً، يقول بدوي: «ليتخذ من الوحدة وعدم إقبال الناس عليه وحبهم له دليلاً على سموه، ومجالاً للزهو والكبرياء»[45].

«يشعر نيتشه بذاته (وهذا ما ينطبق على بدوي نفسه) شعوراً مفرطاً قوياً، ويعتد بنفسه اعتداداً كبيراً، حتى أصبح يعتقد أنه قادر على التأثير في العالم كله تأثيراً كبيراً حاسماً»[46]. إن الطابع

(43) المصدر السابق، ص 84.
(44) المصدر السابق، ص 94 ـ 95.
(45) الموضع نفسه.
(46) المصدر السابق، ص 105.

34

الرئيسي السائد في طبيعة نيتشه ـ والتي يلخصها أحسن تلخيص ـ
هو الامتياز الخارق، الممتلىء شعوراً بذاته، المتفاني في
الإخلاص لرسالته، «امتياز يجعل من حياته حياة غريبة شاذة لا
يكاد تاريخ الإنسان الروحي أن يجد لها مثيلاً ولا قريناً؛ ومن
وجوده مأساة هائلة رائعة... وبطلها شخص مفرد احتملها كلها
وحده، وكانت الوحدة وطنه وقصره الشامخ المخيف! وامتلاء
يحمله على الاستقلال المطلق، والجرأة التي تكاد تبلغ حد
الوقاحة، وفرض الإرادة والشخصية فرضاً يشعر الناس بإزائها
شعورهم وهم في جوار بناء ضخم يتحدى السماء، فيبتعدون عنه
خائفين من أن ينقض عليهم، ويحيا هو فريداً ليس بجوراه
إنسان»(47) .

يظهر أثر كتابات بدوي السياسية في كثير من القوى السياسية
المصرية في فترة الأربعينيات من القرن الماضي خاصة على قادة
تنظيم الضباط الأحرار ورموز الوطنية المصرية مثل عزيز المصري،
الذي قرأ مقالات بدوي في «مصر الفتاة» عن النازية والفاشستية.
«ولما كان معجباً بالألمان ويحسن شيئاً من اللغة الألمانية ـ فيما
يقول بدوي عنه ـ فقد انصب الحديث بينهما حين التقيا عن
الألمان وهتلر والثقافة الألمانية». وهو حين يتحدث عن أصحاب
الفضل في الإفراج عنه بعد اعتقاله في ليبيا، يذكر الرئيس أنور
السادات والدكتور محمد حسن الزيات وزير الخارجية. وكان

---

(47) المصدر السابق، ص 117.

السادات، ممن التقى بهم عند الفريق عزيز المصري، شديد الإعجاب بكتاب بدوي «نيتشه». «وقد صرح فيما بعد في خطبة أقامها للأدباء في الإسكندرية، إنه متأثر تمام التأثر بكتابي هذا «نيتشه». وظل مؤمناً بفلسفة القوة التي دعا إليها نيتشه وعرفها هو من كتابي الى أن انتصر في حرب تشرين الأول/أكتوبر 1973».

يقول بدوي عن أثر هذا الكتاب: «من الفئات التي أقبلت بشدة على قراءة هذا الكتاب فئة ضباط الجيش الذين كانوا ذوي تطلعات سياسية ومنهم جمال عبد الناصر وأنور السادات كما صرحا مراراً، لكن أشد هؤلاء الضباط حماسة للكتاب كان الضابط أحمد عبد العزيز الذي استشهد في فلسطين 1948، والذي راح في اللقاء الوحيد الذي جمعه ببدوي في بيته بمصر الجديدة يردد له عن ظهر قلب كثير من الجمل الحماسية من الكتاب».

يريد بدوي عن وعي أو لاوعي إقامة علاقة بين أثر نيتشه في هتلر وأثر كتابه عن نيتشه في الضباط الأحرار. وسواء كان هذا هدفه أو لم يكن هو على وعي بذلك فإن توجه الضباط الأحرار في فترة القلق والحيرة التي تمر بها مصر قبيل 1952، والبحث عن سبيل آخر غير الديموقراطية والتحول عن الليبرالية السائدة حينذاك الى الفاشية، يبطن لدى بدوي تفسيراً سياسياً لفلسفة نيتشه أو على الأقل إمكانية توظيف فلسفته توظيفاً سياسياً.

ولسنا في حاجة الى تأكيد ما في هذه القراءة من عدم مشروعية في الربط بين فلسفة نيتشه والنازية.

ولم تقتصر كتاباته عن نيتشه على هذا العمل وهو أول أعماله وكانت دوافع كتابته كما أوضحنا دوافع سياسية، إلاّ أننا نجد أن اهتمام بدوي بالفيلسوف الألماني لم يتوقف واستمر في دراساته الفلسفية الأخرى.

علينا، إذاً، أن نعرض موقف بدوي من نيتشه، ليس من خلال «خلاصة الفكر الأوروبي» فقط بل أيضاً في كتابات بدوي الأخرى حيث نجد صورة نيتشه قد ظهرت أيضاً في «الحور والنور» كما ظهرت في نيتشه والشعر، في الشعر الأوروبي المعاصر باعتباره صورة حية نابضة قلقة متوترة تساعدنا في إبداع نظرة فلسفية متعمقة أطلق عليها بدوي اسم «الزمان الوجودي». وكان نيتشه ـ في هذه النظرة ـ خطوة فلسفية ممهدة لما يذهب اليه بدوي.

في رسالته للماجستير ـ التي نوقشت في تشرين الثاني/نوفمبر 1941 ـ يحلل بدوي مشكلة الموت وينكر على المسيحية إدراك الموت إدراكاً حقيقياً، ذلك أن نظرتها للموت بوصفه شراً جعلتها تنظر إليه على أنه مضاد للحياة، ولكي تكون النظرة للموت صحيحة يجب أن نجعل الموت جزءاً من الحياة، وهذا ما فعلته فلسفة الحياة؛ خصوصاً عند أشهر ممثليها من الألمان، نعني نيتشه وزيمـل. فقد قال نيتشه: «حذار أن تقول إن المـوت مضـاد للحياة»[48]. إن نيتشه هنا يمثل خطوة في تفكير بدوي في مشكلة الموت.

------

(48) بدوي: مشكلة الموت في العبقرية والموت، وكالة المطبوعات، الكويت، ص 17 ـ 18.

ونفس الأمر نجده في رسالة بدوي للدكتوراه عن (الزمان الوجودي) ـ وهو ما يمثل بالنسبة له إنجازه الفلسفي ـ ففي القسم الثاني منها يتناول بدوي الوجود الناقص مؤكداً «لا وجود إلا بالزمان، والزمان سر التناهي، فكل وجود لفناء». فالوجود نوعان: فيزيائي وذاتي؛ الثاني وجود الذات المفردة، والأول كل ما عدا الذات، سواء أكان ذاتاً واعية أم كان أشياء. ويرى أن الفكر الحديث صراع بين الذات والموضوع من أجل تحرر الأول من الثاني؛ صراع بلغ أوجه في المثالية الألمانية التي كاد أن يتم على يديها هذا التحرر. ولكنها ـ بدلاً من تأكيد الذات الفردية ـ استبدلت بها ذاتاً كلية مطلقة كما عند هيغل، وسار كيركغارد خطوة أخرى في هذا السبيل، ولكن نحو توكيد الذات الفردية وتلاه نيتشه ـ وهو ما يهمنا ـ فتقدم في طريق الذاتية المفردة بسرعة أكبر. ولكنهما لم ينتهيا ـ في الواقع ـ الى تأكيد الذات المفردة بالمعنى الوجودي الخالص، نظراً لتأثر كليهما بنزعات غير وجودية. فالأول سادت تفكيره نزعة دينية مما جعل نظرته مشوبة بصبغة تقويمية ظاهرة منذ البداية. وطابع التقويم هذا نجده كذلك عند نيتشه وبشكل أكثر صراحة ووضوحاً. فإنه حينما يتحدث عن الذات المفردة، إنما يفكر دائماً في الإنسان الأعلى، ولذا غلب عليه هذا التفكير، فلم يظفر، أو لم يأتنا، بنظرة في وجود الذات المفردة من حيث طبيعتها في الوجود، لا من حيث ما يجب أن تفعله لتبلغ كمالها وتحقق إعلاءها بذاتها فوق بقية الذوات الأخرى. فضلاً عن هذا فإن كليهما لم يُقم مذهباً واضح المعالم

على أساس وجود الذات المفردة»(49). وهو ما سعى إليه بدوي في عمله هذا.

يمثل نيتشه، إذاً، خطوة في اتجاه بدوي الفلسفي، يضع الأساس ويكمل بدوي البناء. نيتشه يلهم وبدوي يبدع، إلا أن إلهام نيتشه ديونزيوسي وإبداع بدوي أبولوني، هنا تختلف لغة بدوي التحليلية النقدية عن لغته في كتابه عن نيتشه التي يختلط فيها الأدب بالفلسفة حتى نظنه شاعراً يهيم حماساً بموضوعه. يصيغ بدوي كلمات نيتشه المتفجرة في لغة منظومة وعباراته التي تراقص التأويل الى مقولات تخاطب الفهم.

يقدم لنا بدوي في القسم الثاني من كتابه «الزمان الوجودي» لوحة مقولات جديدة؛ مقولات العاطفة ومقولات الإرادة، ومنها (الخطر). فالمقولة الأولى للإرادة هي الخطر أو المخاطرة: «الخطر بوصفه صفة للوجود، والمخاطرة بوصفها فعلاً لمن يتعلق بهذه الصفة. وهذا ما أدركه نيتشه تمام الإدراك فجعل الإرادة في أصلها إرادة الخطر؛ وعنده أن الحياة ـ بوجه عام ـ معناها الوجود في خطر... ولا يقتصر نيتشه على توكيد ضرورة الخطر بالنسبة للإرادة وحدها. بل وأيضاً بالنسبة الى المعرفة»(50). وينطلق بدوي من نيتشه الى تحليل مقولة الخطر تحليلاً وجودياً في إطار مذهبه الفلسفي الوجودي.

----

(49) بدوي: الزمان الوجودي، دار الثقافة بيروت، ص 154.
(50) المصدر السابق، ص 182 ـ 183.

يظهر لنا مما سبق وجود عنصرين أساسيين في تعامل بدوي مع نيتشه. الأول هو العنصر الديونيزي أو نيتشه الشاعر الداعية صاحب الرسالة التي تبشر بالإنسان المتفوق الممتاز الذي وجد فيه بدوي تعبيراً عن ذاته في كتابه عن نيتشه. والثاني هو العنصر الأبولوني أو تعامل بدوي الفلسفي مع أفكار نيتشه من أجل صياغة مذهبه الوجودي الذي ظهر في «الزمان الوجودي». والذي توقف اهتمامه به في كتابه «دراسات في الفلسفة الوجودية» الذي يقدم فيه بدوي خلاصة مذهبه الوجودي، والذي لم يخصص فيه دراسة عن فيلسوفه الذي أصدر عنه أول كتبه. معنى ذلك ـ بالنسبة لنا ـ أن هناك مجالين أراد من خلالهما بدوي تحقيق ذاته وتأكيد امتيازه. الأول: هو الثورة الروحية أو الدعوة السياسية، والثاني: هو الفكر وتأسيس المذهب الفلسفي. وكان نيتشه في كلا المجالين هو نقطة الانطلاق.

نيتشه والتحليل النفسي(*)

د. عبد الغفار مكاوي(**)

هذه قراءة لبعض نصوص نيتشه (1844/ 1900) «النفسية». ربما تثير الكلمة الأخيرة شيئاً غير قليل من الشك والحيرة. وربما ذكرت القارىء بالجدل الطويل الذي دار وما زال يدور حول الفيلسوف الشاعر مؤلف «هكذا تكلم زرادشت» و «أناشيد ديونيزيوس الديثرامبية»، صاحب الأسلوب المتوهج بالصور الحية والرؤى العميقة المخيفة، والعبارات البركانية المتفجرة بالغضب والشوق، ذلك الذي «تفلسف بالمطرقة» ولم يكتب كلمة واحدة لم يغمسها ـ على حد قوله ـ في دم القلب، هل هو شاعر أم فيلسوف؟ وهل نحسم هذا الجدل الذي لم ينته بأن نضيف إليه مشكلة جديدة فنزعم أنه عالم نفس؟

(*) هذا البحث جزء من دراسة أكبر وموسوعة بعنوان «كن نفسك: قراءة في نصوص نيتشه النفسية».

(**) أستاذ الفلسفة بجامعتي القاهرة والكويت وأهم المتخصصين في الدراسات الفلسفية الألمانية والترجمة عنها.

لا شك عندي في أن نيتشه مفكر وجد في التفكير وحده كل نشوته وعذابه، وبهجته وألمه، بل أن التفكير المجرد ليبلغ عند تلك القمة التي يصبح فيها فكراً غنياً بالصور الحية التي تليق «بفيلسوف الحياة». ويكفي أن نطلّع على فقرة واحدة مما كتب، وأن نتذكر العبارة التي قالها في كتابه الأكبر «إرادة القوة» الذي لم يقدّر له أن يتمه وجُمع ونُشر بعد موته: «إن الفكر هو أقوى شيء نجده في كل مستويات الحياة»، والعبارة التي صرح بها في إحدى كتاباته المتأخرة: «أن التفكير المجرد لدى الكثيرين عناء وشقاء، أما عندي فهو الأيام المواتية عيد ونشوة» وأخيراً هذه العبارة التي دونها في أوراقه التي عثر عليها بعد موته وكأنه كان يتنبأ بالغيب ويرد على الأجيال التي شعر أنها لن تفهمه ولن تنصفه: «إرادة القوة، كتاب هدفه التفكير، ولا شيء غير التفكير».

«إرادة القوة»، إذاً، شأنه شأن غيره من كتبه قد وضع ليفكر فيه الناس. إنه قول ميتافيزيقي يتحدث عن العالم ككل ويتجاوز كل ما يضمه من أحوال وأشياء. ويصدق الشيء نفسه عن أقواله الكبرى ـ التي تعرضت دائماً لسوء الفهم ـ عن الإنسان الأعلى وإرادة القوة ـ أي إرادة الحياة والمزيد من الحياة ـ وعودة الشبيه الأبدية. فهي أفكار فلسفية وميتافزيقية قبل كل شيء، وصاحبها الذي طالما تفاخر بعدائه للميتافيزيقا والمنطق والجدل والعقل النظري أو السقراطي هو في رأي معظم الدارسين (وبخاصة هايدغر وتلاميذه) أشد الميتافيزيقين تطرفاً في تاريخ التفكير الغربي، بل أنه في رأيهم منتهى غايتها وآخر حلقة من حلقات تطورها منذ أفلاطون ومن قبله من المفكرين قبل سقراط.

بيد أن هذا كله لا يتنافى مع الحقيقة التي وصف بها نفسه حين قال إنه «خبير بالنفس» لم يتوقف عن سبر أغوارها، وأنه كما قال في كتابه «إنساني، إنساني جداً» قد استفاد من «مزايا الملاحظة النفسية» وراح في كل كتاباته يحلل نفسه وينقدها وينطق بلسان «السيكولوجي» حين ينطق عن حاله. يقول على سبيل المثال في كتابه «نيتشه ضد فاغنر»: «كلما ازدادت خبرة المرء بالنفس واتجه كعالم نفس بالفطرة والضرورة الى الحالات الاستثنائية والأنماط المختارة من البشر زاد الخطر الذي يتهدده بالاختناق شفقة عليها...» ولكن ما حاجتنا للجوء الى مثل هذه العبارات وكتابات الفيلسوف تنطق بخبرته بالنفس وتعمقه في طبقاتها الدفينة ومتاهاتها المظلمة؟ إن المطلّع على هذه الكتابات ابتداء من «ميلاد التراجيديا من روح الموسيقى» حتى شذراته الأخيرة وخطاباته التي كتبها في ليل جنونه ووجهها الى قيصر والمسيح وبعض أصدقائه؛ كل هذه الكتابات تشهد شهادة كافية على تحليلاته النافذة ونظراته النفسية الثاقبة، بل أنها لتشهد بأنه سبق مؤسس التحليل النفسي في هذا المضمار، وأنه راد طريق علم النفس التحليلي وعلم النفس الفردي ـ كما سنرى بعد قليل ـ وأثر فيها جميعاً بحدوسه وخواطره الملهمة تأثيراً مباشراً أو غير مباشر، وصل في بعض الأحيان إلى حد استباق النظريات، كاللاوعي وما تحت الوعي وما فوقه ووراءه وكذلك اللاوعي الجمعي النماذج أو الأنماط الأولية، بل لقد بلغ حد التطابق في المصطلحات كما سنرى مثلاً مع كلمة الإعلاء التي تتكرر في كتبه أكثر من اثنتي عشرة مرة..

الواقع أن نيتشه قد تجاوز علماء النفس «المدرسيين» في عصره

وتخلص من لغتهم التصورية الجافة وسبقهم الى كثير من المعارف والنظرات التي لم يدروا عنها شيئاً. نظر في خفايا النفس الفردية وما تنكره خجلاً أو تحجبه خوفاً من نفسها ومجتمعها، كما نظر في العلاقات الوثيقة بين الحضارة والدين، وبين المجتمع والأخلاق. وتتبع التطورات الحضارية التي كونت ما نسميه الوعي الى الأجداد وأجداد الأجداد وأثبت أن هذا الوعي ليس إلا حصيلة لأخطاء عريقة، وأن الضرورة تقتضي الغوص الى ما تحته في متاهة الدوافع المستمرة، كما تقتضي التطلّع الى ما بعده في «وعي جمعي» يحمله جيل من أصحاب الأرواح الحرة المريدة الخلاقة، جيل راح ينتظره ويعد له ويبشر به بأعلى صوته. وهو لم يكتف في كل هذا بأن يكون خبيراً بالنفس يقتفى آثار منابعها الذاتية الحقة، ولم تقف تجاربه ومحاولاته عند البحث عن هذه المنابع الأصيلة إذ يقول في إحدى القطع التي كتبها عن زرادشت: «الانتظار والتأهب. انتظار أن تنبثق منابع جديدة. أن ينتظر المرء عطشه ويتركه حتى يصل الى أقصى مداه لكي يكتشف منبعه». لم يقف الأمر عند هذا بل عرف أن «السيكولوجية» التي يقصدها «سوماتية» أي ممتدة الجذور في الجسد. ولهذا لم يكن من قبيل المصادفة أن يجعل عنوان إحدى حكمه التي كتبها ضمن شذرات كتابه الأكبر الذي سبقت الإشارة إليه: «الاهتداء بالجسد» وأن يقول فيها: «على فرض أن (النفس) كانت فكرة جذابة غنية بالأسرار الغامضة ولم يستطع الفلاسفة ـ والحق معهم ـ أن ينفصلوا عنها إلا مرغمين، فربما كان ذلك الذي بدأوا يتعلمون كيف يستبدلونه بها أكثر جاذبية وأحفل بالغوامض والأسرار».

ولا شك أن نيتشه ـ بعد شوبنهاور وفويرباخ ـ قد اكتشف أن
الجسد فكرة أكثر إثارة للدهشة من فكرة النفس «العتيقة». وقد لا
نعدو الصواب إذا قلنا باختصار يحتمه ضيق المقام إن هؤلاء
الثلاثة قد عملوا على تحول الفكر الحديث من ميتافيزيقا العقل ـ
الذي انهار وخلع عن عرشه بعد موت هيغل ـ الى ميتافيزيقا
الجسد والإرادة والدوافع. ولعل نيتشه أن يكون أشدهم من هذه
الناحية تأثيراً على تيارات عديدة من فلسفة الحياة الى فلسفة
الوجود الى علم النفس الوجودي الى الأنثروبولوجيا الفلسفية الى
مدارس التحليل النفس المختلفة..

هل يعني هذا أن نجعل من نيتشه «عالم النفس» كما أصر على
وصف نفسه في بعض نصوصه؟ وهل يصح أن نشق على أنفسنا
فنوازن موازنة دقيقة بين نصوصه التي تتجلى فيها «إنجازاته
السيكولوجية» وبين نصوص أخرى نستقيها من علماء النفس
التحليلين (كما فعل فيلسوف الحياة لودفيغ كلاجس (1872 ـ
1956) في كتابه «انجازات نيتشه السيكولوجية»، مبيناً سبقه لهؤلاء
في العديد من مناهجهم ونظراتهم ومصطلحاتهم). إن البحث
العلمي لا يعرف حداً يقف عنده، ولايتهيب باباً يطرقه ولا طريقاً
يقتحمه. وكل ما سبقت الإشارة اليه أمور مشروعة لا غبار عليها.
ولكن المشكلة أن جوانب نيتشه متعددة، مثله في ذلك مثل كل
مفكر حقيقي ضخم، فهو «سيكولوجي» أراد ـ على حد قوله ـ أن
يجعل من علم النفس «طريقاً الى المشكلات الأساسية الكبرى»
بحيث يصبح «سيد العلم» ويسخر سائر العلوم لخدمته والإعداد
له. وهو بجانب ذلك «فسيولوجي» أراد أن يعرف «الفيزيس» في

الطبيعة وفي حياة الإنسان وجسده الخاص، و«فيلولوجي» ضاق
بمناهج فقهاء اللغات القديمة في عصره ــ وقد كان استاذاً لها ــ
وبضيق أفقهم وقصور تفسيراتهم اللغوية المرهقة. ثم هو قبل كل
شيء وبعد كل شيء مفكر ميتافيزيقي وفيلسوف حضارة عدمية
غاربة وأخرى مقبلة في مستقبل يبشر به ويعلن عنه ويدعو الى
خلقه وإبداعه.

وتبقى في النهاية مشكلة نصوصه نفسها. إن هذه النصوص
المجنحة المتوهجة بنار الغضب أو النشوة تحير كل من يحاول
الاقتراب منها. فهل يمكن أن نقف منها موقفاً موضوعياً بارداً
يقتضيه التحليل العلمي؟ وهل نستطيع من ناحية أخرى، أن نقي
أنفسنا خطر الانجذاب لدوامتها والانجراف مع حماسها
وجموحها؟ إن نيتشه يصف نفسه بأنه ليس بشراً وإنما هو ديناميت!
وهو يؤكد باستمرار أنه قدر وأن قدراً لم تسمع عنه البشرية قد
ارتبط به.. ومن يطلّع على صفحة واحدة من كتاباته لا ينجو من
زلزلة تصيبه أو حمم تتناثر من بركانه. ولن ينسى أحد وصفه
لنفسه في هذه الأبيات التي جعل عنوانها «هو ذا الإنسان» من
كتابه الذي يحمل نفس العنوان:

حقاً! إني أعرف أصلي!

نهم لا أشبع

أتوهج، آكل نفسي

كاللهب المحرق،

نوراً يصبح ما أمسكه

فحماً ما أتركه

حقاً! أني لهب محرق!

لا مفر، إذاً، من أن نحاول الأمرين معاً على صعوبة الجمع بينهما: أن نفهم هذا المفكر اللاهب الملتهب، وأن نتعاطف معه ونجرب أن نرى رؤاه، وبذلك نرضي مطلب الموضوعية الذي لا غنى عنه، ونستجيب لدفء الوجدان الساحر الذي ينفح وجوهنا مع كل سطر من سطوره. الأمر عسير كما قلت، وهو أشبه بإقامة العدل أو عقد الزواج بين الثلج والنار! إنه يتطلب اتخاذ مسافة البعد الكافية التي تحتمها النظرة العلمية المحايدة، كما يقتضي القرب المتعاطف الذي يحتمه التعامل مع مثل هذا الفيلسوف الشاعر بالمعنى الأعمق لا بالمعنى التقليدي لهاتين الكلمتين. ولعل هذا البعد السحيق من جهة، وهذا التواصل الوثيق من جهة أخرى، هما اللذان تفرضهما كل علاقة أصيلة يمكن أن تنشأ بين الأنا والأنت (على حد تأكيد مارتن بوبر في كتبه العديدة عن هذه العلاقة الجوهرية الأصيلة التي أوشكت أن تغيب غياباً مطلقاً عن حياتنا العربية والمصرية!).

بقى أن نتم المهمة التي أشرنا اليها في بداية هذا التقديم، ألا وهي بيان التأثيرات المباشرة أو غير المباشرة لكتابات نيتشه «النفسية» على أعلام التحليل النفسي أو بالأحرى «علم نفس الأعماق» كما يوصف في لغته. وهي مهمة سنحاول أداءها بإيجاز شديد لا يسمح المقام بتفصيله.

لنبدأ برائد التحليل النفسي ومؤسسه فرويد (1856 ـ 1939). ولنذكر أولاً أنه كان معاصراً لنيتشه الذي يكبره في السن باثني عشر عاماً فحسب، وأنه اتخذ منه ومن فلسفته موقف التحفظ

الذي لم يكد يتزحزح عنه. ولعل القارىء لم ينس تلك الفقرة المشهورة من نهاية المحاضرة الثامنة عشرة من محاضراته التمهيدية عن التحليل النفسي، التي يشرح فيها كيف أوذي الإنسان الحديث ثلاث مرات في غروره واعتزازه بنفسه ومكانته في العالم. كانت المرة الأولى عندما تم التحول الأكبر في عصر النهضة من مركزية الأرض الى مركزية الشمس على يد كوبرنيكوس (1473 ـ 1543)، الذي افترض أن أرضنا ليست هي مركز الكون، وكان من الضروري أن يستخلص الإنسان من ذلك أنه ليس تاج الخليقة وأن العالم لم يخلق من أجله. وكانت المرة الثانية عندما قدم تشارلز داروين (1809 ـ 1882) كتابه «أصل الأنواع» عن طريق الانتخاب الطبيعي فأثرت نظريته في التصور الديني بوجه خاص عن كون الإنسان صورة الله وخليفته على الأرض. أما المرة الثالثة فكان الأذى أشد قسوة وأعمق جرحاً، إذ جاء من جانب «البحث السيكولوجي الراهن الذي يريد أن يثبت للأنا أنها لا تملك حتى أن تكون سيدة في بيتها الخاص، إنما تظل معتمدة على أنباء شحيحة عما يجري بصورة غير واعية في حياتها النفسية». ومع أن فرويد يقرر في تواضع أن أصحاب التحليل النفسي ليسوا هم أول من نبّه الى ضرورة الرجوع الى الذات ولا هم وحدهم الذين فعلوا ذلك، إلا أنه يستطرد فيقول: «يبدو أنه كتب علينا أن نعبّر عن هذا أقوى تعبير وأن ندعمه بالمادة التجريبية التي تهم كل فرد». ولسنا هنا بصدد مناقشة الطابع التجريبي والعلمي للتحليل النفسي، فالجدل حول هذه المسألة يطول، ولكننا نسأل فحسب إن كان من حق فرويد وتلاميذه وحدهم أن يستأثروا «بمجد» إيذاء

الإنسان الحديث وتعرية عالمه الباطني المظلم، أم أن نيتشه قد سبقهم الى الأخذ من هذا المجد بنصيب!

مهما يكن الأمر فإننا نجد فرويد يشيد في سيرته (أو صورته الذاتية) ـ التي نشرت سنة 1925 ـ بالفيلسوف شوبنهاور ويتحدث عن توجه التطابق القوي بين التحليل النفسي وفلسفته. وهو يشهد بأن هذا الأخير لم يصرح فحسب بأولوية «الانفعالية» والأهمية القصوى «للجنسية»، وإنما توصل كذلك الى نظرات نافذة في «آلية الكبت»[1]. ويستدرك فرويد ـ الذي كان فيما يبدو شديد الحرص على عدم المساس بأصالته واكتشافه للاوعي ـ فيقول: إنه لا يمكن الحديث عن أي تأثير لشوبنهاور فيه وفي بناء نظريته لأنه لم يطّلع على كتابات الفيلسوف إلا في وقت متأخر جداً. ولم يكن ينتظر من رجل مثل فرويد ـ الذي عرف بثقافته واطّلاعه الأدبي الواسع ـ أن يتجاهل معاصره نيتشه، فنجده يسجل في الموضع السابق من سيرته هذه الملاحظة الدالة: «أما نيتشه، الذي كثيراً ما تتطابق مشاعره ونظراته بصورة مذهلة مع النتائج المضنية للتحليل النفسي، فقد تجنبته طويلاً ولم يكن يرجع الى السبق (أو الأولوية) بقدر ما كان يرجع الى حرصي على المحافظة على حريتي». ولا يخفى على القارىء أن هذه العبارة تنطوي علي عكس ما أراد عالم النفس الشهير، إذ يبدو أنه ـ في هذه النقطة على الأقل ـ

(1) Sigmund Freud: «Selbstdarstellung». Schriften zur Geschichte der Psychoanalyse, herauogegeben und eingeleitet von ilse Grubrich - Simitis Frankfurt/ Main (Fischer Büherei 6069) S. 87.

لم يعرف نفسه كما كان يتوقع منه، ولم يستطع إخفاء اهتمامه بنفي أي تأثير عليه من نيتشه، فكأني به قد وقع في زلة من زلات اللسان أو القلم التي تثبت ما حاول أن ينكره ويخفيه!

ولا يتسع المجال لتناول علاقة فرويد بنيتشه بصورة مفصلة، ويكفي أن نشير ـ تأكيداً لهذه العلاقة التي حاول مؤسس التحليل النفسي أن ينفيها أو يقلل من شأنها ـ الى أن مؤرخ حياة فرويد ـ وهو العالم الإنجليزي أرنست جونز ـ يذكر في كتابه عن حياة أستاذه خطاباً مؤرخاً في سنة 1900 يقرر فيه أنه «مشغول بقراءة نيتشه»، ولا بد أنه لم يفته أن يطلّع عليه من قبل وإن لم يبدأ العكوف عليه إلا في السنة المذكورة. ونضيف واقعة أخرى لا تخلو من دلالة على العلاقة غير المباشرة بينهما. فقد حضرت صديقة نيتشه لو سالومي (وهي التي حاول عبثاً أن يخطب ودّها!) مؤتمر التحليل النفسي الثالث الذي انعقد في شهر أيلول/ سبتمبر سنة 1911 في مدينة فيمار. والمعروف أنها انضمت بعد ذلك الى مدرسة فرويد الذي اعتبرها من تلامذته، كما حاولت في مذكراتها التي كتبتها بعنوان «من مدرسة فرويد» أن تربط بين نظريات التحليل النفسي وتعبيرات نيتشه وصيغه النفسية المختلفة. وأخيراً نشير باختصار الى الرسائل المتبادلة بين فرويد والكاتب الروائي الاشتراكي أرنولد تسفايغ[(2)] (1887 ـ   ) في فترة امتدت من سنة 1927 حتى سنة 1939. فقد أخبره تسفايغ أنه يزمع وضع

---

(2) Sigmund Freud/ Arnold Zweig: *Brief wechsel*. Hrsg. von Ernst. L. Freud, Frankfurt/main 1969, S. 35f.

كتاب أو رواية طويلة عن نيتشه، ثم أرسل إليه في الثاني من كانون الأول/ ديسمبر سنة 1930 من مدينة فيينا خطاباً يقول فيه: إنه ـ أي فرويد ـ قد حقق كعالم نفس تلك الرسالة التي شعر نيتشه بوجدانه الملهم أنه مكلف بأدائها، وإن كان قد عجز عن تحويل رؤاه الشعرية الى حقائق علمية. وأخذ الكاتب الروائي يعدد «إنجازات» فرويد التي سبقه الفيلسوف الى الإحساس بها وصياغتها: «لقد حاول نيتشه أن يصور «ميلاد التراجيديا»، وأنت قد فعلت هذا في كتابك عن «الطوطم والمحرم» (التابو). وعبّر عن شوقه الى عالم يقع وراء الخير والشر، وقد استطعت عن طريق التحليل النفسي أن تكتشف مملكة تنطبق عليها عبارته، وأن تقلب قيمة كل القيم، وتتجاوز المسيحية، وتصوغ «خصم المسيح» الحقيقي، وتحرر مارد الحياة المتصاعدة من الزهد الذي كانت تعتبره المثل الأعلى، ولقد استطعت كذلك أن ترد «إرادة القوة» الى الأساس الذي تقوم عليه، وأن تتناول بعض المشكلات الجزئية التي اهتم بها نيتشه عن الأصل اللغوي للمفاهيم الأخلاقية فتتطرق منها الى مشكلات أعظم وأهم من الكلام والإفصاح والربط بين الأفكار وتبليغها وتتوصل الى حلها. أما الروح المنطقية أو السقراطية التي رفضها فقد قصرتها على مجالات الوعي ووضعتها في حدودها بصورة أدق. ولما كنت باحثاً طبيعياً وعالماً نفسياً يتقدم خطوة خطوة فقد أتممت ما تمنى نيتشه أن يتمه، ألا وهو الوصف العلمي للنفس البشرية وجعلها مفهومة، ثم زدت على ذلك فبينت ـ بحكم كونك طبيباً ـ سبل تنظيمها وعلاج أمراضها. إنني اعتقد كذلك أن هناك قدراً كبيراً من الملاحظات

الفردية، التي تتصل بفرويد «الكاتب» وتمد جسوراً بينه وبين نيتشه، كما اعتقد أن بسالة «المتفلسف بالمطرقة» قد فاقتها بسالة الباحث بأسلوب موضوعي خالص عن الدوافع الأورفية والديونيزية. واكتشاف تأثيرها وفعلها في كل واحد منا!...».

ماذا كان رد فعل مؤسس التحليل النفسي على كل هذا التمجيد والإشادة بدوره؟

العجيب حقاً أنها لم تحوله عن تحفظه تجاه الفيلسوف، بل لعلها قد زادته إصراراً عليه! فهو ينصح الكاتب الروائي بالعدول عن فكره تأليف الكتاب، بل يضيف في خطاباته التالية أننا لا نعرف إلا أقل القليل عن تكوين نيتشه الجنسي، وهذا القليل لا يساعدنا على تطبيق أدوات التحليل النفسي لإلقاء الضوء على حياته وقدره... ويبدو أن الكاتب لم يقتنع بالحجج التي تذرع بها فرويد، فأرسل إليه هذا الأخير ـ في خطاب مؤرخ في السابع من كانون الأول/ ديسمبر من السنة نفسها 1930 ـ هذه العبارة الدالة: «اكتب عن العلاقة بين تأثير نيتشه وتأثيري بعد أن أموت»[3].

لعل هذا الموقف المتحفظ يرجع ـ كما تقدم ـ الى خشية فرويد أن يستقر في الأذهان سبق نيتشه وأن يضر ذلك بريادته وأصالته، والرد على هذا بسيط: فليس نيتشه هو الوحيد الذي أثر في تفكير فرويد، سواء اعترف به أم أنكره. فثمة تأثيرات مؤكدة

(3) راجع الرسائل المتبادلة بين فرويد وأرنولد تسفايغ، نشرتها أرنست فرويد، فرانكفورت على الماين، 1969، ص 25 وما بعدها.

من أسماء أخرى مثل ليبنتز وغوته وشوبنهاور وكاروس الفيلسوف الطبيعي الرومانتيكي المعروف بكتابه عن النفس وبحديثه عن اللاوعي. كما أن عشرات المؤثرات لا تصنع عبقرية، والاطلاع على عشرات الحكم والأفكار الملهمة لايغني عن ضرورة تشكيلها ولا ينال من أصالة اكتشاف المنهج وسبل الفحص والعلاج. هل نقول، إذاً، مع باحث مثل هنري ف. إلينبرغر[4] إن تأثير نيتشه يتغلغل في مدرسة التحليل النفسي بأكملها؟ إن الحكم الموضوعي النزيه يقتضي المقارنة بين النصوص مقارنة دقيقة. وهو جهد مشروع كما قلت، وسنخرج منه في النهاية بما لا يمس رائد التحليل النفسي في أصالته، ولا يحول فيلسوف إرادة الحياة والقوة الى عالم نفس! وفي تقديري أن هذه المقارنة الدقيقة ـ التي نفتقدها حتى الآن ـ ستنتهي الى النتيجة التي أشرت إليها، ولكنها ستؤكد فضلاً عن ذلك أوجه تشابه عديدة بين فكر المفكر وعلم العالم، بغض النظر عما أثير حول علمه من ظنون وعما بذل من محاولات لتدعيم أفكاره بالتجارب و «التقنيات» أو الأساليب العلمية والطبية الدقيقة. سوف نلاحظ مثلاً أن الفيلسوف وعالم النفس يشتركان في الاعتقاد بأن كل تفكير الإنسان وفعله وكل أشكال التعبير عن الحياة البشرية عند الفرد والجماعة إنما هي مظاهر أو ظواهر معبرة عن «عمق» باطن، وأن «اللاوعي» هو

---

(4) Eilengerger, Henry F.: *Die Entdeckung des Unbewussten Aus dem Amerikanischen von Gudrun Theusner-Stampa,* Bern-Stuttgart-Wien 1973. Band I.S. 373: Prophet einer neuen Ara-Nietzsche.

الذي يقوم في ذلك بالدور الأول والأكبر لا «الوعي»، إذ تكون السيطرة لقوى الدافع التي تأتي من مناطق لاواعية في النفس، وهي قوى أو طاقات تعد أقدم من الوظيفة العقلية، كما تكشف عن الجانب الأكبر من شخصية الإنسان الذي يحاول بطبيعته أن يتستر خلف أقنعة من كل نوع، ويتم هذا الكشف حتى في أحلامه (حسب نظرية فرويد عن الأحلام). ولهذا يؤكد نيتشه في مواضع كثيرة من نصوصه أننا نستطيع أن نستخلص من التعبيرات الانفعالية لأي إنسان ما يفوق في حقيقته ودلالته كل ما يمكن أن نستخلصه من العقل الذي يعمد دائماً الى الوزن والقياس والحساب والتخطيط.

ولقد اعترف فرويد ـ كما سبق القول ـ بأن كتابات نيتشه تنطوي على نظرات حدسية نجدها في كثير من الأحيان متطابقة مع النتائج التجريبية للتحليل النفسي. والواقع أن هذه الكتابات تتناثر فيها مفاهيم وأفكار لا شك في أهميتها وقيمتها التحليلية والنفسية، ناهيك عن مصطلحات يمكن أن توصف بأنها بذور نمت منها بعض المصطلحات التي استقرت في التحليل النفسي، مثل مصطلح «الهو» الذي يقابلنا أكثر من مرة في الكتاب الأول من «هكذا تكلم زرادشت». وتبقى النظرات الحدسية ـ كما وصفها فرويد بحق ـ هي الأجدر بالاهتمام، إذ لا نستبعد أن تكون قد أثرت في رائد التحليل النفسي مهما أنكر ذلك التأثير أو تنكر له. ولنذكر بعض هذه النظريات باختصار:

ـ التصور الدينامي للنفس مع تصورات أخرى مرتبطة به كالطاقة النفسية، ومقادير الطاقة الكامنة أو المعوقة، وتحويل الطاقة من

دافع الى آخر، تصور أن النفس نظام أو نسق من الدوافع التي يمكن أن تتصادم وتتصارع أو تندمج وتذوب في بعضها.

ـ تقدير أهمية الدافع الجنسي وإن لم يجعله الدافع الأول والأهم كما فعل فرويد قبل أن يتكلم عن غريزة الموت في كتاباته المتأخرة، إذ إنه يأتي عنده بعد دوافع العدوان والعدم.

ـ فهم العمليات التي سماها فرويد «آليات دفاعية» وبخاصة عملية الإعلاء والتعويض، والتعجيل أو التعويق ـ والذي يسميه فرويد الكبت ـ واتجاه الدوافع وجهة مضادة للذات نفسها.

كذلك نجد بعض الأفكار المهمة متضمنة في نصوص الفيلسوف مثل صورة الأب والأم، وأوصافه للإحساس بالحقد والضمير الكاذب والأخلاق الفاسدة التي سبقت أوصاف فرويد للإحساسات العصابية بالذنب كما سبقت وصفه للأنا الأعلى. أضف الى هذا كله أن كتاب فرويد المشهور «الضيق بالحضارة» يكاد أن يوازي كتاب نيتشه عن «تسلسل الأخلاق» موازاة دقيقة في نقد العصر والحضارة، ولعل كليهما قد تأثر بما قاله الفيلسوف والكاتب الفرنسي ديدرو (1713 ـ 1784) من أن الإنسان الحديث مصاب بمرض عجيب مرتبط بالمدنية، لأن المدنية تتطلب منه أن يتخلى عن إشباع دوافعه. وغني عن الذكر أن الاثنين قد عاشا متعاصرين، وأنهما قد مرضا بزمانهما وحضارتهما وحاولا أن يعرياهما من أقنعتهما الزائفة. والفرق الأساسي بينهما أن عالم النفس قد اهتم بالتطور الذي يبدأ من الماضي بينما تطلع الفيلسوف بكل غضبه وحماسه الى المستقبل.

ويأتي دور الفرد آدلر (1870 ـ 1937) مؤسس علم النفس

الفردي الذي يدور حول قضية أو فكرة تبدو شديدة القرب من تفكير نيتشه. فالمعروف أن آدلر قد اعتبر الشعور بالنقص أو الضآلة من أهم حقائق الحياة النفسية، كما استخلص منه نتائج مهمة تتعلق بتحديد شخصية الفرد وبطابع الحياة الاجتماعية، وهو يذهب الى حد القول بأن الإنسان هو الكائن الذي يسعى سعياً دائباً لإكمال شخصيته، وذلك بفضل إحساسه بنقصه وضآلة قيمته، فإذا عاق هذا السعي الى الكمال عائق وحيل بينه وبين الطموح الى القوة وإثبات الذات ظهرت عليه أعراض المرض العصابي.

ولا شك أن العبارات السابقة تغرينا بالتقريب بين فلسفة نيتشه وبين مذهب آدلر الذي يحركه الطموح الى القوة أو «إرادة القوة». وقد نسرع الى الظن بأن هذا المذهب يردد تنويعات مختلفة على لحن أساسي من ألحان نيتشه، وربما يؤيدنا في هذا الظن أن آدلر نفسه - في كتابه عن الشخصية العصبية (1921) - يوافق على أن «إرادة القوة» تصلح للتعبير عن مسعاه وأن هذه الفكرة الموجهة - كما يقول في التمهيد للجزء النظري في الكتاب المشار إليه - «يندرج تحتها اللبيدو والدافع الجنسي والميل للانحراف أياً كان مصدرها جميعاً. إن إرادة القوة و «إرادة المظهر» عند نيتشه تنطوي على جوانب كثيرة من رأينا الذي يقترب بدوره في بعض النقاط من آراء فيريس وغيره من المؤلفين القدامى. ولا يكتفي آدلر بهذه العبارات التي تشهد باطّلاعه الواسع على فلسفة نيتشه واعترافه بتأثيرها فيه، بل يضيف قوله في كتاب آخر نشره بالاشتراك مع زميله كارل فورتميلر تحت عنوان «العلاج والتربية»: «وإذا ذكرت اسم نيتشه فقد كشفت عن أحد الأعمدة الشامخة التي

يقوم عليها فننا، إن كل فنان يطلعنا على خبايا نفسه، وكل
فيلسوف يعرفنا بطريقته في توجيه حياته وجهة عقلية، وكل معلم
ومربٍّ يشعرنا بانعكاس العلم على وجـدانه، كل هؤلاء يهدون
بصرنا وإرادتنا في أرض النفس الواسعة»[5].

ربما أوحى إلينا هذا كله بأن مذهب آدلر صورة نفسية من
فلسفة نيتشه. غير أن الحقيقة أبعد ما تكون عن هذا الظن، بل
ربما جاز القول بأن علم النفس الفردي يسير في اتجاه مضاد
لأفكار فيلسوف القوة. ولا يرجع هذا الى أن آدلر قد تأثر به كما
تأثر بغيره، فالتأثيرات مهما اشتدت وتنوعت لا تصنع ـ كما
قدمنا ـ شخصية ولا فكراً متميزاً، وإنما يرجع الى الفروق
الموضوعية الدقيقة بينهما؛ فإرادة القوة التي تصورها نيتشه تختلف
عن الطموح الى القوة الذي يفسح له آدلر مكاناً مهماً في نظريته
عن العصاب، وبينما يعبر الأول بفكرته عن إنسانية أعلى ويجعل
منها وسيلة تخطي الإنسانية الحاضرة وغايتها، نجد آدلر يعتبر
الفكرة نفسها وموقف نيتشه بأكمله تعبيراً عن اليأس والقلق ونزعة
التعويض التي تدفع بصاحبها الى السيطرة على الآخرين وإثبات
القوة والغلبة عليهم. ولا ننسى بهذه المناسبة أن فيلسوف القوة
كان فاسد المعدة مضطرب الأعصاب مصاباً بالأرق المزمن وشقياً
يتجاهل العصر وجحوده بحيث يمكننا أن نقول مع بعض الباحثين،

---

(5) Joseph Rottner: Alfred Adler in Selbstzeugnissen und
Bilddokumente, Reinbeck 1972, (Rowoholt Bildmonographic),.
1891, S. 82.

إن علم النفس الفردي هو أبلغ اتهام لإرادة القوة وأقسى تعرية لخداع صاحبها لنفسه وتدميره لها. وكما وضع فرويد التصميم الواعي والتدبر والحكم العقلي الواضح في مقابل الدوافع اللاواعية، كذلك أقام آدلر من الشعور بالجماعة سداً يحمي الحياة النفسية من عواصف الطموح الى القوة والسيطرة الإنسانية. صحيح أن آدلر قد سلم بوجود ثنائية نفسية تذكرنا بما قاله فرويد عن مبدأ اللذة ومبدأ الواقع، أو دوافع الحب والحياة ودوافع التدمير والموت، ولكن الواقع أن علم النفس الفردي يحاول تحقيق التوازن بين النزوع الفردي الى القوة وبين الشعور بالجماعة أو المجتمع. فإذا كانت إرادة القوة تمثل الدافع الأصيل وتعبر عن غريزة الحياة الأساسية والمحور الذي يدور حوله الوجود، فإن الشعور بالجماعة هو الأصل والأساس في حياة الإنسان، وما النزوع الى القوة إلا حركة نفسية نابعة من عقدة الشعور بالنقص (أو ضآلة القيمة) مفسدة للإنسان مدمرة لكيانه.

وليس الإنسان في نظر علم النفس الفردي مجرد حالة فردية أو استثنائية تطمح الى القوة والسيطرة ولا تعرف شيئاً عن الحب، كما زعم فرويد عن تلميذه المنشق! وإنما يقاس الفرد دائماً بمقياس الإنسان المثالي الذي يتبع قواعد اللعبة التي يسنها المجتمع ويسير ـ على هدى التربية وعلم النفس ـ الى تحقيق الحياة الإنسانية المشتركة مع إخوته في الجماعة الإنسانية.

ونصل أخيراً الى العلم الثالث من أعلام «علم نفس الأعماق» وهو كارل غوستاف يونغ (1875 ـ 1961) لنعرف الى أي حد تأثر «بالخبير بالنفوس». والحق أن يونغ يسلم بهذا التأثير بجوانبه

58

الإيجابية والسلبية. ونستشهد على هذا برسالة كتبها قبل موته بشهور قليلة الى أحد رجال الدين الأميركيين وقال فيها: «إن تقديم تقرير مفصل عن تأثير أفكار نيتشه في تطوري العقلي لمهمة طموح تتخطى حدود قدرتي. فقد أمضيت شبابي في المدينة التي كان نيتشه قد عاش فيها فترة من حياته وعمل في تدريس اللغات القديمة في جامعتها، وبذلك شببت في جو لا يزال يرتجف تحت سطوة مذهبه، على الرغم من أن هجماته كانت تلقى مقاومة شديدة. لم أستطع أن أتجنب الأثر الذي أحدثه إلهامه الأصلي على نفسي وشدني إليه بقوة. فقد كان يتميز بالإخلاص والصدق الذي لا يمكن أن يدعيه عدد غير قليل من الأساتذة الأكاديميين الذين يهتمون بمظاهر الحياة الجامعية أكثر مما يهتمون بالحقيقة. والأمر الذي أثر فيَّ أعظم تأثير هو لقاؤه بزرادشت ونقده «للدين»، هذا النقد الذي أفسح في الفلسفة مكاناً للعاطفة المتوقدة من حيث هي دافع أصيل على التفلسف. شعرت أن «التأملات لغير أوانها» قد فتحت عيني، أما «تسلسل الأخلاق» و «العود الأبدي» فكان حظهما من اهتمامي أقل، واستطاعت أحكامه السيكولوجية النفاذة أن تبصرني تبصرة عميقة بما يمكن أن يحققه علم النفس.

وعلى الجملة، كان نيتشه بالنسبة إليَّ هو الإنسان الوحيد الذي قدم لي في ذلك العصر إجابات كافية، عن بعض الأسئلة والمشكلات الملحة التي كنت أشعر بها أكثر مما أفكر فيها[6].

---

(6) رسائل يونغ ــ الجزء الثالث، ص 370 وما بعدها.

هذا الاعتراف الصريح من مؤسس علم النفس التحليلي لا يحتاج الى تعليق. ويمكن أن نضيف إليه اعترافاً آخر يسجله بكل العرفان عن سنوات الطلب والتحصيل في شبابه، فقد أقبل على قراءة نيتشه في نهم وحماس، ثم قرأ «هكذا تكلم زرادشت» فكانت قراءته لهذا الكتاب ـ بجانب «فاوست» لغوته ـ أقوى تجربة مر بها في شبابه[7]. ولعل أول أثر لهذه القراءة قد ظهر في رسالته الجامعية عن «سيكولوجية الظواهر المسماة بالظواهر الخفية وتشخيص أمراضها» (1902) فقد درس فيها حالة من حالات «الكريبتومنيزيا» (التذكر الخفي واللاشعوري) والتي صادفها عند نيتشه.

ولم تمضِ سنوات قليلة حتى رجع الى نفس الموضوع، وحاول أن يتحسس طريقه الى «شيطان اللاوعي» الذي وقع الفيلسوف تحت تأثيره السحري، عند تدوينه لكتابه عن زرادشت: «إن هذه الاهتزازات الراجفة العميقة للمشاعر، وهي التي تتخطى مجال الوعي وتتجاوزه، هي القوى التي أظهرت للنور أقصى التداعيات تطرفاً وخفاءً، هنا اقتصر الوعي على القيام بدور العبد الخادم لشيطان اللاوعي الذي طغى على الوعي وراح يغمره بالخواطر الغريبة». وما من أحد استطاع أن يصف حالة الوعي بمركب لا واع مثل نيتشه نفسه. يحاول الطبيب النفسي الشاب أن يتابع هذا الموضوع الشائك عن «الأرواح» والأرباب عند الإغريق وبخاصة

---

(7) C.G. Jung: Erinnerungen, Traume, Gedanken, hg. von Aniela Jaffé, Zurich-Stuttgart, 1963, S. 109.

عن شخصية ديونيزيوس مع الإشارة الصريحة الى تأثيرها في نيتشه ابتداء من كتابه «ميلاد التراجيديا» فيقول في رسالة وجهها سنة 1909 الى فرويد: «يبدو أن نيتشه قد أحس بهذا إحساساً قوياً، ويخيل إليّ أن الديونيزي كان يمثل موجة ارتداد جنسية لم تقدر قيمتها التاريخية حق قدرها، وقد تدفقت بعض عناصرها الجوهرية الى المسيحية، وإن طبقت تطبيقاً آخر يتسم بالاعتدال والتصالح[8].

ولا يقف الأمر عند هذه النصوص وأشباهها لبيان تأثير نيتشه في يونغ، فالواقع أن خيوط هذا التأثير في شخصية نيتشه و «نمط» حياته وتفكيره بل وأحلامه ورؤاه تتخلل كتاباته منذ بداية حياته الى نهايتها. ولا شك أنه كان صادقاً كل الصدق عندما قال في كتابه المشهور عن «سيكولوجية اللاوعي» 1912 (وطبع طبعات منقحة بعد ذلك) إنه قد بدأ حياته طبيباً نفسياً وعقلياً، ولكن نيتشه هو الذي أعده إعداداً لعلم النفس الحديث[9]. ولولا ضيق المقام لتعرضنا للتجارب «الدينية» التي مر بها الفيلسوف وعالم النفس في صباهما وشبابهما، إذ انحدر كلاهما من صلب قسيس، ووجد نفسه محاطاً بعلماء اللاهوت الذين عجزوا عن الإجابة عن الأسئلة التي أرقتهما.

ولكن الأهم من ذلك ألا ننساق وراء التأثير والتأثر الذي يظل

(8) رسائل يونغ ـ الجزء الأول، 35.

(9) C.G. Jung: Uber die Psychologie des Unbewussten, in: G.W. Bd. 7, S. 128.

في تقديري أمراً غامضاً على كل المستويات! وإن مؤسس علم النفس التحليلي لم يكن مجرد معجب متحمس لفيلسوف الإرادة والحياة وإنما أتيح له أن يتطور وينضج ويجد ذاته وينظر إليه بعين ناقدة. ونكتفي في هذا الصدد بمثلين نقدمهما من مؤلفاته، فهو في كتابه عن «الأنماط النفسية» (1921) ـ وهو أول مؤلف كبير بعد كتابه عن «تحولات اللبيدو ورموزه» الذي شهد انفصاله عن فرويد (1912/ 1913) ـ لا يكتفي بسرد نصوص يقتبسها من نيتشه، وإنما يتناول شخصيته كمثل على نوع من الوعي الذي يحاول بكل جهده السيطرة على الدوافع المظلمة. إنه يذكر بالتقابل الأساسي الذي يعبر عن التضاد الحاسم بين طرفين هما ديونيزيوس وأبوللو، كما عرضه نيتشه في كتابه المبكر عن «ميلاد التراجيديا» من روح الموسيقى. ثم يتطرق الى نقد دينامية الدوافع الكامنة وراء هذا التضاد، ويسوق أمثلة أخرى من التاريخ الحضاري والأدبي نذكر منها رسائل الشاعر الفيلسوف شيلر (1759 ـ 1805) عن التربية الجمالية ليعزز بها نقده.

لقد أهمل المفكران الشاعران في رأيه البعد الديني واقتصرا على الاهتمام بالبعد الجمالي والفني لشخصيتي أبوللو وديونيزيوس، وهو لا يكفي لتفسير مضمون التجربة الدينية والتاريخية التي تغلغلت في «اللاوعي الجمعي» لقدماء الإغريق فضلاً عن أن نيتشه قد تجاهل الجانب الصوفي والتأملي الذي اتسمت به طقوس ديونيزيوس في أماكن مختلفة من بلاد الإغريق: «لقد اقترب نيتشه من الواقع الى الحد الذي جعل تجربته الديونيزية المتأخرة أشبه بنتيجة ضرورية لا مفر منها، أما هجومه على

سقراط في «ميلاد التراجيديا» فهو هجوم على العقلاني العاجز عن الإحساس بالنشوة والتوهج الديونيزي[10]. وكان من الطبيعي أن يحاول يونغ فحص الخصائص النفسية لهذين النمطين الأسطوريين وأن يحاول أن يبيّن العلاقة بينهما وبين نظريته عن الوظائف النفسية والمواقف أو الأنماط الأساسية التي تؤدي في مذهبه دوراً كبيراً. (والمعروف أنه يحدد أربعة أنماط من الوظائف هي التفكير والشعور والإحساس والحدس، كما يحدد نمطين أو موقفين أساسيين هما الانطواء والانبساط). وهكذا يجد أن ما يصفه نيتشه «بالديونيزي» يقترب في تصوره من الشعور المنبسط المتجه الى الموضوعات الخارجية، إذ تظهر في هذه الحالة تأثيرات أو انفعالات دافعية قاهرة وعمياء تعبّر عن نفسها في صور جسدية عنيفة، أما ما سماه نيتشه «بالأبولوني» فهو ـ كما أوضح بنفسه ـ تعبير عن إدراك الصور الباطنة للجمال والحب والمشاعر المعتدلة المنظمة. وتبرز طبيعة الحالة الأبولونية إذا قارنا بينها وبين الحلم. فهي حالة استبطان وتأمل متجه الى الباطن مستغرق في عالم الحلم الغني بالأفكار والمثل الأبدية، أي أنه في النهاية تعبير عن حالة الأنطواء[11]. ثم يتطرق عالم النفس الى تحليل شخصية نيتشه نفسه فيقول إنها تجمع بين الوظيفة النفسية للحدس من ناحية وبين وظيفة الإحساس والدافع من ناحية أخرى، إنه يمثل النمط الحدسي أو الوجداني الذي يميل للانطواء، يشهد عل ذلك طريقته

---

(10) C.G. Jung: Psychologiche Typen in: G.W. 6, S, 151.

(11) المرجع نفسه، ص 152.

الحدسية والفنية في الإنتاج كما يدل عليه أسلوبه في الكتابة بوجه عام وفي «ميلاد التراجيديا» و«زرادشت» بوجه خاص. ومع ذلك فإن هذه النزعة الانطوائية تخالطها ـ كما نرى في كتبه العديدة التي وضعها في صورة حكم منثورة ـ نزعة عقلية ونقدية حادة متأثرة باعتراف صاحبها نفسه بإعجابه بحكم الكتاب الأخلاقيين الفرنسيين في القرن الثامن عشر، وتبقى الغلبة في نهاية المطاف للنمط الحدسي المنطوي الذي يفتقر عموماً الى التحدد والتنسيق العقلي والمنهجي. ويميل الى إدراك «الخارج» عن منظور «الباطن» ولو على حساب الواقع. ويظل الفيلسوف طوال حياته واقعاً تحت تأثير السمات الديونيزية للاوعي الباطن، إذ لم تبلغ هذه السمات سطح الوعي إلا بعد أن تفجر مرضه الأخير واستسلم لغيبوبته العقلية الطويلة التي انتهت بموته، ولم تظهر قبل ذلك إلا في مواضع قليلة متفرقة من كتاباته في صورة رموز وإشارات شبقية.

أما المثل الثاني، الذي يدل على مدى اهتمام يونغ بشخصية نيتشه فيمكن أن نسوقه من النصوص المختلفة التي تعرض فيها العالم السويسري «للقدر» الألماني والمحنة التي جرها الألمان على ملايين البشر في حربين عالميتين. فنحن نجد في كتابه السابق الذكر عن الأنماط النفسية إشارات يفهم منها أن «زرادشت» نيتشه قد ألقى الضوء على مضمونات من اللاوعي الجمعي مرتبطة بظهور «الإنسان القبيح» وبالمأساة اللاشعورية الفاجعة التي يعبر عنها هذا «النبي ـ الضد» أو المتنبىء المعذب. (وقد كان العصر يفيض في ذلك الحين بجرائم الفوضويين والعدميين ومقتل الأمراء والنبلاء والحكام وتطرف اليساريين...

64

الخ). أما عن اللمحات والرموز التي فاضت عن اللاوعي الأوروبي للتعبير عن الخطر المقبل على يدي الوحش الفاشي فنلاحظ أن يونغ يتحدث عن «البربري الجرماني» في دراسة صغيرة له عن «اللاوعي» ترجع الى سنة 1918. والغريب في حديثه أنه يعهد الى المسيحية بمهمة ترويض الجانب «الواضح والأعلى» من وعي هذه الجماعة الخطرة، ويترك مهمة التحكم في جانبها «السفلي» للعناية الإلهية! والأغرب من هذا أنه لا يذكر الخطر الجرماني وحده، وإنما يؤكد أن «الجنس الآري الأوروبي» يتعرض لنفس الخطر النابع من عمق اللاوعي الجمعي، ثم يشير الى نيتشه إشارة غير خافية حين يقول: إن «الوحش الأشقر يمكنه في سجنه السفلي أن يستدير إلينا فيهددنا انفجاره بأفظع النتائج». وهذه الظاهرة تتم كثورة نفسية في داخل الفرد، كما يمكن أن تظهر في صورة ظاهرة اجتماعية(12).

لقد صدّق تاريخ العالم حدس يونغ واستيقظ الوحش الأشقر وفجر حمم الكارثة، فهل نقول اليوم إنه ظلم نيتشه فصوره ـ كما فعل توماس مان بعد ذلك في روايته الرائعة عن الدكتور فاوستوس التي تحمل ملامح من نيتشه ومن المؤلف الموسيقي الغريب الأطوار أرنولد ج. شينبرغ ـ في صورة النمط المعبّر عن الوحش الأشقر، أم أنه أنصفه حين أكد أنه عبر عن ذلك «البربري» الكامن في طبقات اللاوعي السفلى من كل جرماني وفي أعماق نيتشه نفسه وتجربته؟ مهما يكن الأمر فإن يونغ قد اهتم من الناحية

---

(12) C.G. Jung: Uber das Unbewusste, in GW. 10, S. 25.

العلمية البحتة بإبراز قوى الدوافع «النمطية الأولية» التي وصفها نيتشه نفسه وأعلن عن عواصفها وصواعقها المقبلة وحذر من أخطارها، وكأن هذا الشاعر الفيلسوف «الخبير بالنفوس» هو ساحر العصر الذي يستحضر أرواح الشياطين المدمرة، ويتنبأ بالكارثة المحتومة، ويعري الأقنعة الحضارية والأخلاقية والفكرية الزائفة لتسقط وسط الحطام الهائل المتراكم على صدر أوروبا العجوز: «ويل لهذه المدينة العظيمة، وأنا الذي تمنيت أن أشاهد أعمدة النار التي تحترق فيها! لأن هذه الأعمدة النارية يجب أن تسبق الظهر العظيم. ومع ذلك فلهذا أوانه وقدره الخاص!!».

إن هذا النص الذي نجده في «زرادشت» ـ كما نجد أشباهه في كتب نيتشه الأخرى ـ يدل دلالة واضحة على أنه كان فيلسوف الكارثة. ومع ذلك فإن أمثال هذه النصوص المزدحمة بصور الخراب ورموزه لا يصح أن تغرينا بتفسيرها تفسيراً تاريخياً ضيقاً، ولا يجوز أن تنسينا لحظة واحدة أنها تعبر تعبيراً رمزياً عن «الزلزلة المقبلة» التي ستتبعها إشراقة «الفجر الجديد» (ولا ننسى أيضاً أن الرموز الأصيلة ذات أبعاد عميقة متعددة).

ونسأل أخيراً: ما هي هذه الزلزلة؟ وما هو هذا الفجر الجديد؟ ليس من السهل أن نحدد ما يقصده نيتشه بهاتين الكلمتين أو بغيرهما من كلماته ومصطلحاته الفنية المليئة بالإيحاءات والإشعاعات. ولكن ليس من الصعب كذلك أن نرى ـ على ضوء ما سبق وما سيأتي بعد ـ أن نيتشه يمثل «صدعاً في تاريخ البشرية» والتعبير لفيلسوف الحياة لودفيغ كلاجس. ولقد أكد تأكيداً لا مزيد عليه أنه «آخر العدميين»، وأن رسالته هي الكشف عن

تصدع عصره «البورجوازي» وانهياره على رؤوس رجاله، وتعرية وعيه الكاذب بأسره، وتغيير ألواح قيمه التي فقدت قيمتها بعد أن تداعى عمود النظام الميتافيزيقي الذي كان يستند إليه. ولكن من الذي سيطلع هذا الفجر الجديد؟ من الذي سيحول القيم من اللوجوس (المنطق والجدل العقلي) الى البيوس (الحياة وإرادة المزيد من الحياة)؟ وأخيراً من الذي سيبدع هذا العالم الجديد؟ إنه جيل المبدعين من أفراد الإنسان الأعلى. وليس الإنسان الأعلى سوى الإنسان المبدع. ومن أجل هذا الإنسان الذي اشتدت حاجتنا إليه كُتب هذا البحث، تحية للمبدعين الحقيقيين ولكل من يساعدهم على فهم أسرار الإبداع.

نيتشه
والنزعة الأنثوية

عطيات أبو السعود

سادت ستينيات القرن العشرين حركة فكرية أطلق عليها اسم «النزعة الأنثوية» Feminism تزامنت مع حركة تحرير المرأة المعاصرة، لكن تراث هذه الحركة يعود الى تاريخ سابق، على الأقل منذ القرن الثامن عشر عندما أدرك أصحاب هذه النزعة الممارسات الاجتماعية الظالمة للمرأة والمدمرة لها. ومنذ ذلك القرن نشأت تساؤلات حول حقوق المرأة وقدراتها، وعن طبيعة العلاقة التي ينبغي أن تقوم بين الرجل والمرأة في محاولة لإنصافها من الظلم والعسف الواقع عليها. لكن هذه النزعة الأنثوية انتشرت بشكل واسع في مرحلة ما بعد الحداثة التي قامت بعض تياراتها على هدم الثنائيات الراسخة في تاريخ الفلسفة، ومنها ثنائية (الذكر والأنثى)، مما جعل الحركات النسائية تلعب دوراً هاماً في تحطيم هذه الثنائية. واستمدت النزعة الأنثوية أصولها الفكرية من بعض الاتجاهات الفلسفية الحديثة وتأثرت بها

الى الحد الذي أثار سؤالاً ملحاً: هل هناك فلسفة أنثوية؟ فإذا كانت الإجابة بنعم، فما هي الأسس الفلسفية التي ارتكزت عليها النزعة الأنثوية؟ وهل يمكن للرجال ـ باعتبارهم الجنس الذي سيطر على تاريخ الفلسفة عبر عصورها الطويلة ـ أن يكتبوا بطريقة أنثوية؟ وما هي أهداف هذا الاتجاه؟

يُعد «نيتشه» من أكثر الفلاسفة الذين ارتبط اسمهم بهذه النزعة وأكثرهم تأثيراً فيها، سواء أكان هذا التأثير إيجابياً أم سلبياً. فبعض المؤيدين للنزعة الأنثوية يزعمون أن نيتشه هو سلفهم الأكبر، ويزعم البعض الآخر أنه ليس من أنصارها ولا من المؤيدين لها. فما هي، إذاً، علاقة المناصرين للنزعة الأنثوية بفلسفة نيتشه؟ من المعروف في تاريخ الفلسفة أن آراء نيتشه في النساء وتعليقاته عليهن تنم عن كراهية لهن، فكيف ترتبط فلسفته بنزعة تحاول إنصاف وضع النساء في المجتمع؟ وكيف يفسر أصحاب النزعة الأنثوية آراء نيتشه في المرأة؟ وهل يمكن استبعاد عباراته عن المرأة دون أن يؤثر هذا في نسقه الفلسفي؟ كيف يفسر أنصار النزعة الأنثوية عبارات نيتشه عن النساء، هل يتم تفسيرها بالمعنى الحرفي أم يتم وضعها في الإطار المجازي الذي يسود مجمل أعمال نيتشه بوجه عام، أم يتم فهمها بالأسلوب التهكمي الساخر الذي يجيده الفيلسوف؟ وما هي الفائدة التي تعود على أصحاب النزعة الأنثوية من دراساتهم لفلسفة نيتشه؟ وهل ساعدت دراساتهم في فهم وإثراء فلسفته وإلقاء الضوء على بعض جوانبها غير المدروسة أو المسكوت عنها في تاريخ الفلسفة؟ سنحاول الإجابة عن هذه التساؤلات في نقاط ثلاث:

أولاً: التعريف بالنزعة الأنثوية.

ثانياً: فلسفة نيتشه النِّسْوية.
ثالثاً: تفسير أصحاب النزعة الأنثوية لفلسفة نيتشه النِّسْوية.

أولاً: التعريف بالنزعة الأنثوية

تعود كلمة النزعة الأنثوية Feminism الى أصلها الفرنسي Feminisme الذي استخدمه اليوتوبي الاشتراكي شارل فورييه. وقد استخدمت الكلمة للمرة الأولى في إنكلترا عام 1890 للإشارة إلى دعم مطالبة المرأة بحقوقها السياسية والقانونية بالمساواة مع الرجل[1]. وهذا هو المعنى الضيق الذي تشير اليه الكلمة. أما المعنى الواسع فيبحث هذه المشكلة في إطار نظرية العلاقة بين شطري المجتمع باعتبارها غير متساوية، وهي علاقة يمارس فيها أحد الطرفين ـ وهو الرجل ـ الظلم والإخضاع والقهر على الطرف الآخر ـ وهو المرأة ـ وتهدف النظرية الى علاج جذور هذا القهر.

تعد النزعة الأنثوية بمعناها الضيق إذاً، حركة سياسية في المقام الأول، تشكلت في حركة نسائية منظمة في القرن التاسع عشر للمطالبة بحصول النساء على حقوقهن السياسية والقانونية مساواة بالرجال. وبهذا المعنى يعتبر بعض الفلاسفة ـ مثل جون ستيوارت مل ـ من أنصار النزعة الأنثوية لإنكارهم وجود اختلافات طبيعية بين الرجال والنساء، بصرف النظر عن الاختلافات البيولوجية، أو

---

(1) *The Oxford Companion*. Ed. By Ted Honderich. Oxford University Press, 1995. art. Feminism. p. 270.

على الأقل لأن هذه الاختلافات لا تحظر على المرأة حقوقها السياسية والقانونية. وهذا ما تؤكده النزعة الأنثوية الليبرالية التي تنظر الى المرأة باعتبارها كائناً عاقلاً ـ مثل الرجل ـ تتمتع بحق المواطنة الذي لا يضع تفرقة بين الرجال والنساء فيما يخص الحقوق السياسية والقانونية. فلو مُنحت المرأة الفرصة المتساوية مع الرجل لحققت الكثير لأن السمات الجنسية تختفي مع نمو الإمكانات البشرية والقدرات العقلية. أما المعنى الواسع لهذه النزعة فهو لا يقتصر على اكتساب الحقوق السياسية والقانونية للمرأة، بل يسعى الى معرفة أسباب القهر والظلم الواقع على المرأة، وتحليل الظروف الاجتماعية التي عوّقت تطوير قدراتها العقلية وممارسة إمكاناتها البشرية من قبل أشكال مختلفة من الاضطهاد والتعصب التي عانتها المرأة. لذلك يتصدى أنصار النزعة الأنثوية للإجابة على مجموعة من الأسئلة تدور حول الطبيعة البشرية، والمعرفة البشرية، والعقل والإمكانيات البشرية لدى كل من الرجل والمرأة.

تتضمن النزعة الأنثوية إذاً، معرفة أسباب القهر ومحاولة وضع مقترحات مختلفة للقضاء على هذه الأسباب، وعلى الرغم من وجود نزعات مختلفة داخل المفهوم العام والواسع للنزعة الأنثوية مثل النزعة الأنثوية الليبرالية والنزعة الأنثوية الاشتراكية والأنثوية الماركسية، فإنها تتحد جميعاً في اعتقاد واحد، وهو أن هناك خطأً ما في معاملة مجتمعاتهم للنساء، ويكمن الفرق بين هذه النزعات المختلفة في تفسيرها للمشكلة وأسبابها وفي اقتراحات أصحابها لوضع الحلول لتغيير أوضاع المرأة في مجتمعاتهم.

لقد بدأت النزعة الأنثوية في صورة حركة سياسية ـ كما سبق

القول ـ إلا أنها امتدت بعد ذلك الى اتجاهات أخرى منها على سبيل المثال: الحركة النسائية في الأدب وفي الفن ومجالات معرفية أخرى. ولكننا سنقتصر هنا على النزعة الأنثوية في تاريخ الفلسفة والتي انطلقت من اتهام أنصار النزعة الأنثوية تاريخ الفلسفة بأنه كُتب من قبل الرجال الذين ناصروا قيماً بعينها على حساب قيم أخرى باسم الحقيقة الموضوعية، مما جعل الهدف الأول لهذه النزعة هو تحدي الأساس الذكوري بعمقه الزمني، وتحدي الفكر الفلسفي الذي نظر الى العقل على أن له قيمة أكبر من الجسد في الوقت الذي ربط فيه الفلاسفة بين الجسد والطبيعة واللاعقلانية وبين المرأة، مما ترتب عليه إقصاء النساء عن الفلسفة باعتبار أن هذه الأخيرة تتناول الموضوعات الجادة التي لا تقدر عليها النساء على حد زعمهم. ولذلك «قامت الفلسفة على التجربة الذكورية، فالذكر هو الذي يبدع وهو الذي يسيطر وبالتالي جاءت النظريات الفلسفية لتعكس وجهة نظر الذكر عن العالم»[2]. وعلى امتداد التاريخ الفلسفي، وعلى الرغم من استبعاد المرأة من المشاركة فيه، نجد العديد من النصوص الفلسفية التي يتحدث أصحابها أحياناً بشكل مباشر عن المرأة: قدراتها، وإمكاناتها ورغباتها، وأحياناً بشكل غير مباشر عن عواطف المرأة أو لاعقلانيتها. ولذلك بدأ الفلاسفة المهتمون بالنزعة الأنثوية ينظرون بشكل نقدي الى النصوص الفلسفية، فالتجربة الإنسانية التي وجدوا أنها تجربة الرجال بشكل خاص، ليست تجربة إنسانية

---

(2) Grimshaw, Jean: *Philosophy and Feminist Thinking*. University of Minnesota Press, 1986, p. 35.

حقيقية لإغفالها الجانب الأنثوي في هذه التجربة. ويشهد تاريخ الفلسفة منذ نشأتها الأولى على هذا الإغفال.

لقد أَلِفَ الفلاسفة التقليل من شأن النساء والسخرية منهن، وظلوا على اعتقادهم بأنهن كائنات متدنية واتخذوا منهن موقف الاحتقار، فنجد استبعاد أرسطو لفئات معينة في المجتمع من ممارسة تجربة التفلسف وهما العبيد والنساء عندما نظر الى هاتين الفئتين على أنهما شكل من أشكال الملكية للرجل السيد، أو هما وسيلتان ضروريتان ليعيش السيد حياته الحرة بين مواطني المدنية، ومن ثم كانت للمرأة وظيفة مشابهة لوظيفة العبيد. فإذا كان العبد مجرد وسيلة تيسر للسيد حياته العملية، فإن المرأة وسيلة للتكاثر لا غير. ليس هذا فحسب بل نجد في مواضع كثيرة من أعماله عبارات تنم عن ازدراء للمرأة ومنها على سبيل المثال ما أورده في كتاب «السياسة»: «أما عن العلاقة بين الذكر والأنثى فإن الأول بحكم الطبيعة متفوق وحاكم وأما الثانية فهي متدنية وتابعة». ولم يقتصر تحقير المرأة على الفلسفة القديمة فحسب، بل امتد الاستخفاف بها وتهميشها الى الفلسفة الحديثة، وعلى سبيل المثال: نجد فيلسوفاً مثل كيركغارد يؤكد أن المرأة هي في المقام الأول «كائن من أجل الآخر» مما يعني أنْ ليس لها وجود مستقل أو أهداف خاصة بها يمكن أن تضفي عليها أية قيمة أو تمنحها حقوقاً. ولكل الأسباب السابقة ارتبطت حجج أصحاب النزعة الأنثوية بمفاهيم تتعلق بالحرية، والعدل، والمساواة، والقمع والتحرير، والذات البشرية وطبيعة الذكر والأنثى وارتباطها بالتراث الفلسفي.

ويعد نيتشه أحد أهم الفلاسفة في القرن التاسع عشر الذين كان

لهم آراء حادة في النساء، وعلى الرغم من أن هناك جوانب عديدة من فكره لم يتم اكتشافها بعد، فإن الصمت عن فلسفته النسوية بدا ـ من وجهة نظر بعض الباحثات من أنصار النزعة الأنثوية ـ وكأنه خطة متفق عليها بين الرجال، وبشكل غير معلن، بعدم أخذ هذا الجانب من فلسفة نيتشه مأخذ الجد، بمعنى أنهم لم يتعاملوا مع آرائه في النساء وتعليقاته عليهن بشكل نقدي مثلما فعلوا مع الجوانب الأخرى من فلسفته. ولا يُعرف أساس هذا الصمت ولا أسبابه. والواقع أن مفكراً في عمق نيتشه ووفرة إنتاجه، وماله من صدى هائل في التراث الأوروبي، لا بد أن يؤخذ مأخذاً أكثر جدية مما ذهب اليه بعض الباحثين ـ مثل كوفمان ـ الذين حاولوا تهميش هذه الآراء بزعم أنها مرتبطة بفلسفته.

ثانياً: فلسفة نيتشه النِّسْويَّة

اشتهر نيتشه في تاريخ الفلسفة بأنه الفيلسوف الكاره للنساء، وأقواله عنهن تعبّر عن ازدراء واحتقار. فكيف يمكن أن نتحدث عنه في إطار النزعة الأنثوية، وهل يعني هذا أن نستبعد نصوصه ونتجاهل عباراته الموحية بأحاسيس الكراهية للنساء؟ ذهب بعض الباحثين بالفعل إلى هذا التفسير وعلى رأسهم كوفمان ـ أهم الشارحين والمترجمين لنيتشه ـ واعتبر أن آراءه في النساء جاءت انعكاساً لموقف المجتمع ووجهة نظر مثقفي عصره في المرأة، كما أكد على أنه يمكن لنا أن نفهم فلسفة نيتشه بعيداً عن تعليقاته عن النساء. وربما يستند هذا الرأي إلى أن نيتشه كان جاداً ومتوهجاً في كتاباته النقدية وفي تحليلاته للقيم وإعادة تقييمها وفي

75

مواقفه من الفلسفة والدين، لكن كتاباته عن النساء كانت سطحية وكانت أيضاً امتداداً لتراث طويل في كراهية المرأة، ولذلك جاءت عباراته عن النساء تقليدية وتمثل جزءاً من كراهية المرأة في التراث الغربي. ولكن سواء طرحنا آراء نيتشه عن المرأة جانباً أو سلمنا بأنها جزء لا يتجزأ من فلسفته فإن المرأة تحتل جزءاً لا يمكن تجاهله من تفكيره.

نيتشه ونساء عصره: ربما يكون من المفيد ـ قبل أن نتكلم عن فلسفة نيتشه النسْوية ـ أن نتعرف إلى علاقة نيتشه بالنساء سواء في حياته الخاصة أو في حياته العامة من خلال علاقته بنساء عصره؛ فمن الممكن أن تلقي هذه العلاقة الضوء على غموض وتناقضات علاقة نيتشه بالمرأة. أما عن حياته الخاصة فلم يعرف نيتشه من النساء غير أمه وأخته بعد أن رحل أبوه وهو في الرابعة من عمره كما ورد في سيرته الذاتية ـ في كتابه «هو ذا الإنسان» ـ التي استهلها بلغز وجوده: «إن سعادة وجودي ربما كانت هي السعادة الوحيدة وتكمن في قدري، إنني أعبر عنها في شكل لغز، فأنا كأبي قد متُّ، وكأمي ما زلت أحيا وأنمو»[3].

ويكمن لغز نيتشه في ارتباط هذه الثلاثية: السعادة والقدر والتفرد. ونستدل من هذا اللغز على العلاقة الغامضة التي تربطه بأبويه والتي تجعل من لغز نيتشه لغزين، الأول عن علاقته بأبيه الذي يصفه بأنه كان مريضاً، حنوناً ورقيقاً. مات في السادسة والثلاثين من العمر وهي نفس السن التي سقط فيها نيتشه صريعاً

---

(3) Nietzsche, F.: *Ecce Homo*. Translated by Walter Kaufmann. New York, Vintage Books, 1967, sec. 1 Why I am so Wise.

للمرض، وربما كان هذا هو مغزى الشق الأول من اللغز «كأبي قد متُّ بالفعل». واعتبر نيتشه نفسه بولندياً مثل أبيه الذي ينتسب الى طبقة النبلاء البولنديين؛ ويفخر بانتسابه لأسلافه لأبيه ووجد أن إحدى مزاياه الكبرى هي إنه كان له أب على هذه الشاكلة.

أما عن الشق الثاني من اللغز فهو الذي يحدد علاقته بأمه «وكأمي فأنا ما زلت أحيا وأنمو». ولا بد أن ننظر لهذه العبارة في ضوء ما ذكره عن أمه بأنها «ألمانية خالصة» مع الأخذ في الاعتبار أنه ينأى بنفسه عن أن يكون ألمانياً ويرفض أن يفكر أو يشعر مثل الألمان. ولكن بعض الباحثين يرون إن كلمة ألماني في هذا الكتاب ـ «هو ذا الإنسان» ـ لها مدلول آخر، فهي تعني عند نيتشه اللغة الألمانية التي هي لغة أمه التي يحيا وينمو من خلالها، ابتهج نيتشه بهذه اللغة الألمانية وبها عاش وأبدع ذاته ومنح نفسه ميلاداً جديداً ليصير ـ على حد قوله ـ ما كان (To become what he was)[4]. كانت اللغة عشقه الأكبر وشكَّل منها أساليبه المتعددة: «لم أكن أعرف ماذا يمكن أن يفعل المرء باللغة الألمانية قبلي وماذا يمكن للمرء أن يفعل باللغة بشكل عام»[5].

كانت أمه دائماً هي ما يذكّره بأنه ألماني. ولكن نيتشه انتابته مشاعر متناقضة تجاه أمه تتأرجح بين الشفقة عليها من ناحية وفزعه

---

(4) Graybeal, Jean: «Ecce Homo: Abjection and «the Feminine». in *Feminist Interpretations of Friedrich Nietzche*. Ed. by Kelly Oliver and Marilyn Pearsall. The Pennsylvania State University Press. 1998. p. 157.

(5) Nietzsche, F.: *Ecce Homo. Why I am So Clever,* sec. 4.

الشديد منها من ناحية أخرى، على أي حال فإن اللغز يعبر عن التوتر بين الطرفين اللذين يمثلان بالنسبة لنيتشه القداسة والبشاعة، الرحمة والعدوانية، الشفقة والقسوة، الروحانية المميتة والحيوية الغريزية. ولا ندري على وجه التحديد الأسباب الموضوعية لمثل هذه المشاعر البغيضة ليس تجاه أمه وحدها ولكن تجاه أخته أيضاً ـ وهما العنصران النسائيان الوحيدان اللذان رعياه بعد رحيل أبيه ـ حتى إنه يصفهما بالآلة الجهنمية التي تعرف متى تهاجم عندما تكون الضحية في قمة تألقها.

ولو كان حظ نيتشه السعيد يكمن في قدره كما عبر عن ذلك بقوله: «إن صيغتي عن العظمة في الإنسان هي حب القدر (Amor fati)... ليس فحسب أن يتحمل المرء الضرورة... لكن أن يحبها»[6]، لكان عليه وفق هذا النص أن يحب أمه كجزء من قدره، وما يثير الحيرة هو هذا النفور والرفض الذي يحدد علاقة نيتشه بكل من أمه وأخته وهو الذي عانى مختلف الآلام ولم يجد عوناً له سواهما. ولذلك كانتا ـ أي أمه وأخته ـ هما «الاستثناء الوحيد من فكرته عن العود الأبدي، لا يريد لهما العودة، كانتا هما العنصران الوحيدان من قدره اللذان لا يرغب في عودتهما... وعلى كل حال فإن العضوين الأساسيين في أسرته يمثلان الضد المقابل لكل ما يتماهى معه نيتشه أو كل ما يجد فيه جوهره وحقيقته»[7].

حاول نيتشه أن يوضح علاقته بأمه لكنها ظلت غامضة وبقي

---

(6) *Ibid:* sec. 10.

(7) Graybeal, Jean: *Ibid,* p. 161, 162.

الاعتراض الكبير على فكرته عن العود الأبدي هو أمه وأخته، وأن وجودهما كجزء من قدره يتحدى قدرته على أن يريد عودتهما. وإذا كان من مزايا الحياة الكبرى ومحاولة حب الإنسان لقدره، وإبداع نفسه بالقياس الى هذا القدر، فإن إنجاز نيتشه يكمن في أنه أحب ما لا يُحب. هذا عن علاقة نيتشه بنساء أسرته، وقد اتخذ بعض الباحثين من حياة نيتشه الشخصية ـ طفولته وعلاقته الغريبة بأمه وأخته إليزابيث ونشأته في بيئة نسائية خالصة افتقرت الى الرجال ـ اتخذوا منها مدخلاً لتفسير كل من أنوثته (التي اتُّهم بها من قبل بعض مفكري عصره) وكراهيته للنساء.

أما عن علاقته بنساء عصره فقد كان على صلة بالأجيال الجديدة من النساء الأديبات المعاصرات له والمشهورات بالدفاع عن التعليم العالي للمرأة، وكان معظمهن من أنصار النزعة الأنثوية ومن المنخرطات في العمل السياسي والممارسات للنشاط العقلي في مجال الدفاع عن حقوق المرأة. وقد أثار نيتشه إعجاب البعض منهن فتأثرن بأفكاره، ومنهن من تجاهلن عدواته للنساء في أعماله المبكرة، ومن اعتقدن أنه لم يفهم النساء، ونسب البعض الآخر هذه العداوة الى الطبيعة المنعزلة للمؤسسات التعليمية التي التحق بها نيتشه في شبابه. كانت «لو سالومي» ـ أشهر نساء عصره ـ من الشخصيات القليلة التي اهتم بها نيتشه وارتبط معها بعلاقة عاطفية رومانسية وتقدم للزواج منها لكنها رفضته وعزفت عنه ففشلت هذه العلاقة وأصابته بالإحباط الشديد. وقد فسر بعض الباحثين تلعيقات نيتشه عن النساء، في كتابه «إنساني إنساني جداً» بأنها انتقام من سالومي وأن علاقته بها لو كانت قد اتخذت أبعاداً

أعمق فربما كان الأمر سيختلف ويفتح الطريق لاحتمالات جديدة مثل اختلاف كتاباته عن النساء قبل وبعد هذه العلاقة. ولم تكن علاقة نيتشه بسالومي هي العلاقة الوحيدة التي أصابته بالإحباط، فهناك تجربة حب أخرى في حياته لم يعلن عنها إلا في مرحلة متأخرة من عمره في نوبات مرضه؛ فقد شغف شغفاً كبيراً بـ «كوزيما فاغنر» زوجة صديقه الموسيقي العبقري، ولهذا السبب ـ أي لكونها زوجة صديقه ـ أخفى مشاعره وأسدل عليها ستار الصمت. ومن المؤكد أن الإحباطات التي لاحقته في علاقاته النسائية بالإضافة الى نشأته في بيئة نسائية ضاق بها، قد كان لهما أثر كبير في عدائه الشهير للمرأة.

نعود الآن الى فلسفة نيتشه النسوية، فقد اتخذت المرأة في أعماله أشكالاً عديدة وصوراً استعارية مختلفة وأحياناً متعارضة، كتشبيهه للحقيقة بأنها امرأة في واحد من أعماله ـ «ما وراء الخير والشر» ـ وفي الوقت نفسه تتحدث المرأة عن نفسها في بعض أعماله الأخرى ـ مثل «هكذا تكلم زرادشت» ـ كأنها الحياة، وفي مواضع أخرى من نفس العمل تكون هي الحكمة الجميلة المخادعة، بحيث ينفر منها في التشبيه الأول ويقبل عليها في التشبيهين الآخرين. ويقدم في «العلم المرح» نماذج أخرى متنوعة من النساء:

الحقيقة امرأة: شن نيتشه الحرب على المرأة ـ كما سبق القول ـ كما شن أيضاً حرباً ضارية على الحقيقة، وكتاباته مزيج من الرعب والازدراء لكليهما؛ فكلاهما تشوبه الألغاز ويحيطه الغموض. يدل على هذا أنه ربط بين المرأة والحقيقة عندما كتب في السطر الأول من تصدير كتابه «ما وراء الخير والشر»: «افترض

80

أن الحقيقة امرأة»[8]، وربما لهذا السبب ينصحنا نيتشه في «هكذا تكلم زرادشت» بأن نذهب للمرأة بالسوط لاعتقاده بأنها الحقيقة.

ويمارس نيتشه أسلوبه الاستعاري والتهكمي في افتراضه أن الحقيقة امرأة مما ينتج عنه تفسيرات كثيرة لهذه العبارة المراوغة التي يمكن أن تقلب الأساس الذي قام عليه تاريخ الفلسفة وتسخر منه في آن واحد، باعتبار أن المذاهب الفلسفية في التراث الغربي هي إبداع ذكوري مما يترتب عليه أن الفلاسفة الرجال هم مُلّاَك الحقيقة التي يفترضها امرأة. وربما يتجاهل نيتشه بهذه العبارة الديانة المسيحية التي تقر بأن الله هو الحقيقة الأسمى مما يعني تهكمه على السلطة الذكورية في التراث المسيحي، وأن اختفاء القيمة الأسمى (التي سقطت عندما كُشف عنها القناع) وإعلانه موت الإله كانا إيذاناً بانهيار القيم التراثية جميعها وبداية قيم جديدة متغيرة.

إن افتراض أن الحقيقة امرأة قد يترتب عليه أيضاً، أن نيتشه ربط المرأة بموضوع من أهم موضوعات الفلسفة وهو البحث عن الأصول أو مشكلة الحقيقة، التي شغلت التفكيرالفلسفي عبر عصوره الطويلة وسعى إليها الفلاسفة على اختلاف مذاهبهم. ولو افترضنا أن الحقيقة امرأة لكان كل الفلاسفة أغبياء لأنهم لم يستطيعوا أن يكتسبوا قلبها كما يقر نيتشه بذلك في تصدير كتابه السالف الذكر: «لو افترضنا أن الحقيقة امرأة فما الذي يترتب على ذلك؟ ليست هناك أسباب قوية تدعونا للاشتباه بأن جميع

---

(8) Nietzsche, F.: *Beyond Good and Evil*. Trans. by Walter Kaufmann. New York. Vintage Books Edition, 1966, p. 2.

الفلاسفة كانوا معدومي الخبرة مع النساء، وذلك بالقدر الذي كانوا به قَطَعْيين (أو دوغماطيقيين)، وأن الجدية الرهيبة والفضول الأخرق الذي حاول من خلالهما الفلاسفة الاقتراب من الحقيقة كانا وسيلتين عاجزتين وغير صالحتين على الإطلاق لكسب قلب امرأة. والمؤكد أنها لم تسمح لأحد أن يكسب قلبها، كما أن كل أنواع الدوغماطيقية (القَطْعية) قد أصبحت اليوم عقيمة وبلا روح، هذا إذا كان قد بقي لها وجود على الإطلاق، لأن هناك من يدعي أنها قد سقطت وأن كل أنواع الدوغماطيقية قد أطيح بها أرضاً، بل إن الدوجماطيقية كلها تحتضر». ويتابع نيتشه قوله: «إذا شئنا أن نتحدث حديثاً جاداً فهناك أسباب قوية تدل على أن كل القطعيات (الدوغماطيقية) الفلسفية مهما كان وقارها وتحددها لم تكن في كل الأحوال أكثر من نزعة طفولية نبيلة»(9).

إذا كان نيتشه يتحدث ـ وفق النص السابق ـ حديثاً جاداً في افتراضه بأن الحقيقة امرأة، فإنه يجعل الفلاسفة هم الحمقى الذين يسعون وراء المرأة المراوغة التي كلما اقتربوا منها امتنعت عنهم حتى لا يفهمها ولا يفوز بها أحد، ولكنهم في الوقت نفسه لم يستطيعوا مقاومة إغرائها. وإذا ما طرحنا هذا السؤال: ماذا يريد الرجل من المرأة؟ نجد أنفسنا ننتقل الى التساؤل عما يريد الرجل من الحقيقة؟ ولماذا يرغب فيها؟ وماذا يريد لها أن تكون؟ هل افتراض أن الحقيقة امرأة هي أحجية من أحجيات نيتشه الكثيرة؛ بحيث تظهر المرأة وكأنها الحقيقة المحجبة التي تغرينا وتعذبنا في آن واحد، ونعتقد أنها تخفي شيئاً ما عنا وهو الحقيقة. ولكن هل

---

(9) *Ibid:* p. 2.

تريد المرأة الحقيقة؟ يجيب نيتشه عن ذلك بقوله: إن «المرأة لا
تريد الحقيقة: ما هي الحقيقة بالنسبة للمرأة؟ منذ البداية لم يكن
هناك شيء أبغض إليها ولا أكثر نفوراً من الحقيقة»(10) وإذا كانت
المرأة تنفر كل هذا النفور من الحقيقة، فلماذا يفترض نيتشه أن
الحقيقة امرأة؟ ألم يعترف هو نفسه في فقرة 232 من كتابه «ما
وراء الخير والشر» بأن «فن المرأة الأعظم هو الكذب وتعلقها
الأسمى هو الظهور والجمال فحسب»(11). وكيف ترتبط المرأة
(رمز التغير والتقلبات المفاجئة) بالحقيقة (رمز الثبات والاستقرار)؟
ربما وجد نيتشه وجه الشبه بين الحقيقة والمرأة في أن كلتيهما
ترتدي القناع، وأن محاولة نزع القناع عنهما هي محاولة قاتلة.

وكما أنه ليس هناك حقيقة واحدة عند نيتشه، بل أوجه مختلفة
للحقيقة ومنظورات وأقنعة كثيرة، فإنه ليس هناك أيضاً امرأة واحدة
ولا منظور واحد عن النساء. وهنا يكون نيتشه أكثر اتساقاً مع
نزعته المنظورية عندما عبّر عن وجهات نظر عديدة عن المرأة
وقدم لنا نماذج مختلفة من النساء لهن أقنعة كثيرة ومن خلالها
يجذبن الرجال. إنه يفترض أنها الحقيقة مَرّةً ويمثلها بالحياة مرةً
أخرى، وها هو يشبهها بالحكمة التي يسعى وراءها الرجل في
محاولة للوصول الى ما وراء قناعها: «هي الحكمة يشتهيها
الإنسان بكل قوته ولا يشبع منها. فهو يحدق فيها ليتبين وجهها
من وراء القناع ويمد أصابعه بين فرجات شباكها متسائلاً عن

(10)   *Ibid*: p. 232.
(11)   *Ibid*: p. 232.

جمالها وما يدريه ما هو هذا الجمال... ولعلها شريرة ومخادعة، بل لعل لها صفات المرأة بأجمعها»(12).

الحياة امرأة: وتتأرجح مشاعر نيتشه نحو النساء بين النفور والقبول، فهو ينفر منها مرة باعتبارها الحقيقة التي يمقتها، ويقبل عليها مرة أخرى عندما يمثلها بالحياة في «هكذا تكلم زرادشت»: «لقد حدقت يوماً في عينيك، أيتها الحياة، فحسبتني هَوَيْت الى غور بعيد القرار. غير أنك سحبتني بشباك من ذهب وأطلقت قهقهة ساخرة عندما قلت إن غدرك لا قرار له. وأجبتني... وهل أنا إلا امرأة، وامرأة لا فضيلة لها. لقد تقول الناس كثيراً عن صفاتي ولكنهم أجمعوا على أنني غير المتناهية، المليئة بالأسرار»(13). ويصر زرادشت على الاحتفاظ بالحياة التي سحرته وتراوغه فيناجيها قائلاً: «أراك تفرين من أمامي حلوة طائشة أيتها الجاحدة الفتية. وها أنذا أتبعك راقصاً حتى الى المآزق التي لا أعرف لها منفذاً. أين أنت؟ مُدّي إليَّ يدك أو إصبعاً من كفك»(14).

وإذا كانت المرأة تمثل في «هكذا تكلم زرادشت» الحياة في لانهائيتها، فإنها تمثل في «العلم المرح» الحياة بكل غموضها وعمائها ومجدها الذي لا يمكن فهمه: «الحياة امرأة: ـ أميل الى الاعتقاد بأن القمم العالية لكل شيء خير، سواء كان عملاً أدبياً

(12) نيتشه، فريدريك: هكذا تكلم زرادشت، ترجمة فليكس فارس، بيروت، منشورات المكتبة الأهلية، 1938، ص 137.

(13) المرجع السابق، ص 136.

(14) المرجع السابق، ص 258.

أو فعلاً أو إنساناً أو الطبيعة ـ ما زالت تتخفى وتحجب نفسها عن الغالبية العظمى أو حتى عن الصفوة... أريد أن أقول إن العالم ممتلىء بالأشياء الجميلة لكنه مع ذلك فقير، فقير جداً عندما تأتي اللحظات الجميلة وتنكشف تلك الأشياء. لكن ربما يكون هذا هو سحر الحياة المفعم بالقوة: إنها مغطاة بحجاب منسوج بالذهب، حجاب إمكانيات جميلة تبرق بالوعد، بالمقاومة، بالاحتشام، بالتهكم، بالشفقة، بالإغراء. نعم، الحياة امرأة»(15). نعم الحياة عند نيتشه كالمرأة، قوة لا معقولة وغير مفهومة، رمز للعواطف المتفجرة والانفعالات الملتهبة والأعماق السحيقة، هي رمز للعنصر الديونيزي المتوهج بالعاطفة الجياشة، والنشوة، والاضطرام، النساء يمثلن الحياة في كل تقلباتها وافتقادها الداخلي للمعنى، وطاقتها المتدفقة وتغيرها المستمر وصيرورتها الدائمة.

أنماط من النساء: ويقدم نيتشه في «العلم المرح» أنماطاً مختلفة من النساء من خلال علاقتهن بالرجال، تارة يصف المرأة بالبقرة الغبية في فقرة 67: «التظاهر: إنها تحبه الآن وتنظر الى المستقبل في ثقة كاملة، مثل البقرة، واحسرتاه! إن ما سحره منها كان على وجه الدقة أنها بدت قابلة للتغيير بصورة مطلقة وبشكل يتعذر فهمه. أما هو فوجد في نفسه ما يكفي من الطبع الراسخ والثابت. ألن تحسن صنعاً لو تظاهرت بطبعها القديم؟ وأن تظهر بمظهر من يفتقد القدرة على الحب؟ أليست هذه هي مشيئة

---

(15) Nietzsche, F.: *The Gay Science*. Trans. by Walter Kaufmann, New York, Vintage Books Edition, 1974, sec. 339.

الحب؟ فَلْتَحْيِ الكوميديا»[16]. وتارة يصفها بالضعف الذي منه تستمد قوتها عندما تبالغ في إظهار ضعفها للرجل فتشعره بالحمق: «قو الضعفاء: كل النساء بارعات في المبالغة في إظهار ألوان ضعفهن؛ إنهن مبدعات حين يتعلق الأمر بهذا الضعف، وذلك لكي يظهرن بمظهر الزخارف الهشة الى أقصى حد والتي تؤذيها مجرد ذرة غبار، إن وجودهن يوحي للرجال بأنهم حمقى ومذنبون في هذا الصدد. هكذا يدافعن عن أنفسهن في مواجهة القوة وما يسمى بـ (قانون الغاب)»[17]. وتارة أخرى يصفها بالمرأة النبيلة العاشقة الفاقدة للروح التي تغفر للعاشق كل خطاياه وتضحي بفضيلتها من أجله: «التفاني: هناك نوع من النساء النبيلات المصابات بفقر في الروح، ولا يعرفن طريقاً للتعبير عن إخلاصهن العميق أفضل من أن يقدمن فضيلتهن وحياءهن وهما أسمى ما يملكن، وغالباً ما تُقْبَل هذه الهدية دون أن يقابلها أي امتنان عميق من جانب الرجل على عكس ما تتوقع النساء. وتلك قصة محزنة جداً»[18].

خلاصة القول: إن نيتشه يعبر عن التغيرات المختلفة التي يواجهها الكائن البشري سواء كان امرأة أو رجلاً، والمثيرات النفسية التي تحكم طبيعة العلاقة بينهما، ويعرض تحليلاً لسلوك ودوافع كل منهما تجاه الآخر: «لأن الرجل هو الذي يبدع صورة المرأة، وتشكل المرأة نفسها طبقاً لهذه الصورة... إن الإرادة هي

Ibid: sec. 67.   (16)

Ibid: sec. 66.   (17)

Ibid: sec. 65.   (18)

خلق الرجال؛ والقبول هو خلق النساء، ذلك هو القانون الذي يحكم الجنسين، وهو في الحقيقة قانون قاس على النساء»[19].

هذا بالإضافة الى بعض الفقرات التي تنم عن الاشمئزاز من المرأة والتأكيد أن أوهام الرجال الزائفة عن المرأة تقدم صوراً غير حقيقية بل ومتعارضة عن واقع النساء: «عندما نعشق امرأة، يسهل علينا أن نتصور الكراهية للطبيعة بسبب الوظائف الطبيعية المقززة التي تخضع لها كل امرأة. نحن لا نحبذ التفكير في هذا كله؛ لكن عندما تلمس روحنا هذه الموضوعات مرة فإنها تجفل وتقشعر وتنظر باحتقار الى الطبيعة: نحن نشعر بالإهانة؛ وتبدو الطبيعة وكأنها تنهب كل ما نملك وبأيد شديدة الشراسة والعدوانية، عندئذ نرفض أن نعطي أي اعتبار للفسيولوجيا ونقرر سراً (بيننا وبين أنفسنا): لا أريد أن أسمع شيئاً عن الحقيقة التي تقول إن الكائن البشري شيء يزيد عن كونه روحاً وصورة. إن الكائن البشري ـ الموجود تحت الجلد ـ هو بالنسبة لكل العشاق شيء مفزع وشيء بشع ولا يمكن تصوره، إنه تجديف في حق الله وفي حق الحب»[20].

لا ندري على وجه الدقة هل تعبر الفقرة السابقة عن رأي نيتشه في النساء، أم أنها تعرض وجهة نظر الرجال في النساء كما تمثلت في عصره، أم تقدم ـ على وجه التحديد ـ وصفاً واقعياً لعين العاشق الذي يحتفظ في مخيلته بصورة معشوقته غير المدنسة

---

(19)   *Ibid:* sec. 68.

(20)   *Ibid:* sec. 59.

بالوظائف البيولوجية، أم تعرض نماذج من العلاقات المتعارضة بين الرجل والمرأة، أم تكشف عن صورة العلاقة بين الرجال والنساء في عصر نيتشه حيث يؤكد الرجال ذكورتهم على حساب احتقار النساء ـ باعتبار أن الرجال هم الفئة المعبرة عن الإرادة والنساء هن الفئة المعبرة عن القبول ـ أم أنها مجرد تحليلات نفسية للمرأة من وجهة نظر الرجل تبلور ثقافة القرن التاسع عشر، لتفتح المجال لتفكير جديد؟

ونجد نموذجاً آخر ـ في فقرة 363 من «العلم المرح» ـ للمرأة التي ترغب في أن تكون مملوكة في الحب. وتنم هذه الفقرة بشكل صريح عن معارضة نيتشه لأحد المبادىء الأساسية التي تقوم عليها النزعة الأنثوية ألا وهو مبدأ المساواة بين الرجل والمرأة، بل ويذهب الى أبعد من ذلك بأن يجعلها ـ أي المرأة ـ مملوكة للرجل كأَمّةٍ له: «كيف أن كل جنس لديه حكم مسبق عن الحب: لن أسمح أبداً بالزعم الذي يقول بالمساواة في الحقوق بين الرجل والمرأة في الحب... الرجل الذي يحب مثل المرأة يصبح عبداً، بينما المرأة التي تحب مثل المرأة تصبح أكثر كمالاً... المرأة تريد أن تؤخذ وتُقْبَل كملكية، تريد أن تكون مُستغرقة في مفهوم الملكية، أن تكون مملوكة... تتخلى المرأة عن نفسها، بينما يكتسب الرجل المزيد»[21]. ونجد في مواضع أخرى من «العلم المرح» ما يعبر عن إشفاق نيتشه على النساء، بل ونشعر أحياناً بتعاطفه معهن كما في فقرة 227: «استدلال

---

(21) *Ibid:* sec. 363.

خاطىء، طلقة طائشة: إنه (الرجل) لا يستطيع السيطرة على نفسه، ومن هنا فإن المرأة المسكينة تستنتج أنه سيكون من السهل التحكم فيه أو السيطرة عليه، وتلقي بشباكها فوقه، لكن سرعان ما تصبح عبدة له»[22].

ربما تكون هذه المشاعر المتناقضة تجاه المرأة هي مفارقة أخرى من بين مفارقات عديدة في فلسفة نيتشه. لذلك يجد المؤيد للنزعة الأنثوية في نصوصه ما يدعم حججه، وفي الوقت نفسه وبنفس القدر يُوجد في نصوصه ما يدحض حجج هذه النزعة، ولذلك تثير نصوص نيتشه قضايا ما زالت تلهب الجدل الساخن في ثقافتنا المعاصرة.

وظيفة المرأة: لقد حصر نيتشه وظيفة المرأة في الأدوار البيولوجية التي خصتها بها الطبيعة واستبعدها من كل الأنشطة العامة التي يقوم بها الرجل، فهي التي تنجب (أي يقتصر نشاطها على الجوانب الجنسية) وهي المسؤولة عن تكوين الأسرة وخدمة الرجل وتربية الأطفال (أي حصر نشاطها في الشؤون المنزلية). وبهذا حدد لها وظيفة تلائم ـ في رأيه ـ طبيعتها الأنثوية التي تنطوي على الاستسلام والخضوع والتبعية للرجل، بل وتقتصر علاقتها به في أنه مجرد وسيلة لإنجاب الأطفال. وربما يكون هذا هو المعنى أو الدلالة التي يمكن أن نستخلصها من فقرة (الشيخة والفتاة) في الجزء الأول من «هكذا تكلم زرادشت» الذي يحلل فيه نيتشه، على لسان زرادشت، الطبيعة الأنثوية للمرأة والتي عبر

---

(22)   *Ibid:* sec. 227.

عنها في شكل لغز: «كل ما في المرأة لغز، وليس لهذا اللغز إلا مفتاح واحد وهو كلمة الحبَل»[23].

وعلى الرغم مما تثيره هذه العبارة من ابتذال بحصرها للمرأة في هذه العملية البيولوجية البحتة، وعلى الرغم من أنها تصدم القارىء في فيلسوف مثل نيتشه اهتم بمشكلات الوجود الإنساني بصفة عامة ومع ذلك يقر، على لسان زرادشت، أن الحمل هو الحل الوحيد لمشكلات النساء؛ أقول على الرغم من كل هذا فإن «ستانلي روزن» يفسر هذه العبارة بأنها تعني أن لغز المرأة يكمن في أنها منبع أو مصدر الطفل الذي يتكون داخل أحشائها ويولد من جسدها. وإذا كان الرجل هو واضع بذور هذا الطفل، إلا أنه منفصل عنه تماماً عند الظهور الفيزيقي له وهذا هو لغز أو سر حمل المرأة. وهناك أيضاً معنى آخر لهذا اللغز وهو أن النساء لا تحب الرجال لذاتهم، بل تحب فقط الأمومة أو إنجاب الأطفال وما الرجل إلا وسيلة والغاية دائماً هي الطفل؛ أي أن سر اللغز يكمن في أن تصبح المرأة أُمًّا. ولكن «ما تكون المرأة للرجل يا ترى؟ إن الرجل الحقيقي يطلب أمرين: المخاطرة واللعب، وذلك ما يدعوه الى طلب المرأة، فهي أخطر الألعاب» هذا ما يؤكده زرادشت في نفس الفقرة السابقة (الشيخة والفتاة)، فالرجل أيضاً لا يريد المرأة كامرأة وبهذا المعنى لا يرغب كلاهما ـ أي الرجل والمرأة ـ الآخر لذاته، بل بوصفهما جنسين مختلفين يكمل كل منهما الآخر وليس هناك حب متبادل. والرجل كمحارب يحب

---

(23) نيتشه، فريدريك: هكذا تكلم زرادشت، ص 90.

المخاطرة، وعندما يحتاج أن يسكن الى الراحة ويتخفف من أعباء الحرب ليستعيد قوته مرة أخرى فإنه يتوق الى اللعب فيريد المرأة بوصفها أخطر الألعاب»[24]. هذه هي المشاعر التي تحكم العلاقة بين الرجل والمرأة كما تَصوّرها زرادشت: يريد الرجل المرأة كلعبة، وتريد المرأة الرجل بوصفه أباً لطفلها المقبل والحمل هو التعبير الأنثوي عن إرادة القوة.

يشكل هذا التقسيم الطبيعي الذي تصوّره نيتشه لوضع كل من الرجل والمرأة أساس الصراع بين الأجناس وكأنه قانون الطبيعة، بل إن الحالة الطبيعية عنده هي الحرب بين الجنسين التي سيفوز بها الرجل حتماً كنموذج للمحارب، بينما أسلحة المرأة في هذه الحرب الجنسية هي أسلحة ملتوية تتمثل في فنون الإغراء والفتنة والتنكر والسحر والتملق والمراوغة التي تشكل مظاهر وجودها الأنثوي، وهي في الوقت نفسه أسلحتها الطبيعية، فالطبيعة قد حددت للمرأة قدرها الأنثوي الذي لم يجد فيه نيتشه سوى دليل على دونية المرأة. وترى «ليندا زينجر» أن نيتشه شن حرباً على النساء من خلال ما تسميه بالميثولوجيا النيتشويه. وقد حدد القدر المرحلة الأولى منها فيما أطلقت عليه اسم الميثولوجـيا الطبيعية التي اختصت فيها المرأة بكل الصفات الوضيعة والمتدنية التي وصفها بها نيتشه. أما المرحلة الثانية فتتمثل في القيم التي تُعد النساء مسؤولات عنها والتي يمكن أن نستخلصها من القياس التالي:

---

(24) Rosen, Standly: *The Mask of Enlightenment: Nietzsche's Zarathustra*. Cambridge University Press, 1955, p.117.

ـ إن بعض القيم والصفات تعد وضيعة بالنسبة الى بعضها الآخر.

ـ إن النساء اللاتي يتصفن بصفات وضيعة هن في حالة تدنٍ.

ـ إن النساء كائنات لها قيم وصفات متدنية.

ـ إذاً، النساء كائنات بشرية متدنية[25].

هكذا ترى الباحثة أن كل القيم البغيضة ينظر إليها نيتشه بوصفها قيماً أنثوية. كما أنه نسب للمرأة أيضاً كل الصفات السلبية؛ فهي متقلبة غير قادرة على الصداقة، تخفي ما لديها من سمات كثيرة للعبيد والطغاة، إنها فقط قادرة على الحب «لقد مرت أحقاب طويلة على المرأة كانت فيها مستبدة أو مستعبدة فهي لم تزل غير أهل للصداقة، فالمرأة لا تعرف غير الحب... لم تبلغ المرأة بعد ما يؤهلها للوفاء كصديقة، فما هي إلا هِرَّة، وقد تكون عصفوراً، وإذا هي ارتقت أصبحت بقرة...»[26]. ليس هذا فحسب بل للمرأة أيضاً قيم العبيد وعلى رأسها الحقد والانتقام وهما من الصفات الأساسية في طبيعتها، التابعة لإرادة سيدها «إن سعادة الرجل تابعة لإرادته، أما سعادة المرأة فمتوقفة على إرادة الرجل»[27]، بل ولم ير نيتشه في حركة تحرير المرأة في عصره سوى علامة من علامات التدهور والانحطاط؛ فلا عجب إذاً، أن ينصح نيتشه الفلاسفة أن يتجنبوا النساء، وأن ينصح أوروبا بأن

Singer, Linda: «Nietzschean Mythologie: the Inversion of Value (25) and the War Against Women», in *Feminist Interpretations of Friedrich Nietzsche,* p178.

(26) نيتشه، فريدريك: هكذا تكلم زرادشت، ص81.

(27 المرجع السابق، ص91.

تتخلص من تأنيث الثقافة وأن تصبح رجولية باعتبار أن ما يفسد الثقافة الذكورية ـ في رأيه ـ هو الروح الأنثوية.

هذه بعض الملامح الأساسية لفلسفة نيتشه النسوية، فكيف نظر إليها أصحاب النزعة الأنثوية؟

ثالثاً: تفسير أصحاب النزعة الأنثوية لفلسفة نيتشه النِّسْوِيَّة

تحطم في السنوات الأخيرة من القرن العشرين جدار الصمت الذي خيم لفترة طويلة على فلسفة نيتشه النسوية، وخرجت تعليقاته على النساء من دائرة التجاهل لعقود طويلة؛ وما إن بدأ الاهتمام بهذه التعليقات حتى تبيّن للفلاسفة صعوبة تفسير فلسفته بدون الانتباه الى الملاحظات التي تتخذ صوراً أو أشكالاً متعددة من الاستعارات والرموز والإشارات والمجازات والحكم والمأثورات وغيرها مما تعج به نصوص نيتشه من عبارات عن النساء والحمل والرجولة والأنوثة والذكورة والأمومة والأبوة والخصاء. . . إلخ. حتى صنفت إحدى معاصريه ـ وهي «لو أندرياس سالومي» (Lou Andreas Salome) ـ كتاباته على أنها أنثوية، وقالت: إن هناك شيئاً ما أنثوياً في (الطبيعة الروحية) (Spiritual nature) لنيتشه، وإذ كان من الممكن اعتباره عبقرياً فهو عبقري أنثوي»[28].

وعلى الرغم من أننا نجد عند نيتشه صدى من آراء مسبقة

---

(28) Biddy Martin: *Women and Modernity: The (Lite) Styles of Lou Andreas,* Salome Ithaca, Cornell University Press, 1991, p.98.

شائعة في عصره ولا سيما آراء شوبنهاور التي تتلخص في أن النساء وُجِدْنَ فقط من أجل التكاثر وأنهن يعشن الحياة كشريك جنسي فحسب، هذا بالإضافة الى بعض الأقوال الأخرى المنسوبة بشكل تقليدي الى النساء كما في عبارة شوبنهاور: «إن النساء مهيآت للعمل كممرضات ومعلمات في مرحلة طفولتنا المبكرة وذلك بحكم أنهن ذوات طباع طفولية وتافهات وقصيرات النظر، إنهن، باختصار، يعشن عيشة الأطفال الكبار طوال حياتهن»[29]؛ أقول على الرغم من ترديده لبعض الأفكار الشائعة في عصره فإننا نجد في بعض فقرات نيتشه عن النساء تفسيراً سيكولوجياً للضغوط الاجتماعية التي تحصر وظيفة المرأة في الجنس. ولا ترجع أهمية كتابات نيتشه النسوية الى أنها قدمت فحسب نماذج متنوعة من النساء، التي علق عليها دريدا بقوله: «إنها زاخرة بحشد من الأمهات والبنات والأخوات والزوجات والحاكمات والعاهرات والعذارى والجدات والفتيات الصغيرات والشابات»[30] بل لأنها ــ في رأي أصحاب النزعة الأنثوية ــ لم تقدم بناءً فلسفياً وحيداً، وإنما صاغت لغز المرأة وأثارت إشكالية السؤال الدائم عن المرأة والأنوثة. ولذلك يرى بعض الباحثين أن كتابات نيتشه تفيد الى حد كبير أنصار النزعة الأنثوية على الرغم من سمعته ككاره

---

(29) ورد نص شوبنهور في: Grimshaw, Jean: *Philosophy and Feminist Thinking,* p.37.

(30) Derrida, Jacques: *Spurs,* trans, by Barbara Harlow, Chicago: University of Chicago Press, 1979, p.7.

للنساء. وعلى الرغم أيضاً من تعارض مواقفه الأساسية مع مبادىء هذه النزعة، إلا أنهم يعتبرونه جَدًّا لهم لأن تقويمه للعلاقة بين الرجال والنساء فتح الطريق لتفكير جديد عن الجنس، كما أثارت فلسفته أفكاراً أساسية جعلت منه سلفاً لهذه النزعة، منها:

أ) نقد السلطة الأبوية الذكورية: يميل أصحاب النزعة الأنثوية خاصة في القرن التاسع عشر وأوائل القرن العشرين الى فلسفة نيتشه التي تقوم بنقد جينالوجي (أنسابي) للمؤسسات الأبوية وقيمها، لكن النزعة الأنثوية الحديثة اهتمت بمنهجه في القراءة الاجتماعية والتاريخية للقيم العقلية، فالقيم ليست مطلقة بل متغيرة عبر الزمان. والثورات الأخلاقية التي حدثت في الماضي يمكن أن تستمر في الحاضر، وما أراده نيتشه هو إعادة تشكيل اجتماعي وثقافي للأخلاق الشائعة في عصره. كان نقد نيتشه للحضارة الأوروبية يتضمن نقده لأنماط من القيم التي كان لها تأثير معين، فلم يهتم بأصل أو منبع هذه القيم فحسب، بل اهتم أيضاً بكيفية علاقتنا بها، فالقيم المسيحية المطلقة ـ على سبيل المثال ـ التي وضعتها السلطة الأبوية (الإله ـ الرب) قد استنفدت أغراضها في رأيه وحققت إنجازها في إسقاط قيم السادة التي لم تعد الحضارة الأوروبية في حاجة إليها، فقد جاء العلم الوضعي واحتل موقع (الإله ـ الرب)، وتغير مركز السلطة ووجد هذا التغيير ترحيباً من المفكرين المعاصرين. معنى هذا أن السلطة الأبوية الذكورية لأخلاق السادة أفسحت الطريق للسلطة الأبوية المسيحية، وهذه بدورها مهدت لسلطة الحكومة، أي الى السلطة السياسية وأدت الى ظهور النزعات القومية التي ميزت عصر نيتشه، وعبّر كل هذا

عن المشروع السلطوي الذي لا تتغير فيه سوى أسماء القائمين على رأس هذه السلطة[31].

ولكن هل كان نقد نيتشه للسلطة الأبوية الذكورية والتراث العقلي الأوروبي، هل كان بحق أحد الأسباب الهامة التي جذبت أنصار النزعة الأنثوية لفلسفته؟ إذا كان الأمر كذلك فكيف نفسر تأكيده أولوية الذكورة على الأنوثة؟ لقد رفض مبدأ المساواة بين الجنسين، مما يجعله خصماً لحقوق المرأة ومناهضاً للنزعة الأنثوية، وامتدح مناهج الهيمنة والسيطرة الذكورية بينما اختص النساء بالتبعية والخضوع، ونسب الى الذكورة القيم الأعلى التي هي من أخلاق السادة بينما وصف النساء بأنهن حاملات للقيم الأدنى التي تمثل أخلاق العبيد. إن النموذج الأمثل للجنس البشري لديه هو الإنسان الأعلى الذي هو ذكَرٌ بطبيعة الحال مما ينم عن دفاعه عن سيادة الذكورة، بينما لا تصلح المرأة ولا يمكن لها أن تكون سوى زوجة وأم. العلاقة بين الرجال والنساء إذاً، هي موضوع منظورات مختلفة وقيم مختلفة والتفرقة بينهما على نمط التفرقة بين أخلاق السادة وأخلاق العبيد كقيم متعارضة. فهل تجاهل أصحاب النزعة الأنثوية هذا الجانب الهام من فلسفته؟!!

ب) **إعادة تقويم الجسد**: وبالإضافة الى نقد نيتشه للعقل فإنه استعاد في تاريخ الفلسفة العناصر اللاعقلانية في محاولته وضع ما يمكن أن نطلق عليه اسم الفلسفة الديونيزية من خلال امتداحه للإله الإغريقي ديونيزيوس إله الخصوبة والنبيذ. كما أن إعادة

---

(31) Wininger, J. Kathleen: «Nietzsche's Women and Womens Nietzsche», in *Feminist Interpretations* of F. Nietzsche, p.246.

تقويمه للغريزة والعواطف الجسدية كان بمثابة إعادة تقويم للنساء في الثقافة الغربية. الفلسفة عند نيتشه لم تكن أبداً بحثاً عن الحقيقة الموضوعية أو العقل الخالص، لكنها في المقام الأول فهم للجسد ـ الذي أساءت الفلسفة التقليدية فهمه ـ والغرائز الكامنة فيما وراء القيم المتنوعة؛ لأن الحياة الواعية المجردة من الغرائز ليست إلا مرضاً. وإذا جاز لنا أن نقول إن لدى نيتشه بعض الاحترام للنساء ـ أو لبعضهن على الأقل ـ فإن الأمر الذي لا شك فيه أنه يضمر هذا الاحترام لمن هن في سن الإنجاب، أي اللاتي يتمتعن بصحة عظيمة، واللاتي يؤكدن أهمية أجسادهن ويحتفين بغرائزهن أكثر من عقولهن، ويقدّرن قيمة قدراتهن الإنجابية، ويرين في الإنجاب واحداً من مهامهن الأساسية باعتباره نمطاً من إبداع الجسد، وهن أيضاً النساء القادرات على استخدام قواهن وحيلهن للخداع والتلاعب بالرجال ليحصلن على ما يردن.

انتقد نيتشه في «جينالوجيا الأخلاق» القيم التي أعطت الأولوية للعقل على الجسد مما سبب للجنس البشري الإحساس بالذنب والمعاناة وتولد عنه الشعور بالضغينة، كما تحدى التراتبية التقليدية بين العقل واللاعقل، الطبيعة والثقافة، الحقيقة والخيال التي تسببت ـ في رأي أصحاب النزعة الأنثوية ـ في استبعاد النساء من تاريخ الفلسفة لارتباط المرأة التاريخي بالجسد واللاعقل والطبيعة... إلخ والنظر إليها نظرة دونية. وقد ظل احتقار الجسد طوال تاريخ الفلسفة مرتبطاً باحتقار المرأة، ففي هذا التاريخ الطويل ارتبط العقل بالتفكير الواعي بينما ارتبط الجسد والغريزة بالتفكير غير الواعي. لكن رفض نيتشه لهذه الثنائية ورفضه لكل الفروق بين الظاهر والحقيقة وكل الأخلاقيات التي تدين قيمة

97

العواطف الإنسانية وحاجات الجسد البشري، بالإضافة الى رفضه للتقويم التراثي للتفكير الواعي بأنه أسمى من التفكير غير الواعي، أدى به الى الزعم بأن العقل ليس من مادة مختلفة عن الجسد؛ فالجسد ليس جوهراً ممتداً، كما عند ديكارت، والعقل ليس جوهراً غير ممتد. ورفض نيتشه لهذه الثنائيات جعله ـ في رأي لين تيريل (Lynne Tirrell) ـ لا يعرف التفرقة بين معنى الكلمتين الدالتين على الجنس وهما (Sex) و (Gender) باعتبار الأولى مقولة بيولوجية والثانية نفسية واجتماعية(32).

كانت إعادة تقييم نيتشه للجسد جزءاً من مشروعه الأكبر وهو إعادة تقييم الحضارة الأوروبية الحديثة. أراد صياغة فلسفة جديدة للجسد تعبر عن «التجربة الحية للجسد» وعن الصيرورة الدائمة، وعن تعددية الواقع، وعن التدفق والعماء والدوافع المختلفة، فلسفة جديدة تحتفي بالغرائز وتبرز قيمة الجسد وتضعهما في المقدمة، وتدحض القيم الاستاتيكية للفلسفة التراثية التي تم اكتشافها بالعقل. لذلك كان تأكيد نيتشه أهمية الجسد بمثابة إعادة للنظر في وضع المرأة ونقطة انطلاق واعدة لأنصار النزعة الأنثوية.

لكن هناك فريقاً آخر ذهب الى عكس هذا الرأي، فعلى الرغم من تحدي نيتشه للثنائية الأنطولوجية التراثية فإنه أكد أيضاً الثنائية الجنسية في كتاباته التي رأى فيها البعض الآخر من أنصار النزعة

---

(32) Tirrell, Lynne: «Sexual Dualism and Women's Self-Creation: On the Advantages and Disadvantages of Reading Nietszche for Feminists», in *Feminist Interpretations* of F. Nietzsche, p.206.

الأنثوية تعارضاً مع مبادئهم، ففي كتابه «ما وراء الخير والشر» أكد: «أن التصور الخاطىء عن المشكلة الرئيسية الخاصة بالرجل والمرأة وإنكار التعارض الرهيب بينهما وضرورة وجود توتر عدواني أبدي بينهما والحكم بما يزعمه البعض عن حقوق متساوية وتعليم متساوٍ ومطالب والتزامات متساوية، كل هذا علامة نمطية على الضحالة، والمفكر الذي يثبت ضحالته في هذا الموضع الخطر ـ أي ضحالته الفطرية ـ يمكن أن يعد مفكراً مشبوهاً في أمره»(33)؛ ومن المفارقة أن يقر نيتشه بهذا في كتاب يحاول تقويض هذه الثنائية.

لا شك أن تحليل نيتشه ومنهجه النقدي في تشخيص الأشياء والقيم التي لها قيمة أعلى من غيرها، كان له أهمية كبيرة أفادت فلاسفة النزعة الأنثوية في طرح سؤالهم: لماذا التقليل من شأن الأنوثة والأمومة؟ ولماذا تستبعد النساء من تاريخ الفلسفة؟ ولكن الأمر الذي لا شك فيه أيضاً هو أن الصراع الاجتماعي للقيم ـ كما رآه نيتشه ـ كان معركة تصطدم فيها الأفكار ووجهات النظر أن الصراع الاجتماعي للقيم ـ كما رآه نيتشه ـ كان معركة تصطدم فيها الأفكار ووجهات النظر المختلفة لتحقيق الامتياز والسيادة، لذا كانت الأفكار الأساسية عند نيتشه مثل التغلب على الذات (Self-overcoming) وإبداع الذات مرتبطة بفكرة الذكورة لأن المرأة عنده إما أنها موضوع جنسي ـ أي تختص بالوظيفة المحددة لها بيولوجياً أو جنسياً ـ أو هي حاملة للأخلاق الدينية الأوروبية. فالمرأة هنا ليست من الذين يبدعون أقدارهم، ولم يُعط لها هذا

(33) Nietzsche, F.: *Beyond Good and Evil,* sec. 238.

الحق أو الاختيار. قرأ نيتشه التاريخ من خلال علاقة السيد بالعبيد باعتباره ـ أي التاريخ ـ سلسلة من الأحداث لإخضاع الضعيف للقوي، فطبع العالم الإنساني بصفة القتال أو الصراع، ولذلك فإن المفكر الجيد لا بد أن يكون أيضاً محارباً جيداً، يجب أن يكون قوياً، جسوراً، مبدعاً لذاته. وتقترب فكرة المحارب الفيلسوف عند نيتشه من فكرة الملك الفيلسوف عند أفلاطون، فكلاهما يتمثل في الشخصية الذكورية، وهذا ما عبر عنه نيتشه في قوله: إذا كانت الفلسفة امرأة (أي تختص بالمجال الأنثوي) فعلى المرء أن يتركها وراءه عندما يذهب الى المعركة.

على الرغم من بعض أفكار نيتشه التي ذكرها ووجد فيها أصحاب النزعة الأنثوية سنداً وعوناً لنزعتهم، يظل السؤال المثير للجدل قائماً: ماذا عن أقواله الكثيرة التي عبر فيها عن عدائه الشديد للمرأة، فكيف نظروا اليها؟

تفسير أصحاب النزعة الأنثوية لعداء نيتشه للمرأة: يتمثل عداء نيتشه للمرأة ـ من وجهة نظر بعض أنصار النزعة الأنثوية مثل ليندا زينجر ـ في ثلاث خطط:

الأولى أطلقت عليها الميثولوجيا الطبيعية أو ما يمكن أن نسميه حكم القدر، وهو شعور نيتشه بأن المرأة أقرب الى الطبيعة من الرجل نظراً لوظيفتها البيولوجية التي تحصرها في الجوانب الجنسية والمنزلية ولا يمثل الرجل فيها إلا وسيلة لإنجاب الطفل. وترى الباحثة أن موقف نيتشه هذا أقرب الى الموقف المسيحي الذي يحتقره؛ فالمرأة هنا ليست أم المخلص بل هي أم الإنسان الأعلى.

والثانية يمكن أن ندعوها مرحلة القيم والمسؤولية، فالنساء لهن

قيم وضيعة وصفات متدنية وهن مسؤولات عن هذه القيم، وتمثل المرأة هنا الوجه السلبي للنموذج النيتشوي، وينظر نيتشه لسلوكها في أوضاع ثلاثة: وجود المرأة يتسم بالضغينة (Ressentment)، وكراهية الذات (Self-hatred) وإرادة الكذب؛ فالحقد الأنثوي يأخذ صورة كراهية الذات ويعبر عن الاحتقار والعدوانية تجاه النساء الأخريات. وتؤكد الباحثة ما يقوله نيتشه عن كراهية الذات لكنها ترفض تفسيره لهذه الظاهرة التي لا تعبر عن رفض المرأة لوجودها الأنثوي أو احتقارها للنساء في حد ذاتهن، بل تعبر عن رفض للثقافة التي وضعتها مع النساء الأخريات في موقف سيئ، كما تمثل كراهية الذات أيضاً رفض الوجود الذي يطوق النساء ليشجع المنافسة الأنثوية (أي بين النساء بعضهن البعض) بوصفها وسيلة لتحويل طاقة المرأة عن منافسة الرجل. وإن رفض النساء وعدم قبولهن لهذا الوجود وهذه الثقافة هي علامة من علامات قوة المرأة لا ضعفها.

أما الخطة الثالثة فقد أطلقت عليها الباحثة اسم الخوف، الضغية وقلب القيم، حيث يؤكد نيتشه احتفاظ المرأة بجهلها وقصر العملية المعرفية على السلطة الذكورية بما في ذلك الثقافة الجنسية، بل يحاول أن يثني النساء عن محاولات تطويرهن الذاتي وذلك بالسخرية من المرأة المستنيرة التي تطالب بحقوقها، ويرى أن حركة تحرير المرأة للحصول على حقوق متساوية مع الرجل هي دليل على الروح الديموقراطية التي تهدد أوروبا بالانحدار؛ ولذلك يحذر نيتشه من تأنيث الثقافة، ويعد شكه في النزعة الأنثوية في عصره امتداداً لنقده للحركات الاجتماعية والأيديولوجيات التي تنادي بالمساواة. والأنوثة هنا هي رمز

الصفة السلبية العقيمة، ففي الأنوثة تخضع الإرادة لقوة الطبيعة بينما في الذكورة تكون هي إرادة القوة التي تسيطر على الظروف ولا تخضع لها[34].

وعلى الرغم من عداء نيتشه لحركة تحرير المرأة وتحذيره من خطورة اقترابها من السياسة باعتبار أن هذه الأخيرة من الأمور الهامة التي لا تتفق مع طبيعة المرأة الضعيفة والسطحية ـ في زعمه ـ فإن أصحاب النزعة الأنثوية ـ مثل كاثلين هيجنز ـ يعتبرونه سلفاً هاماً لفلسفتهم النسوية في عدة جوانب:

أولاً: إن النزعة المنظورية التي تميز فكر نيتشه برمته قد ساعدت أصحاب النزعة الأنثوية في تحليلاتهم، وذلك عندما رأوا أن الفلسفة ليس بإمكانها إنصاف التجربة الإنسانية إلا إذا أخذت في الاعتبار الفروق المختلفة بين منظور وآخر. وبما أن أعمال نيتشه تدافع وتعبر عن أهمية النزعة المنظورية، فإنها بذلك قد قدمت الأساس الصالح للتحليلات الأنثوية للفروق المنظورية المختلفة القائمة على اختلاف النوع. كما أن محاولات نيتشه لجذب قرائه للانخراط في التفكير المنظوري قد كانت سابقة هامة لممارسات النزعة الأنثوية، وذلك على اعتبار أن هدف النزعات الأنثوية هو الاستبصار بالدوافع الذكورية والأنثوية، ولم تكن مقصورة على امتيازات خاصة بالنساء.

ثانياً: يهتم بعض الفلاسفة بالتحولات الثورية للوعي، وفي تصدير الطبعة الثانية «للعلم المرح» يصف نيتشه الفلسفة بوصفها تاريخاً أو تجلياً «للحالات الصحية» التي مر بها الإنسان. وتشمل

---

(34) أنظر: Singer, Linda: «Nietzschean Mythologies», p. 181, 184.

كتاباته التاريخية اعترافاته كذكرٍ مشارك في وعي الجماعة الذكوري. ويبدو نيتشه أيضاً مهتماً، على الأقل في «العلم المرح»، بإثارة تحولات الوعي بالنسبة الى النوع في قرائه. ومع أن هدفه الأكبر ليس مقصوراً ولا محدداً بالنوع فإنه مع ذلك يجعل من النوع مسألة مهمة، بل ويعدونه واضع مدخل نظرية النوع في القرن التاسع عشر.

ثالثاً: اتخذ نيتشه مواقف في موضوعات خاصة بالنزعة الأنثوية، على سبيل المثال رفضه ممارسة الجنس بين النوع الواحد كهدف (أي علاقة الرجل بالرجل أو علاقة المرأة بالمرأة) ورفض المبدأ القائل بأنه وجد نفس الخصائص لكل إنسان، كما يدحض أي مبدأ أخلاقي يفترض أن الناس جميعاً لهم نفس الخصائص، ويؤكد من جانب آخر، اختلاف الخصائص بين الذكر والأنثى وأن كل فرد قادر على أن تكون له خصائص مختلفة عن الخصائص النمطية الشائعة في جنسه سواء أكان ذكراً أم أنثى، ولا يصر نيتشه على أن لكل إنسان أدواراً محددة بل يؤكد تعدد الإمكانات. وبالرغم من أن نيتشه يميل الى الأسلوب الطبيعي لممارسة الجنس، فإنه يرى أن كل أنثى لها مواقف نفسية مختلفة وإمكانات متفاوتة.

رابعاً: يشجع نيتشه إعادة النظر في العلاقات بين الرجال والنساء، وهو يبدو أكثر من معاصريه ملتزماً بفكرة أن الأدوار والعلاقات الممكنة بالنسبة لأعضاء الجنسين تخضع للتغيير وأن التغيير من هذا النوع مرغوب فيه.

خامساً: بافتراض أن التغيير يحدث في هذه المستويات وأن الأفراد ينبغي أن يكونوا غير محددين بنماذج مكررة اجتماعياً،

يجعل نيتشه النوع مشكلة أو موضع إشكال. ربما لم يكن النوع من اهتماماته الرئيسية، بل ربما لم يكن موضوعاً يدعم اهتمامه، ومع ذلك كان نيتشه ـ في «العلم المرح» على الأقل ـ رائداً في نظرية النوع[35].

يعد تفسير دريدا لفلسفة نيتشه النسوية من التفسيرات الهامة التي استند إليها أصحاب النزعة الأنثوية، فقد اتخذ دريدا علاقة نيتشه بالنساء مفتاحاً لفهم وتفسير فلسفته، وهو التفسير الذي يلقي الضوء على علاقة نيتشه الغامضة بالمرأة وتماثل هذه العلاقة مع موقفه من الحقيقة، وقد تصورها دريدا في شكل قانون جدلي في محاولة منه لكشف هذا الغموض؛ فيصف في كتابه «آثار» علاقة نيتشه بالمرأة من خلال ثلاثة مواقف؛ لقد كان:

ـ يفزع من المرأة المخصية (المسترجلة) (Castrated woman) أي التي يغلب عليها طابع الذكورة.

ـ يفزع من المرأة التي تخصي الرجال (Castrating woman) أي المرأة التي تقهر الرجال.

ـ يعشق المرأة التي تؤكد إرادتها كامرأة (Affirming woman) تأكيداً حاسماً[36].

وقد استعانت كيلي أوليفر (Kelly Oliver) بقراءة دريدا لنيتشه وحاولت استخراج المواقف الثلاثة من كتابات نيتشه ومضاهاتها بموقفه من الحقيقة حيث قابلت الموقف الأول بإرادة الحقيقة،

---

(35) Higgins, Kathleen Marie: «Gender in Gay Science», in *Feminist Interpretations* of Friedrich Nietzsche, p.146-147.

(36) Derrida, Jacques: *Spurs,* p.101.

والثاني بإرادة الوهم، والثالث بإرادة القوة لتتبين ارتباط هذه المواقف إما بتعزيز الحياة أو بالعمل على تدهورها.

في الموقف الأول تحاكي المرأة إرادة الحقيقة عند نيتشه فكلاهما (أي إرادة الحقيقة والمرأة) تؤمن بأنها قاطعة وضرورية، تُسلب المرأة المخصية من جنسها وتتصور أنها نمط آخر من الرجال، أي تتنكر لأنوثتها لتثبت نفسها كرجل. ينظر نيتشه الى النزعة الأنثوية على أنها تنتقص من الأنوثة وتتنكر لقدرة المرأة الإنجابية لينظر لها باعتبارها متساوية مع الرجل. وتعاني المرأة المسترجلة من إرادة الحقيقة وتزعم أنها الحقيقة الموضوعية: «العالم الحقيقي الذي لا يمكن الوصول اليه الآن موعود للرجل الحكيم، والتقيّ ولرجل الفضيلة... تقدم الفكرة: ... تصبح امرأة»[37] ويشبه نيتشه المرأة في هذه الحالة بالفيلسوف الدوغماطيقي الذي يزعم امتلاك الحقيقة، فقد سيطر الطغيان الميتافيزيقي لإرادة الحقيقة على تاريخ الفلسفة منذ نظرية المثل الأفلاطونية وحتى عالم الشيء في ذاته عند كانط. لقد أبدع الفيلسوف الميتافيزيقي الحقيقة المستبدة ووضعها بعيداً عن متناول يده وأطلق عليها اسم «الشيء في ذاته». وفي الجانب الآخر فإن الأنثى، مثل الفيلسوف الميتافيزيقي، تبجل «المرأة في ذاتها» ثم تحاول أن تثقب الحجاب لتكشف عن المرأة كما هي في ذاتها: «تتمنى المرأة أن تكون مستقلة ولهذا تبدأ في تنوير الرجال عن

---

(37) Nietzsche, F.: *The Twilight of The Idols,* trans. by Anthony M. Ludovici, New York, Russell & Russell, 1964, p.24.

المرأة كما هي (As she is) هذه واحدة من التطورات السيئة في أوروبا القبيحة»(38).

إن كلاً من الفيلسوف الميتافيزيقي والمرأة ــ إذاً ــ منوم مغناطيسياً بإرادة الحقيقة، كلاهما يسعى للشيء في ذاته، للواقع الموضوعي. هذا الموقف من كليهما ــ في رأي نيتشه ــ مُعادٍ للحياة؛ فالحقيقة الموضوعية معادية لتدفق الحياة ومشاعر الحياة الحسية المحيطة بنا، ومعادية أيضاً لتعددية التفسيرات تماماً كما أن المرأة المسترجلة معادية لمشاعر المرأة ككائن حسي. إننا كما يقول نيتشه نخفي الحقيقة وراء شجرة ثم نمتدح أنفسنا عندما نجدها، ويتصف هذا الموقف من الحقيقة ومن المرأة بالعقم لأنه يخلط بين وسيلة الحياة والحياة كغاية في ذاتها: «الإنسان قد كرر نفس الخطأ مرة بعد المرة: وحول وسيلة الحياة الى أنموذج أو معيار للحياة، وبدلاً من أن يكتشف ذلك النموذج أو المعيار في أقصى درجة من الإقبال على الحياة ذاتها، بدلاً من ذلك نجده قد وظف وسيلة الحياة وجعل منها نوعاً متميزاً من الحياة وبذلك استبعد سائر الأشكال الأخرى للحياة، أي أنه باختصار قد ركز جهده في اتخاذ موقف انتقادي وانتقائي للحياة. ومعنى هذا أن الإنسان في النهاية يحب الوسائل لذاتها وينسى أنها مجرد وسائل وبذلك تدخل هذه الوسائل في وعيه على أنها غايات ومعايير للغايات. ومعنى هذا أيضاً أن نوعاً معيناً من البشر يعامل شروط وجوده بوصفها شروطاً مطلقة يمكن أن تفرض كما لو كانت هي

Nietzsche, F.: *Beyond Good and Evil*, p. 182.   (38)

القانون أو الحقيقة أو الخير أو الكمال، أي أنه يلجأ الى الاستبداد والطغيان»[39].

هكذا تكون الحركة الأنثوية في الموقف الأول (المرأة المخصية - إرادة الحقيقة) قد بدأت كوسيلة لتحسين الوضع الاجتماعي والاقتصادي للمرأة. ثم تحولت الى غاية في ذاتها فأصبحت حركة عقيمة لا تخدم الحياة، لأنها عندما تتحول الى حقيقة قاطعة فهي تنكر الحياة. وترى كيلي أوليفر أنه عندما نطبق نظرية نيتشه على النزعة الأنثوية المعاصرة «ندرك أن أنصار هذه النزعة، مثل الفلاسفة الميتافيزيقين، يقسمون العالم الى: العالم الحقيقي والعالم الظاهري لكي يعززوا الحياة. العالم الظاهري هو العالم الذي يعيش فيه الناس، عالم يسيطر عليه الرجال، عالم يعكس قيمة أدنى للنساء طالما تشغل النساء موقفاً اقتصادياً - اجتماعياً ضعيفاً. عالم يبدُونَ فيه كائناتٍ وضيعة. وإن العالم الحقيقي هو عالم المرأة «كما هي في ذاتها» (As she is) لا «كما تبدو» (As she appears) وللوصول الى هذا العالم الحقيقي فلا بد من تغيير الموقف الاجتماعي - الاقتصادي، والمقصود بالتغيير إبداع عالم تشغل فيه النساء وضعاً اجتماعياً - اقتصادياً مثل الرجال»[40].

من جهة أخرى، فإن هدف الفيلسوف الميتافيزيقي من تقسيم العالم الى عالم حقيقي وعالم ظاهري «كان نوعاً من خداع الذات

---

(39) Nietzsche, F.: *The Will to Power,* trans. W. Kaufmann and R.J. Hollingdate, New York, Random House, 1962, p.194.

(40) Oliver, Kelly: «Women and Truth in Nietzsche's Writing», in *Feminist Interpretations of F. Nietzsche,* p.71.

بشكل نافع: بحيث يلجأ الى وسائل مختلفة ويبتكر صيغاً وعلامات يستطيع عن طريقها أن يختزل التعدد المربك في نسق أو مخطط نافع أو يمكن التعامل معه. لكن وأسفاه! فقد دخلت في اللعبة مقولة أخلاقية وهي مقولة مفادها أنه لا يوجد مخلوق يريد خداع نفسه ومن ثم يترتب على هذا أنه لا توجد إلا إرادة واحدة للحقيقة... إن هذا هو أعظم الأخطاء الفادحة التي ارتكبت على وجه الأرض. فقد اعتقد بعض الناس أنهم يملكون معياراً للواقع في ـ صورة أشكال عقلية ـ بينما حقيقة الأمر أنهم امتلكوها لكي يصبحوا سادة مسيطرين على الواقع ولكي يسيئوا فهم الواقع بطريقة ملتوية»[41]. هكذا نجد أن كلاً من المرأة والحقيقة بوصفهما إرادة الحقيقة عاجزان عن خدمة الحياة عندما قلبا وسيلة الحياة الى غاية لها، فإرادة الحقيقة تخدم الحياة فقط عندما تكون وسيلة للحياة أو خيالاً يعزز الحياة، والخيال يعزز الحياة فقط عندما تصبح إرادة الحقيقة إرادة للوهم الذي هو في خدمة الحياة الصاعدة، وهذا ما نجده في الموقف الثاني.

في الموقف الثاني تقهر المرأة الرجال من خلال الأوهام التي تستخدمها ببراعة، إنها كالممثل أو الفنان الذي يلعب بالحقيقة ويقوض سلطة ميتافيزيقا الحقيقة عن طريق الوهم، وتحاول إقناعنا بحقيقة واحدة وهي أنه ليست هناك حقيقة واحدة. تستخدم المرأة مبادىء النزعة الأنثوية لمصلحتها الشخصية من خلال الأوهام والأدوار التي تلعبها: «إنها المرأة التي يمكن أن تلعب دور السكرتيرة الخاضعة لكي تحصل على وظيفة. (إنها تستخدم مبادىء

---

(41) Nietzsche, F: *The Will to Power*. p. 315.

المجتمع المتمركز حول الرجولة لمصلحتها الشخصية). ثم يمكن أن تلعب دور النشط اجتماعياً لتطلب مرتباً متساوياً. (إنها تستخدم مبادىء النزعة الأنثوية لمصلحتها الشخصية). ومن خلال الأدوار التي تلعبها فإنها تخصي ميتافيزيقا الحقيقة، تقطع قوتها باللعب بها ضدها. مثل الحرباء، تتغير لتحمي نفسها من تهديدات البيئة... المرأة التي تقهر الرجال تتظاهر بشكل لعوب لمصلحتها... تقهر الحقيقة عن قصد... تستبدل بها الأوهام»(42).

إن المرأة التي تقهر الرجال، كالفنان، ترفض حدود المنطق والعلم، العلم يسخر من أوهام الفنانين، والفنانون والممثلون يدعون الأوهام التي تبدو على أنها حقيقة. وتتعلق المرأة في هذا الموقف الثاني بأوهامها وتعتقد أن الوهم الذي أبدعته هو مصدر قوتها. إنها هي التي أبدعت هذا الوهم، وهذه هي إرادة الوهم التي لا تخدم الحياة. المرأة هنا تتمسك بمنظور واحد على حساب المنظورات الأخرى، والحياة هي الثمن الذي يجب أن يُدفع. إنها تخطىء الوسيلة من أجل الغاية، وبذلك تصبح المرأة التي تقهر الرجال نسخة أخرى من المرأة المسترجلة أو المخصية؛ فيترتب على هذا أن لا تكون إرادة الوهم في خدمة الحياة ولا تمجدها. ولكن في كل الأحوال فإن المرأة التي تقهر الرجال تكون أكثر قوة من المرأة المخصية، الأوهام هنا تقوض إرادة الحقيقة ولكنها لا تدمرها. إننا لا نستطيع أن ننظر الى الحقيقة المرعبة، ولذلك فمهمتنا هي ارتداء الأقنعة لنتحمل رعب الطبيعة، وإرادة الوهم هي التي تحمينا من النظر في رعب الطبيعة؛ بدون

---

(42) Oliver, Kelly: «Woman as Truth in Nietzsche's Writing», p.73.

الأقنعة لا يمكن تبرير أي شيء، ولا يمكن تبرير العالم بالمنطق والعلم، فقط يمكن تفسيره باعتباره ظاهرة فنية. المرأة التي تقهر الرجال ـ إذاً ـ تقهر ميتافيزيقا الحقيقة بالتفسير المبدع للعالم، بجدل الأقنعة وهذه الأقنعة ضرورية، فهي التي تحمينا من النظرة العميقة في رعب الطبيعة. وترى كيلي أوليفر أن: «نيتشه أيضاً قهر الحقيقة من خلال جدل الأقنعة، إنه قهر ميتافيزيقا الحقيقة من خلال أوهامه واستعاراته المبدعة، فقد أبدع وجوهاً مختلفة من كل من الحقيقة والمرأة أدت الى غموض كليهما وأبدع أوهاماً عديدة ومختلفة لكليهما. إنه كان يفزع من المرأة التي تقهر الرجال»[43].

أما عن الموقف الثالث من هذا الثالوث الجدلي فهو حول المرأة التي تؤكد إرادتها ولا تحتاج الى الحقيقة. فكما يقول نيتشه لقد رُكبت طبيعة النساء بحيث تصيبهن الحقيقة كلها بالاشمئزاز، فالمرأة تؤكد نفسها بدون الرجل وبدون نزعته المتمركزة حول العقل، والمرأة التي تؤكد إرادتها تمثل النموذج الديونيزي المبدع، إنها الأم الأصيلة، إرادة الحياة المثمرة التي هي إرادة القوة. إنها ديونيزيوس، التغيير، الصيرورة، الرغبة التي تتمثل في التدمير أو الإبداع، هذه القوة الديونيزية تحمل المستقبل في رحمها. ويستخدم نيتشه استعارات بيولوجية كالرحم، الأم، الحمل الدائم، الحياة المنجبة ليصف هذه القوة الديونيزية ويشدد على أن المرأة التي تؤكد إرادتها هي الأم الحامل بشكل أبدي، والحمل هنا استعارة نيتشويه للإبداع الدائم، إنها الأنثى الخالدة التي تؤكد

---

(43) *Ibid.*, p.75.

نفسها دائماً عن طريق الإنجاب المستمر، وهذا الموقف من المرأة ـ الحقيقة عند نيتشه هو الأكثر أصالة وهو الذي يمجد ويخدم الحياة الصاعدة.

ولكن المرأة التي تؤكد إرادتها هي أيضاً مرعبة إذا لم تكن مقنعة. وإذاً، فلكي نفسر الحقيقة ـ المرأة بشكل مبدع فلا بد أن ندرك هذا الثالوث الجدلي في كتابات نيتشه: المرأة الديونيزية تؤكد نفسها بعيداً عن ميتافيزيقا الحقيقة، إنها إرادة القوة، الأم الأصيلة، الحامل بشكل أبدي لكنها أيضاً مرعبة، لهذا فنحن نحتاج الى أقنعة مبدعة من خلال إرادة الوهم عند الفنان. والمرأة التي تقهر الرجال تخفي التدفق الديونيزي لإرادة القوة من خلال أقنعة الفنان والممثل، إنها أيضاً تدمر سلطة ميتافيزيقا الحقيقة وتستعيض عنها بتفسيرات متعددة. ووفقاً لاقتراحات دريدا فنحن نبدع هذا الثالوث الجدلي لكي نفسر غموض نيتشه الفلسفي عن مسألة الحقيقة ـ المرأة، ولندرك أن لدى نيتشه علاقة حب وكراهية للمرأة تماماً كما لديه حب وكراهية للحقيقة، وكما لا توجد حقيقة واحدة عند نيتشه، فإنه لا توجد امرأة واحدة أيضاً، فالحقيقة مثل المرأة ليست سوى تفسيرات وليست بواقع موضوعي.

المرأة حاملة المستقبل: كانت هذه بعض تفسيرات أنصار النزعة الأنثوية لفلسفة نيتشه النسوية، فهل استطاعت هذه التفسيرات أن تبلور علاقة نيتشه بالنساء وتحسم الجدل القائم حول كراهيته لهن؟ لا نظن أنها حسمت هذا الأمر وربما لن يحسمه أي تفسير آخر لفلسفته. ولكن ما يلح علينا الآن ـ على الرغم من كل التفسيرات السابقة ـ هو السؤال الآتي: ما هو الدور الذي تلعبه

المرأة في فلسفة نيتشه؟ أو بمعنى آخر: ماذا يريد نيتشه من المرأة؟ ربما نجد الإجابة في أهم أعمال نيتشه وأكثرها نُضجاً: أعني «هكذا تكلم زرادشت» الذي يزخر بنماذج وصور عديدة ومتناقضة للمرأة فهي الحكمة والحياة، وهي اللعوب والمراوغة، وهي الحاملة لصفات العبيد والطاغية في آن واحد، وهي التي لا تصلح إلا للطاعة، القادرة على الحب فقط... إلخ. من كل هذه الصور والنماذج «ما الذي يريده زرادشت من المرأة؟ في كلمة واحدة: إن ما يريده زرادشت من المرأة هو نفس الشيء الذي يريده من الرجل، وهو تمهيد الطريق للإنسان الأعلى، لمستقبل الإنسانية[44]. هدف زرادشت هو إبداع إنسانية جديدة، مستقبل جديد، إنسان أعلى، وما يريده زرادشت من المرأة هو أن تكون النموذج الديونيزي المبدع، أن تلعب دوراً مناظراً له، أن تكون طاقة متدفقة حامله بالمستقبل، يريد منها إنجاب طفل وإبداع الإرادة بداخله: «ليتوهج الكوكب السَّنِيّ في حبك أيتها المرأة، ليهتف شوقك قائلاً: لأضعن للعالم الإنسان المتفوق»[45].

يريد زرادشت من المرأة أن تكون حاملة المستقبل: «لتكن المرأة لعبة صغيرة كالماس تشع فيها فضائل العالم المنتظر»[46]. وربما يكون السؤال الآن: ما الذي يمكن أن يتعلمه أصحاب النزعة الأنثوية من «هكذا تكلم زرادشت» على وجه التحديد؟ هل

(44) Lorraine, Tamsin: Nietzsche and Feminism: «Transvaling Women in Thus Spoke Zarathustra», in *Feminist Interpretations of Nietzsche,* p.120.

(45) نيتشه، فريدريك: همذا تكلم زرادشت، ص91.

(46) المرجع السابق، ص91.

هو الاستماع إلى نصائحه وتعليماته، أم أن يكونوا من تلاميذه، أو أن يكونوا مساعدين له في تنشئة «الإنسان الأعلى»؟ قد تأتي الإجابة على لسان زرادشت نفسه: «علمت الناس جميع أفكاري وأبنت لهم جميع رغباتي إذ أردت أن أجمع وأوحد ما في الإنسانية من بدد الأسرار وتصاريف الحدثان فقمت بينهم شاعراً أحل الرموز وأفتديهم من الصدف العمياء لأعلمهم أن يبدعوا المستقبل وينقذوا بإبداعهم ما انصرم من الأحقاب. لقد وجهت الناس الى إنقاذ الإنسانية مما أدرج الماضي في أغوارها بتغيير كل «ما كان» الى أن تنتصب الإرادات معلنة أن ما تم هو ما كانت تريد أن يكون وأن هذا ما ستريده في كل زمان. بهذا رأيت السلام للناس وهذا ما علمتهم أن يدعوه سلاماً»⁽⁴⁷⁾. أي أن ما يريده زرادشت هو التفكير في مستقبل الإنسانية، إنه يريد إنقاذ الماضي من خلال الحاضر وفي ضوء المستقبل، إنه لا يريد أن يدين الماضي ولا يمكن أيضاً أن يدعه يتحكم فيه، بل على المرء أن ينقذه (أي الماضي) بتأكيده في ضوء رؤيته الخاصة للمستقبل.

خاتمة

بعد كل ما سبق هل يمكن اعتبار نيتشه الجد الأكبر للنزعة الأنثوية، أم أنه مناهض لها كما كشفت معظم النصوص المستقاة من أعماله؟ حقيقة الأمر أنه لا بد من التأني في الحكم على ظاهر عبارات نيتشه، فعندما نتعامل مع فيلسوف على شاكلته لا بد أن نذهب الى ما وراء الكلمات، وعند قراءته لا بد أن نفرق بين

---

(47) المرجع السابق، ص227-229.

113

ما يؤكده وبين ما يمكن أن يفهمه أو يستشفه القارىء من النصوص؛ ألا يكمن وراء كل هذا الاحتقار للمرأة شيء آخر أكثر دلالة وأهمية؟ إن الأمر يبدو كذلك، كما سيتضح بعد قليل فليست المرأة فقط هي التي تجيد المراوغة كما يقول نيتشه، بل لعله هو نفسه قد أسقط إتقانه فن المراوغة على المرأة.

إن فكرة نيتشه عن القيمة الأسمى للجسد والغرائز يحوم حولها الغموض وتجسد هذه المراوغة، فهو من ناحية يؤكد غريزة الأمومة وأهمية قدرة المرأة الإنجابية، بل أن الرجل القوي (وهو النموذج الإنساني المفضل عنده) يجب أن يكون حاملاً بالمستقبل ـ إذا جاز هذا التعبير ـ وقادراً على المعاناة في الإبداع مثلما تعاني المرأة في الإنجاب، ومن ناحية أخرى، نلمس من بعض نصوصه ومن علاقته الغامضة بأمه فكرة استبشاع الأمومة التي يشعر بها معظم الرجال عندما يتذكرون أن بدايتهم الأولى تكونت في رحم امرأة وأنهم خرجوا من أحشائها، مما يجعلهم يعتقدون أن هذه البداية البشعة ـ في تصورهم ـ قد تحدث نوعاً من الخلل أو الاضطراب في المفهوم السائد عن الذكورة والسلطة الذكورية. قد تلقي هذه الفكرة ـ أي فكرة الاستبشاع ـ ظلالاً من الشك حول صدقية إعادة تقويم نيتشه للجسد والغريزة وخاصة جسد الأم وغريزة الأمومة التي هي في نهاية الأمر نموذج القوة الإبداعية الديونيزية.

في مقال مبكر له بعنوان «الحقيقة والكذب في الحس الأخلاقي المبالغ فيه» أكد نيتشه أن الكلمات لا تعكس العالم بل تبدع أشياء على حساب أشياء أخرى. معنى هذا أن الطريقة التي نتحدث بها عن العالم ليست هي العالم نفسه ولا هي انعكاس له، بل هي

تولد لدينا الإحساس بواقع العالم. بمعنى آخر أن اللغة تخلق أو تبدع العالم. وأن ما ندعوه منطق العقل ليس سوى نتاج لقواعد اللغة، وبناء على هذا فإن وصفنا للأنوثة وحديثنا عن دونية واحتقار المرأة ليست إلا إبداعات بشرية لغوية وليست حقائق طبيعية في المرأة، بحيث يمكن أن نصف اللغة بأنها «الساحرة العجوز الخادعة» التي إذا ما قمنا باستخدامها بشكل آخر مختلف يمكننا أن نبدع واقعاً جديداً لا يرتبط بجنس معين سواء كان رجلاً أو امرأة. وإذا ما نظرنا الى نصوص نيتشه من هذه الوجهة من النظر، فسيجد أصحاب النزعة الأنثوية في فلسفته بارقة أمل تدعم مبادئهم، خاصة أن المعاصرين من أنصار هذه الحركة يعملون بجدية لفهم قوة اللغة في تشكيل أساليب وجودنا في العالم.

لقد نظر نيتشه الى المرأة نظرة سطحية عندما رد كل الصفات السلبية فيها الى صفات أو حقائق طبيعية، ولم يرد هذه الصفات الى الظروف التاريخية والاجتماعية التي خضعت لها المرأة عبر عصور طويلة وفُرضت عليها من قِبل السلطة الذكورية. ليس هذا فحسب بل أنه قام بتفسير النماذج الاجتماعية للسلوك الأنثوي من منطلق نفس السلطة الأبوية الذكورية فجاءت تفسيراته كما لو كانت سلوكاً غريزياً في المرأة، وأعفى الرجال تماماً من مسؤولية هذا السلوك، وفشل في إدراك أن الوضع السلبي للمرأة ارتبط ارتباطاً وثيقاً بالثقافة التي قومتها ونظرت إليها على أنها مخلوق، الهدف الوحيد من وجوده هو المحافظة على الإنجاب، مما نتج عنه احتفاظ المرأة بوضع اقتصادي واجتماعي وسيكولوجي معتمد على الرجل، ومما عوق نشاطها الأنثوي وحجبها عن المشاركة في الإنجازات الاجتماعية وغيرها من أنشطة الثقافة والمجتمع. وربما

تكون عبارات نيتشه عن النساء مجرد صدى لآراء مفكري عصره التي تبناها بدون نقد فلم يدعمها بأدلة أو براهين، وفي هذه الحالة نجد أنفسنا أمام مفارقة جديدة من مفارقات نيتشه أو واحدة من متناقضاته. إن الفيلسوف الذي زلزلت نزعته النقدية الفكر الأوروبي يتناول الآراء الشائعة عن المرأة في القرن التاسع عشر دون أن يفندها بالنقد. ولكن عداء نيتشه للمرأة ليس مجرد صدى لتأثره بثقافة عصره فحسب، بل يعكس أيضاً تأثره الشديد وتعلقه بالتراث اليوناني القديم الذي ورث عنه احتقار كل من سقراط وأفلاطون وأرسطو وآخرين غيرهم للمرأة ووضعها المهين في المجتمع اليوناني القديم، فإذا بالفيلسوف الذي حطم التراث الفلسفي بمطرقته قد استثنى من هذا التراث عداوته التقليدية للمرأة!!!

ولكن نيتشه لم يزعم أن تعليقاته على النساء حقيقية. وقد يندهش البعض من هذا الاعتراف عندما يصدر عن مفكر شن حرباً شعواء على الحقيقة: «بعد هذه المواطنة الموفورة التي لمستها في نفسي ربما يُسمح لي أن أقرر عدداً قليلاً من الحقائق عن المرأة من حيث هي امرأة في ذاتها (Woman as such)، مع التسليم منذ البداية بأن هذه الحقائق ليست بعد كل شيء سوى حقائقي أنا (Only my truth)«[48]. فتعليقات نيتشه عن النساء ـ إذاً ـ هي فقط قناعاته هو نفسه. أما عن العبارة الشهيرة التي وردت في «هكذا تكلم زرادشت» ونصها: «إذا ما ذهبت الى النساء فلا تنس السوط» وهي العبارة التي كثيراً ما يتم اقتباسها للبرهنة على عداء

Nietzsche, F.: *Beyond Good and Evil,* sec, 231.　　　　(48)

نيتشه للمرأة؛ فقد يخفف من غلوائها ما تم من أحاديث أجراها شخص يدعى سباستيان هاوسمن (Sebastian Hausmann) مع نيتشه يقول فيها وهو يسترجع حواراً جرى بينه وبين نيتشه عن الفقرة الخاصة بالسوط: «نظر إليَّ نيتشه مندهشاً وقال لي: ولكن أرجوك، من المؤكد أن هذا لا يمكن أن يسبب لك أي مشكلة! أقصد أن من الواضح ومن المفهوم أنها كانت مجرد دعابة، أسلوب رمزي مبالغ فيه في التعبير. إذا ما ذهبت الى امرأة فلا تجعلها تُخضعك بنزعتها الحسية. لا تنس أنك أنت السيد وأن مهمة المرأة الحقيقية التي ليست مهمة بسيطة هي أن تخدم الرجل بأن تكون له رفيقاً ودوداً يجمل حياته»[49].

وعلى الرغم من كل ما ورد في نصوص نيتشه من عبارات تنم عن احتقار للمرأة فإننا يمكن أن نجد ما بين سطور هذه النصوص معاني أخرى تُعلي من شأن المرأة ويتضاءل أمامها هذا الاحتقار! ألم يلق نيتشه بمسؤولية إنتاج جنس جديد على عاتق المرأة؟ أليست هي التي ستمنح الميلاد للإنسان الأعلى (السوبرمان) وتبدع إرادة القوة بداخله. ذلك الكائن الذي سيجدد الثقافة في أوروبا المنهارة، وهي المهمة التي تتوارى بجانبها كل السلطة الذكورية التي أعلى نيتشه وتراثه الفلسفي كله من شأنها. ما الرجل إلا وسيلة تستخدمها المرأة من أجل تحقيق غايتها النبيلة، إن لغز المرأة ــ كما رأينا ــ يكمن في الحمل، وإن حل اللغز. هو إنجاب الطفل، إنتاج جنس جديد من الإنسان الأعلى. ونتذكر هنا

---

(49) ورد الـحـوار فـي: Rosen, Stantley: *The Mask of Enlightenment,* p.120.

قول هيراقليطس إن العالم يحكمه طفل، أو عبارة «إن زيوس هو طفل يلعب». لقد ذكر نيتشه ما يحمل هذا المعنى في «هكذا تكلم زرادشت»: «في كل رجل حقيقي طفل يتوق الى اللعب»[50]، ومهمة المرأة هي كشف النقاب عن هذا الطفل الذي هو أمل الحضارة الجديدة التي يريدها نيتشه والتي حطم من أجلها الحضارة الأوروبية.

بعد كل ما سبق هل يمكن لنا أن نطلق على نيتشه اسم كاره النساء؟ ربما نستطيع الإجابة على هذا السؤال إذا أدركنا جيداً أن الأشياء ليست أبداً خيراً ولا شراً بالنسبة لنيتشه، ليست حقيقة ولا زيفاً، ليست رجلاً أو امرأة؛ ففي كتاباته لا يمكن أن نفصل أو نفرق أو نقرر بين قطبين، إن الأشياء يمكن أن تكون كليهما أو لا تكون شيئاً منهما على الإطلاق.

ونصوص نيتشه عن النساء بأساليبها المتعددة ونماذجها المختلفة لا يمكن تصنيفها تحت مقولة واحدة؛ فالمعنى الحقيقي لأي من هذه النصوص يظل سؤالاً غير قابل للإجابة أو التحديد، ولعل هذه المتناقضات والعبارات المراوغة التي تحمل أكثر من معنى هي جزء من نزعة نيتشه المنظورية، أي أن للشيء الواحد أو الرأي الواحد أوجهاً مختلفة ومن الممكن أن تكون متناقضة، ولعل القيمة الحقيقية لفلسفة نيتشه بمجملها تكمن فيما تثيره من آراء وأفكار يتفق ويختلف عليها المشتغلون بالفلسفة، بحيث يمكن لنا أن نقول إن القيمة الحقيقية لنيتشه تكمن في أنه ـ إذا ما استخدمنا رأيه هو نفسه في الحقيقة ـ ليس هناك نيتشه واحد، بل

---

(50) نيتشه، فريدريك: هكذا تكلم زرادشت، ص91.

هناك تفسيرات عديدة لنيتشه. وإذا كان هدف النزعة الأنثوية هو الأمل في الوصول الى مجتمع غير ظالم فإنه ما زال هناك شيء ما عليها أن تتعلمه من زرادشت وهو أن تقوم بنفس المهمة التي أراد القيام بها، عليها أن تدمر وتحطم لائحة القيم القديمة لإبداع قيم أخرى جديدة وأهم هذه القيم هو الإنسان الأعلى الذي ستنجبه المرأة التي حقرها نيتشه كما مجدها أيضاً وأعلى من قدرها.

الجذور النيتشوية لـ «ما بعد» الحداثة

عصام عبدالله(*)

(«إني أعرف تماماً مصيري، سوف يرتبط اسمي يوماً ما بذكرى شيء مرعب، ذكرى شيء مهول. سوف يرتبط بتلك الزلزلة التي لم تشهد لها الأرض مثيلاً من قبل... بذلك الصدام الهائل لكل أشكال الوعي، بذلك الحكم المبرم ضد كل ما اعتقد به البشر حتى هذه اللحظة، وكل ما هتفوا له وقدسوه. أنا لست إنساناً.. أنا ديناميت!»)

(نيتشه) [هذا هو الانسان]

─────────────

(*)   أستاذ مساعد الفلسفة، جامعة عين شمس، كلية الآداب.

121

تمهيد:

يقوم هذا البحث على فكرة مفادها أن التنظيرات العديدة والمتفرقة لـ «ما بعد» الحداثة، والتي لا تتسم دائماً بالتماسك والاتساق، لن تكتسب الدقة والمكانة الفلسفية، إلا بربطها بفلسفة «نيتشه» (Nietzsche) (1844 ـ 1900) في صورتها المكتملة.

فمن خلال الربط بين فلسفته، وبين مبادىء وأهداف «ما بعد» الحداثة، ربما نستطيع القول بأن فلسفة نيتشه لا تنحصر في حدود ما أُطلق عليه «نقد الحضارة» (وهو المصطلح المعروف في اللغة الألمانية بـ (Kulturkritik) والذي انتشر في مجمل الثقافة والفلسفة منذ بدايات القرن العشرين، وإنما تتجاوز ذلك الى التبشير بالإرهاصات الأولى لفلسفة «ما بعد» الحداثة.

هذا من ناحية، ومن ناحية أخرى فإن ما يسمح لنا بعقد هذه الصلة بين نيتشه من جانب، وما بعد الحداثة من جانب آخر هو أمر يتجاوز ما قيل حتى الآن، وخلاصة ما قيل أن نيتشه مجرد رمز للثورة في عصور التحول الكبرى، ومن ثم «فإن المرء لن يجد خيراً منه في ثوريته، ولن يجد كذلك مطرقة أفضل من مطرقته التي هدم بها أصنام عصره»[1].

لكن هذا الأمر الجديد ـ موضوع هذا البحث ـ هو من وجهة نظرنا شيء آخر أكثر عمقاً وأبعد أثراً.

صحيح أن نيتشه ـ حسب فوكو ـ هو أحد ثلاثة مفكرين كبار

---

(1) فؤاد زكريا: نيتشه ـ سلسلة نوابغ الفكر الغربي (1)، دار المعارف، 1956، ص ـ 11.

دشنوا النقد الجذري للحداثة في الغرب، وهم: ماركس ونيتشه وفرويد، وإن كان نيتشه هو الأكثر جذرية، حيث طاول ـ تقريباً ـ كل الأسس التي قام عليها كل التراث الفلسفي للإنسانية[2]، كما أن هذا النقد كان له أبلغ الأثر في معظم الفلسفات في عصرنا الراهن، بل إن فلسفته قد استخدمها في البداية أقصى اليمين كفلسفة للقوة، وحفظ منها عنوان كتابه الأخير «إرادة القوة» (Der Wille Zur Macht) (1884 ـ 1888)، في حين أن نيتشه بعد الحرب العالمية الثانية، أصبح رائداً للتقدميين والثوريين الذين حطموا كل التقاليد تحطيماً!

وقد اعترف بول ريكور (Ricoeur) بأن نيتشه هو الفيلسوف الذي هزه تماماً، وأن قسماً كبيراً من كتاباته الفلسفية كان للرد على نيتشه، في حين أن «تفكيك» جاك دريدا (Derrida) يلتقي في نهاية المطاف مع «جينالوجيا» نيتشه منظر العصر الحديث.

كما شغلت فلسفة نيتشه هايدغر (Heidegger) على أكثر من صعيد[3]. وكرس له كارل ياسبرز (Jaspers) كتاباً خاصاً، وذلك

---

(2) ميشيل فوكو: جينالوجيا المعرفة، ترجمة: أحمد السطاتي وعبد السلام بن عبد العالي، دار توبقال للنشر، الدار البيضاء، الطبعة الأولى 1988، ص ـ 35.

(3) Martin Heidegger, *Nietzsche 2 t.* Traduction Française de Klossowski, Paris, Gallimard 1971. Le mot de Nietzsche «Dieu est mort» in *Chemins qui ni mènent nulle part* (Holzwege), Gallimard, Paris, 1962.

كمدخل للفلسفة[4]، والشيء نفسه يقال عن الفيلسوف الفرنسي المعاصر جيل دولوز (Deleuze). وما تزال فلسفة نيتشه تشغل العديد من المفكرين والنقاد حتى اليوم.

بيد أن الصلة بين نيتشه وما بعد الحداثة تتجاوز ذلك كله، الى ما هو أعمق وأبعد، وهي تكمن تحديداً في المقطع «ما بعد... Post». فـ «ما بعد» ليس في واقع الأمر سوى الموقف الذي بحث عنه و «اعتنقه» نيتشه تجاه كل التراث الفلسفي الغربي.

فقد رفض أن يتخطى هذا التراث أو يتجاوزه، لأن التجاوز كان خليقاً بأن يبقيه سجيناً لمنطق التطور الخاص بهذا الفكر، أو قل منطق الحداثة والميتافيزيقا ذاتها، وإنما انكب نيتشه على هذا التراث يراجعه ـ على طول تاريخه ـ مراجعة جذرية.

فإذا كانت الحداثة (Modernity) قد قامت على فكرة وجود تاريخ للفكر يتحرك بواسطة انبثاق تدريجي، وذلك على أساس امتلاك وإعادة امتلاك «الأسس»، المفهومة عادة على أنها «أصول، مكتملة دائماً، الى حد أن الثورات النظرية والعملية في تاريخ الغرب تنصّب نفسها، وتدافع عن مشروعيتها غالباً باستخدام مصطلحات مثل «العودة» و «البعث» و «الميلاد الجديد» (Renaissance)[5].

---

(4)   Karl Jaspers, *Nietzsche,* Gallimard, Paris, 1950.

(5)   كلمة Renaissance الفرنسية تعني «البعث» حسب التفسير الشائع، وتستخدم للدلالة على الفترة التي تلت القرون الوسطى، والتي أخذ فيها العالم الأوروبي الحديث شكله، وبدأ حداثته. غير أن الترجمة الحرفية لكلمة Renaissance هي «الميلاد الجديد» أو «الميلاد الثاني».

وإذا كان مفهوم «التجاوز» (Aufhebung) الذي يحتل مكانة بالغة في الحداثة الغربية ومجمل اتجاهات الفلسفة الحديثة، يصور مجرى الفكر على أنه تطور تدريجي، حيث الجديد يتمثل القيمة بتوسط الاستعادة أو الاستحواذ على «الأصل» و «الأساس»، فإن هذا بالتحديد هو ما ينتقده نيتشه جذرياً.

فهو من ناحية، يجد نفسه مضطراً لاتخاذ موقف نقدي تجاه الفكر الغربي، كفكر يبحث دائماً عن «تأسيس ما»، ومن ناحية أخرى ـ وهي الأهم ـ لا يستطيع أن ينقد هذا الفكر باسم فكر آخر يطرح نفسه على أنه أقرب الى الحقيقة، أو على أنه «تأسيس جديد».

وبهذه الصفة يمكن اعتبار نيتشه (الأب الروحي) لما بعد الحداثة، فالمقطع «ما بعد» في عبارة «ما بعد الحداثة» (Postmodern) يشير الى انسحاب يحاول أن يبتعد عن منطق التطور في الحداثة، وأن يبتعد بشكل خاص عن فكرة «التجاوز» النقدي الذي ينحو نحو تأسيس جديد.

في ضوء ذلك فإن هذا البحث لا يرمي الى تلمس نيتشه في كتابات ما بعد الحداثة، كما أنه لا يبحث في مؤلفات أنصارها عن تأثير فلسفة نيتشه، وإنما هو يحاول أن يبحث عن «جذور» الـ «ما بعد. .» في الفلسفة، وفي فلسفة نيتشه تحديداً، حتى لا يكون الخطاب الفلسفي حول «ما بعد الحداثة» بحثاً مشتتاً عن الملامح التي من شأنها أن تقرب الفسلفة المعاصرة من المجالات الأخرى التي تحمل نفس العنوان: «ما بعد الحداثة ـ Postmodernism» كالعمارة والنقد والأدب والفن. . إلخ وعلى

ذلك سنحاول أن نتعرف في البداية الى ما هو المقصود بـ «ما بعد الحداثة» بشكل عام (ماهيتها، خصائصها، وأهم المباديء التي تستند اليها) من أجل أن نقف على حقيقة هذه الحركة، إن جاز التعبير. ثم نعرج بعد ذلك على فلسفة نيتشه لنتبين موقفه من «الما بعد..» تجاه التراث الفلسفي الغربي، حتى نستطيع في النهاية أن نعثر على الجذور الفلسفية لـ «ما بعد الحداثة» واليت بدونها يصعب ـ في رأينا ـ فهم ما يحدث الآن، ليس على صعيد الفكر الفلسفي فحسب، وإنما في مختلف مجالات وميادين المعرفة المعاصرة:

مفهوم ما بعد الحداثة

ليس من السهل الإلمام بالمقولات الأساسية لـ «ما بعد الحداثة»، لأنه لا توجد هناك نظرية عامة لما بعد الحداثة، والسبب هو أن «ما بعد الحداثة» نفسها ضد صياغة النظريات العامة. فقد استخدم العديد من المفكرين والنقاد والباحثين مصطلح «ما بعد الحداثة» حسبما فهم كل منهم معنى كلمة (Modern) (حديث)، والمقطع اللاتيني (Post) (ما بعد...). ومن بين تفسيرات لفظة (Post-Modern) أنها «انفصال» عن الحديث، أو «استمرار» له.

هذا من ناحية، ومن ناحية أخرى فقد أُستخدم مصطلح «ما بعد الحداثة» للإشارة الى مفاهيم عديدة عن الحقبة الحديثة، التي تمتد من عصر النهضة الأوروبية (Renaissance) وحتى عصرنا الراهن،

على الرغم من أن لفظ (Modern) في الإنكليزية مشتق من كلمة تعني «الآن» أو «اليوم»[6].

ليس هذا فحسب، وإنما استخدم المصطلح حسب مفاهيم عديدة لمعنى «الحداثة» (Modernity) في الفنون والعمارة، ولمعنى «التحديث» (Modernization) في مجال التطورات الاقتصادية والتكنولوجية التي شهدها القرن التاسع عشر، إبان التوسع الصناعي والرأسمالي الذي صار يعد سمة للمجتمعات الحديثة[7].

وثمة مفاهيم أخرى تقوم على التعريف الدقيق لمفهوم «ما بعد الحداثة» على أساس (نقد) الحداثة أو إصلاحها. لكن ما يهمنا في هذا الصدد لفهم «ما بعد الحداثة» والأفكار المرتبطة بها، ليس مجرد تعريف أو فهم الشطر الأخير من المصطلح وهو «Modern»، وإنما تعريف المقطع اللاتيني ــ «Post» (ما بعد...)

---

(6) Oxford English Dictionary, Oxford عن مختلف استخدامات مصطلح الحديث في الانكليزية.

انظر الجزء السادس من 1933 الطبعة الثانية، الجزء التاسع: 948 و947 pp.

ففي صفحة 947 من الطبعة الثانية نقرأ: إن هذا المصطلح في عام 1864 كان يعني ما يتعلق بالعصور الحاضرة أو القريبة في مقابل الماضي البعيد، مما يجعل دلالة المصطلح تمتد الى عصر النهضة، وبعد انتهاء القرن الخامس عشر عموماً، بداية التاريخ الحديث المختلف عن تاريخ العصور الوسطى Mediaeval.

(7) في الموسوعة الدولية للعلوم الاجتماعية (Modernization) أنظر مدخل كلمة International Encyclopedia of social sciences, ed. David L. Sills, vol. X (London and New York, 1968), pp. 386-409.

بوصفه إشارة الى «الانفصال» عن مكونات أو مقومات «الحداثة» أو «استمراريتها»، أو بوصفه مزيجاً من «الانفصال» و «الاتصال» معاً، أو جدلية «الإنفصال» و «الإتصال».

يقول ديك هيبدايج (D. Hebdige) في كتابه الصادر عام 1988 والمعنون: *(Hiding in the light: on images and things)* «إن نجاح مصطلح ما بعد الحداثة... قد ولّد مشكلات خاصة به. فمع انتهاء عقد الثمانينيات من القرن الماضي تتزايد صعوبة التحديد الدقيق للمعنى وراء مصطلح «ما بعد الحداثة»، لأنه يتشعب عبر مناقشات مختلفة، ويتجاوز الحدود بين فروع المعرفة المختلفة، وتسعى أطراف عديدة للاستشهاد بهذا المصطلح واستخدامه للتعبير عن خضم من الأشياء والتوجهات المتنافرة[(8)]. ويؤكد هيبدايج: «إن ما بعد الحداثة هي الحداثة الخالية من الأحلام والآمال التي مكنت البشر من احتمال الحداثة. فما بعد الحداثة هي حالة من (فقدان المركزية Decentring)، ومن التشعب والتشتت، نساق فيها من مكان الى مكان عبر سلسلة من السطوح العاكسة كالمرايا المتقابلة»[(9)].

أما السمة المتميزة التي ينتقيها الناقد الأميركي ـ المصري الأصل إيهاب حسن ـ الذي يعد أبرز الرواد المعتمدين لحركة ما بعد الحداثة ـ لتمييز «ما بعد الحداثة» فهي «استحالة التحديد» الأمر الذي يجعل من الصعوبة بمكان وضع أي خصائص محددة

---

(8) Dick Hebdig,: *Hiding in the light: on Image sand things (London* and New York, 1988, p. 1891.

(9) *Ibid:* p. 195.

لها، وبالتالي تعريفها تعريفاً دقيقاً، وبيان أوجه الاتفاق والاختلاف بينها وبين «الحداثة».

وقد أثار حسن في كتابه ـ *(The Postmodern Turn, Essays in Postmodern Theory and Culture)*. (التحول ما بعد الحدثي: محاولات في نظرية وثقافة ما بعد الحداثة) ـ وهو عبارة عن إسهاماته المتعددة عبر عشرين سنة، والتي جمعها في هذا الكتاب ـ أهم مشكلة في تعريف ما بعد الحداثة وهي «استحالة التحديد» هذه، ويسرد حسن مجموعة من المشكلات التصورية، ويرى أنها جوهر ما بعد الحداثة في الوقت نفسه، منها:

1 ـ إن لفظ «ما بعد الحداثة» يوحي بفكرة «الحداثة»، وهي الفكرة التي يقصد تجاوزها أو نقضها، أي أن اللفظ ذاته ينطوي على خصم له، كما أن لفظ «ما بعد الحداثة» يشير الى التوالي الزمني، ويوحي بالتأخر الزمني في الوقت نفسه.

ويتساءل حسن: أهناك تسمية أفضل من عصر «ما بعد الحداثة»: أنسميه مثلاً، العصر الذري، أو عصر الفضاء، أو عصر التليفزيون، أو العصر السيميوطيقي أو عصر التفكيك، أم نسميه «عصر استحالة التحديد»[10].

2 ـ لا يوجد إجماع بين النقاد على تعريف واضح لمفهوم «ما بعد الحداثة».

3 ـ مفهوم «ما بعد الحداثة» ذاته عرضة للتغير، كغيره من المفاهيم.

---

(10) Ihab H. Hassan: The Postmodern Turn: Essays in *Postmodern Theory and Culture,* Ohio State University Press, 1987. pp: 120-122.

4 ـ معنى هذا أن فترة ما بعينها هي استمرار وانفصال في آن واحد، ومن ثم فإننا بحاجة الى أن ننظر الى «ما بعد الحداثة» بمنظارين هما منظارا «التشابه و الاختلاف»، «الوحدة والتمزق»، «التبعية والتمرد»، كل ذلك لازم إذا راعينا التاريخ، وتفهمنا ما يحدث خلاله من تغيير.

5 ـ إن لفظ «الفترة» بصفة عامة ليس بـ «فترة» على الإطلاق، بل هو «بنية» تمتد في الزمان وتتشعب في «لحظة» معينة فيه.

لقد كونا نموذجاً لـ «ما بعد الحداثة» في أذهاننا، فرض علينا أنماطاً محددة من الثقافة والخيال، ثم شرعنا في إعادة اكتشاف أوجه الشبه بين هذا النموذج من ناحية، والعديد من الكتاب واللحظات التاريخية من ناحية أخرى، أي أننا كما يقول حسن «أعدنا خلق أسلافنا»... بحيث أصبحنا نرى بعض قدامى الكتاب بوصفهم متوافقين مع تيار ما بعد الحداثة، بينما نرمي البعض الآخر بـ «الحداثة» وهنا تحديداً تبرز إحدى أهم المشكلات في دراسة «ما بعد الحداثة»، وهي: مَنْ مِنَ الباحثين يختار مَنْ مِنَ الكتاب بوصفه من كتاب ما بعد الحداثة؟ وما هي دوافع هذا الاختيار؟[11].

أما الفيلسوف البارز الذي نعى خبر موت عصر الحداثة، وأعلن عن ميلاد عصر «ما بعد الحداثة» فهو الفيلسوف الفرنسي جان فرانسوا ليوتار (Lyotard)، وذلك في كتابه الشهير: «الوضع ما بعد الحداثي: تقرير عن المعرفة» (La Condition postmoderne ـ Rapport sur le savoir) والذي نشر بالفرنسية عام 1979، ثم ترجم الى الإنجليزية.

---

(11) *Ibid:* p. 124.

في هذا الكتاب أعلن ليوتار: «أن أهم معالم المرحلة الراهنة من معالم المعرفة الإنسانية، هو سقوط النظرية الكبرى، وعجزها عن قراءة العالم». ويقصد بالنظرية الكبرى أساساً «الأنساق الفكرية المغلقة» التي تتسم بالجمود، والتي تزعم قدرتها على التفسير الكلي للعالم أو المجتمع، ومن أمثلتها البارزة «الايديولوجيات» وربما كانت «الماركسية» ـ في رأيه ـ هي الحالة النموذجية.

يضاف الى ذلك، سقوط فكرة «الحتمية» سواء في العلوم الطبيعية، كما عبرت عن ذلك فلسفة العلوم المعاصرة، أو في التاريخ المعاصر. فليست هناك ـ كما أثبتت أحداث القرن العشرين ـ حتمية في التطور التاريخي من مرحلة الى مرحلة أخرى، على العكس ـ كما ترى حركة ما بعد الحداثة ـ فإن التاريخ الإنساني مفتوح على احتمالات متعددة.

من هنا يرفض ليوتار فكرة (التقدم)، كما صاغتها الحداثة الغربية، التي كانت تصور تاريخ الإنسان وفق نموذج خطي صاعد من الأدنى الى الأعلى. ويرى أنه ليس هناك دليل على ذلك، فالتاريخ الإنساني قد يتقدم، ولكنه قد يتراجع أيضاً[12]، غير أن الفيلسوف الألماني يورغن هابرماس (Habermas)، أبرز المدافعين عن «الحداثة» في الغرب، ووريث تقاليد المدرسة النقدية

---

(12) Jean Francois Lyotard, *The Postmodern Condition: Report on knowledge* Trans. by Geoffrey Bennington and Brian Massumi, Manchester, 1984, p. 35.

«فرانكفورت»[13] قد شن هجوماً ضارياً على حركة ما بعد الحداثة وأنصارها، بعد صدور كتاب ليوتار عام 1979، وذلك في محاضرة له بمناسبة استلامه جائزة أدورنو (Adorno) عام 1980، حيث سماهم بـ «المحافظين الجدد»، وهم دانيال بل (Bell) وباتاي (Bataille)، وفوكو (Foucault) ودريدا، الذين يستندون الى مواقف حداثية ـ حسب قوله ـ لتبرير عدائهم للحداثة، وهو ما يبدو تناقضاً لا حل له[14].

وفي عام 1981، كتب هابرماس مقالاً آخر بعنوان: (Modern and Post modern Architecture) استهل مقدمته بأن معنى البادئة (Post) في لفظ ما بعد الحداثة إنما يمثل رغبة لدى دعاة ما بعد الحداثة في الابتعاد عن ماضٍ بعينه، وفي الوقت نفسه عجزهم عن تسمية حاضرهم. «لأننا حتى الآن لم نجد حلاً للمشاكل التي تترقبنا في المستقبل»[15].

وهذا التقابل بين جوهر الحاضر، وحل مشاكل المستقبل، ملمح رئيسي في تناول هابرماس لما بعد الحداثة، إذ يرى أنه «ليس رفضاً للحداثة، أو الخروج بمجموعة جديدة من الأنماط البديلة للحداثة من أجل التعبير عن المستقبل، ولكن لا بد أولاً من معالجة مشاكل المجتمع الحالية، التي ربما تستمر في

---

(13) أنظر: عبد الغفار مكاوي: النظرية النقدية عند مدرسة فرانكفورت ـ حوليات كلية الآداب ـ الكويت 92/ 1993.

(14) Jurgen Habermas, «Modernity-An Incomplete Project» in Hal Foster, ed. *The Anti-Aestetic: Essays on Postmodern culture, Washington, Bay Press, 1983, p. 14.*

(15) Ibid: p. 9.

المستقبل، واستكمال مشروع «الحداثة» وإتمامه حتى النهاية، لإثراء التنظيم العقلاني للحياة الاجتماعية اليومية»[16].

أما «ليوتار» فقد شن هجوماً مماثلاً على هابرماس ـ وإن كان أشد عنفاً ـ وذلك في مقال له عام 1982 بعنوان: (Answering The Question What is Postmodernism?) ـ ويلخص هذا العنوان شديد الدلالة، وهذا المقال هدف ومقصد أنصار ما بعد الحداثة بشكل عام، وفي الفلسفة بصفة خاصة، يقول ليوتار ساخراً: «قرأت لواحد من كبار المفكرين دفاعه عن «الحداثة» ضد من يدعوهم بالمحافظين الجدد، الذين يسعون للتخلص من مشروع الحداثة ـ مشروع عصر التنوير ـ وهو لا يزال ناقصاً ولم يكتمل، وذلك تحت شعار (ما بعد الحداثة)». إن آخر دعاة التنوير ـ في رأيه ـ مثل كارل بوبر (K. Popper)، أو أدورنو، لم يدافعوا عن مشروع «الحداثة» سوى في القليل من مناحي الحياة مثل، السياسة في كتاب «The Open Society»، والفن في كتاب «Aesthetische Theorie» وبالتالي فلا تزال هناك حاجة ملحة الى المزيد.

إن يورجين هابرماس يرى أن «الحداثة إنما فشلت في السماح للحياة بالانقسام الى تخصصات مستقلة يتعهدها الخبراء، كل منهم في مجال تخصصه المحدود»[17]. ويتساءل ليوتار: «هل الهدف من مشروع الحداثة هو بناء (وحدة) ثقافية اجتماعية تنتظم فيها كل عناصر الحياة اليومية والفكر في وحدة عضوية»؟!. ويجيب: «بأن ما بعد الحداثة ضد هذه الوحدة الوهمية»... ويختتم مقاله قائلاً:

---

(16)   *Ibid:* p. 37.

(17)   Lyotard, *The Postmodern condition,* p. 72.

«فلنشن حرباً على الوحدة، ولنكن شهداء لما يستعصي على التقويم، ولنزد الاختلافات والفروق، فهذا أكرم لنا!»[18].

هكذا يتضح أن تيار ما بعد الحداثة يقوم على أساس من هجوم مركز على قيم «الحداثة» الغربية، ومفاهيمها المحورية، بل ويذهب ـ كما فعل ليوتار ـ الى الزعم بأن مشروع الحداثة قد سقط نهائياً، بعد أن وصل الى نهايته، وأخفقت الحداثة في تحقيق وعودها، وعود عصر التنوير والعقلانية الغربية بتحقيق التطابق الكامل بين «العقل» و «العالم».. لكن.. ماذا بعد هذا النقد العنيف لمبادىء الحداثة الغربية ومفاهيمها الأساسية؟.. بمعنى آخر، ما هي المقومات الأساسية لحركة «ما بعد الحداثة»؟.. وما هي المبادىء التي تستند اليها؟

مقومات ما بعد الحداثة

سعت حركة ما بعد الحداثة الى تقويض سلطة الأنساق الفكرية المغلقة، والتي عادة ما تأخذ شكل «المذاهب» و «الأيديولوجيات»، على أساس أنها في زعمها تقديم تفسير كلي للظواهر الانسانية، قد ألغت حقيقة [التنوع الإنساني]، وانطلقت من حتمية وهمية لا أساس لها. من هنا، لم تكتف «ما بعد الحداثة» بمجرد إعلان سقوط هذه الأنساق الفكرية الكبرى، وإنما ألغت «الذات» الحديثة، ومن ثم فضت التقابل الشهير بين «الذات» (Subject) و «الموضوع» (Object) الذي كرسته «الحداثة» الغربية.

---

(18) *Ibid:* p. 82.

وتؤكد حركة ما بعد الحداثة أن هذه «الذات» من اختراع عصر الحداثة، وأي تركيز على «الذات» يفترض وجود فلسفة «إنسانية» عامة، وهو ما تعارضه الحركة. من جهة أخرى، فإن القول بوجود «ذات» يفترض بالضرورة وجود «موضوع»، وهو أيضاً ما ترفضه الحركة، إذ إن هذه الثنائية بين «الذات والموضوع»، ربيبة التراث الميتافيزيقي والحداثة الغربية التي ينبغي تجاوزها.

ونستطيع أن نعثر على هذه الفلسفة الجديدة التي ترفض «الذات» الحديثة في مفهوم «الإبستمية» (Epistémé) عند «ميشيل فوكو»، والفلسفة «اللامركزية (Acentrée) عند جاك دريدا، وإن ساهمت «الفينومينولوجيا» (Phenomenology) عند هوسرل، والبنيوية بشكل عام، في تدعيم هذه الفلسفة الجديدة. لقد جاءت «البنيوية» مباشرة من ألسنية دي سوسور (F. de Saussure) الذي أكد أنه «في اللغة ليست هناك سوى الاختلافات»[19]، كما ساهمت الأبحاث الأنثروبولوجية عند ليڤي ستراوس (Levi-Strauss) في نقد النزعة الإنسانية التي حاولت فرض النموذج الغربي للتقدم والحداثة على جميع المجتمعات بلا استثناء.

فقد كشف ليڤي ستراوس عن أن الانثروبولوجيا هي ذروة النزعة الإنسانية الغربية، وأن الانثروبولوجي الغربي حين يدرس «الآخر» (غير الغربي)، ليس من أجل أن يكتشفه في اختلافه الحقيقي كآخر، وإنما يدرسه ليؤكد فيه كل ما يثبت ويعيد إنتاج «مركزيته»

---

(19) Ferdinand de Saussure, *Cours de linguistique générale,* éd. Payot, Paris, 1971, p. 166.

و «ذاتيته»، مقابل إعادة إنتاج «هامشية» الآخر[20]. ليس عند هذا الآخر ما يمكن أن يشكل مادة أي اكتشاف، وهو ليس بدائياً ومتخلفاً وغريباً إلا لأن ثمة «ذاتاً» واحدة، و «إنساناً» واحداً هو «الغربي» فقط. . . أما «الآخر» فهو المختلف، واختلافه هذا يخرجه من خانة «الإنسان» وبهذا المعنى فهو خارج «التاريخ»، التاريخ الغربي بالطبع. فالأنثروبولوجيا هي علم الإنسان الغربي بالنسبة لـ «ذاته» أولاً، وعندما يدرس «الآخر» فهو يعيد إنتاج «ذاته هو»، عبر إخضاع «الآخر» لمنهجيات العلوم الإنسانية التي تعتبر المحصلة التركيبية العليا والأخيرة، لتلك «الميتافيزيقا».

وإذا كانت «البنيوية» قد دخلت الى الفلسفة من باب العلوم الإنسانية، فإنها قد أثرت تأثيراً هاماً في الفلسفة وتمثل تأثيرها أساساً في الاستغناء عن «فلسفة الذات» أو فلسفة «الكوجيتو» كما صاغها ديكارت (Descartes 1596 ـ 1650) ودشن بها الحداثة الغربية. وإذا كان ديكارت في القرن السابع عشر قد احتاج الى الضمان الإلهي ليتأكد من صدق حقيقة ما يرى، أي أنه احتاج الى ضامن يضمن له أن ما يراه هو بالفعل كذلك، وليس من صنع «شيطان ماكر»، فإن إدموند هوسرل (E. Husserl) في مطلع القرن العشرين قد استغنى في فينومينولوجيته عن مثل هذه الضمانة المفارقة، واستعاض عنها بمجموعة التجارب الذاتية أو مجموعة الذوات (الذات وذوات الآخرين)، فوضع الماهية الأخيرة بين

---

(20) Claude Lévi-Strauss, *Anthropologie structurale* éd. Plon, Paris, 1958, p. 67.

قوسين، أي أنه استغنى عن البحث عنها مشدداً على المعاش أو «التجربة» كما يعيشها «الوعي الذاتي».

ثم جاءت «البنيوية» وقطعت شوطاً أبعد مما فعل هوسرل، فاستغنت عن «الذات» نفسها، وعن أي فلسفة تكتب بصيغة «المخاطب»، فسددت بذلك ضربة قاسية لفلسفة ديكارت القائمة على الكوجيتو. وبلغة الفلسفة نقول: إذا كانت فلسفة ديكارت تقول «أنا أفكر فأنا موجود» فإن فينومينولوجيا هوسرل تقول: «أنا أفكر وأنت تفكر، ونحن جميعاً نفكر» أما مع البنيوية (وفلسفة ما بعد الحداثة) فنقول ـ أو بالأحرى ـ «لا نقول شيئاً»، لأن كلمة نقول هي بحد ذاتها عودة الى الذات، بل «يُقرر» (يُفكر في داخلي) فأنا بنية، والمهم هو إظهار هذه البنية.

وهكذا يتضح أن الأثر الأهم للبنيوية على الصعيد الفلسفي هو تقويض فلسفة الكوجيتو ومحاولة إقامة فلسفة ليس فيها للفاعل دور، ونلمس ذلك بوضوح عند فوكو ودريدا تحديداً. ففي كتاب الكلمات والأشياء (Les Mots et les Choses) الصادر عام 1966، يحاول فوكو أن يرى الظروف التي تقتطع، ضمن حقل المعرفة، قطاعاً معيناً، وتشكل الشروط التي يمكن ضمنها أن يقال خطاب يعترف به على أنه يعكس حقيقة الأشياء. بمعنى آخر، في كل حقبة تاريخية معينة هناك خلفيات هي الأساس الذي تبنى عليه المعرفة، والبحث عن مجمل هذه الخلفيات يشكل القَبْلية التاريخية. «يترتب على ذلك أن هناك نظاماً خفياً وراء الظواهر هو الذي يشكل الشرط الحقيقي الذي بدونه لا يمكن أن يكون هناك خطاب حول الأشيا يعكس حقيقتها أو بالأحرى يُعترف به

كخطاب مطابق للحقيقة»[21]. ويطبق فوكو مفهومه هذا حول المعرفة أو الابستمية على (الحداثة) فإذا به يؤكد: «أن المهم ليس وجود كوفييه (البيولوجيا) وبوب Bopp (الألسنية) وريكاردو (الاقتصاد) في مطلع القرن التاسع عشر، ولكن المهم هو أنه قد حل استعداد معين للمعرفة حيث هناك في آن واحد تاريخية الاقتصاد.. وتناهي الوجود البشري ونهاية للتاريخ في الأفق»[22]. وهكذا، يبدو أن أركيولوجيا المعرفة عند فوكو تستغني نهائياً عن «الذات» لتستعيض عنها بالظروف التي تشكل الخلفية التاريخية، والسبب الحقيقي لكل معرفة.

والشيء نفسه مع جاك دريدا الذي يستغني عن «الذات» في فلسفته التي أطلق عليها اسم «فلسفة بدون مركز» أو «فلسفة بلا مركز» (Acentrée) إذ إنه يحاول أن يقوض نهائياً الفلسفة القائمة على «الذات»، كما ورثها الغرب عن «ديكارت»، وهو في محاولته هذه يذهب أبعد مما ذهب إليه فوكو حيث يحاول أن ينسف المحور الرئيسي الذي بنيت عليه «الميتافيزيقا» وهو مركزية العقل، أي احتلال العقل والكلمة للنقطة الأساسية التي تجعل منهما المرجع الأخير لكل فلسفة بل لكل حقيقة.

فلقد كانت كل الفلسفات تقوم على العقل أو الكلمة أو اللوغوس (Logos) كأساس أخير وضمان لحقيقتها. وهجوم دريدا يقوم على هذا المعقل الحصين ليؤكد أن ليس هناك من مرجع

---

(21) Michel Foucault, *Les Mots et les Choses,* éd. Gallimard, Paris, 1966, p. 171.

(22) Ibid: p. 274.

أخير يكون الضامن للحقيقة الفلسفية. كل فلسفة كانت في الواقع فلسفة مركزية العقل (Logocentrisme)، وكل هذه الفلسفات ما هي إلا نوعاً من مركزية أوروبا واعتبار الغرب المحور الرئيسي للفكر. في حين أننا في الواقع حين ننظر الى اللغة فإننا لا نلاحظ على الإطلاق وجود مركز يستقطب الحقائق الصغرى. اللغة عبارة عن لعبة كبيرة ليس فيها قائد. هذه اللعبة هي أساساً لعبة التباين أي لعبة الاختلاف، كما أكد، دو سوسور ونقطة الإنطلاق عند دريدا هي البحث عن مكانة جديدة للكلمة من أجل «إسقاطها» عن مركزها المتسلط والمهيمن كأصل ومركز للغة. وحسب دريدا فإنه «قبل الحديث عن إختفاء الكلمة لا بد من التفكير في وضع جديد لها، لإخضاعها في بنية لا تعود فيها السيد المطلق»[23] إن هذه البنية التي تسمح بانقلاب كامل ضد «الكلمة»، وبالتالي ضد «الميتافيزيقا»، يجدها دريدا في مفهوم «الاختلاف» (Différence)، أي في لعبة الاختلاف التي يسميها «الأثر» (La trace). وهذا الأثر يشكل الشرط الأساسي لإمكانية تحلل جميع المدلولات التي تستمد وجودها من العقل[24].

إن الاختلاف بين لفظ وآخر، والتمييز بين لفظ وآخر هما الأصل الذي ليس وراءه أصل آخر أبعد منه. إن كون [ب] غير [س]، واختلاف [س] عن [ب] هو الأصل الأول، والأثر المحض هو الاختلاف المطلق عند دريدا. وقد سمحت له فكرة

---

(23) جاك دريدا: الكتابة والاختلاف، ترجمة: كاظم جهاد، تقديم، محمد علال سيناصر، دار توبقال، الدار البيضاء، 1988، ص 107.
(24) المرجع نفسه، ص 33.

الاختلاف هذه بأن يتجاوز كل المشاكل المتعلقة باللغة ليقف على «ميلاد» الكلام، وعلى إمكانية وجوده الصورية. فكل اختلاف يترك أثره كاختلاف لدى الآخر دون أن يكون هناك مرجع أخير يفسر كل ما يجري ويحدث.

وباختصار فإن حرفاً ما يستمد وجوده من (اختلافه) عن حرف آخر، وكذلك فإن كل كلمة تستمد وجودها من اختلافها عن كلمة أخرى، ولكن سلسلة الاختلافات هذه لا تقود الى أي «أصل» بل هي الشرط لوجود كل دال ومدلول وكل أصل، ومن هنا لم يكن بوسع أي مفهوم فلسفي أن يصف «الاختلاف» أو يحيط به. إنه الشرط الذي لا نستطيع أن نذهب الى أبعد منه، ولكنه يتمرد على كل محاولة لفهمه لأنه شرط إمكانية كل فهم. إنه الأصل الذي دون أصل، ودون أي مركز يعود إليه أو يدور حوله، إذ ليس هناك من اختلاف أصلي أو أولي نعود اليه لتفسير لعبة الاختلاف والتمايز، فالاختلاف أو الفرق يصبح هو الفرق المطلق، أي الفرق الذي لا يمكن أن يصبح الآخر. إن هذا الأصل الذي ليس له أصل ولا يحيط به فهم يصبح السلاح الناجع الذي يستخدمه دريدا لهدم كل الفلسفة الغربية، إن لم نقل كل معطيات العقل. والواقع أن دريدا لا يقوم بعملية هدم بل بما يمكن تسميته عملية «تحلل» و «تداع» «أو قل «تفكيك (La Déconstruction)، أي أنه ينقض الأساس الذي تقوم عليه كل الفلسفة فيتداعى البناء الفلسفي من تلقاء ذاته.

ففكرة «الأثر» الذي يخلفه حرف لدى الآخر، أو كلمة لدى الأخرى تسمح لدريدا بأن ينقل المركز الأساسي لكل فكر، بل هو بالأحرى، ينزع كل نقطة إرتكاز للفكر الإنساني، ومن هنا تبدأ

بالتهاوي جميع معضلات الفلسفة الأساسية.. وبعد هذا التهاوي
للفلسفة ومشكلاتها، يقيم دريدا(فلسفته التي بدون مركز، أي هذه
الفلسفة التي تخلو جذرياً من العودة الى «الكلمة» أو «العقل»
لضمان الحقيقة، وبالتالي تتلاشى من الأفق مشكلة «الحقيقة»
و «المعرفة» و «الأصل الأول»، ليبقى أمامنا عالم بريء ناضج
للتأويل.

إننا في مثل هذه الفلسفة، أو بمعنى أدق، من خلال هذه
(الرؤية للأشياء) نلاحظ تلاشي كل رجوع الى الإنسان كفاعل
ومحور للفكر أي تلاشي «فلسفة الذات» لتحل مكانها البنية
الأولية، بنية لعبة الاختلافات والفروق داخل اللغة.

والواقع أن هناك دلائل كثيرة تؤكد ما يذهب إليه دريدا، وتشير
الى غياب وجه الإنسان بصفة خاصة، فلم يكن تخلي «الرواية
الجديدة» عن الشخصيات مجرد مصادفة[25]. فالشخصية في
الرواية تتأتى من السمات المميزة للانسان الفرد المختلف عن
الآخر، وربما كان تخلي الرواية الحديثة عن خلق شخصيات
جديدة أنها لم تعد تحتاج في الحقيقة الى شخصيات على
الإطلاق.

والظاهرة ذاتها نشاهدها في «المسرح الجديد» الذي ينطلق من
مواقف وأوضاع معينة، وهي ليست أوضاع أناس غير عاديين،
وإنما أصبح المميز والشاذ هو الذي يخلي الطريق للعادي
والمألوف والمبتذل، الذي لا يميزه شيء عن غيره: بل إن

---

(25) تيري ايغلتون: مقدمة في نظرية الأدب، ترجمة: أحمد حسان، الهيئة
العامة لقصور الثقافة، أيلول/ سبتمبر 1991، ص 148.

مهاجمة دريدا لما يسميه «الكلمة المركزية» أو «العقل» كمركز، تؤكد ضمناً وجود فكر دون وجود مؤلف، وفلسفته التي تنادي بعدم وجود مركز وتدين كل ميتافيزيقا حين تسقط الكلمة عن عرشها تعلن في الواقع عن قيام إنسان «غير ممركز»، أي عن إنسان تخلى بملء إرادته عن مركزه.

في ضوء ذلك نستطيع أن نتفهم ما الذي يعنيه أنصار ما بعد الحداثة بـ «موت» المؤلف؟ وهي العبارة التي تزامن ظهورها مع إعلان «فوكو»: «موت الإنسان» عام 1966. والمقصود من عبارة «موت المؤلف» أكثر من معنى: فمن ناحية، لا يعنينا تاريخ حياة المؤلف أو المفكر أو ميوله الفكرية أو الإيديولوجية، أو العصر الذي عاش فيه، ذلك لأن دوره ينتهي بكتابة «النص» (Text)، والعبء يقع بعد ذلك على القارىء، الذي من خلال تأويله للنص، يشاركه في كتابته في الواقع. وبالتالي لا هيمنة من المؤلف إذاً على النص، وليس من حقه أن يصدر بياناً يحدد فيه المعاني التي قصدها، فالنص أصبح ملكاً للقارىء، بل إن النص نفسه، فيما يرى أنصار ما بعد الحداثة، لا يكتبه في الحقيقة مؤلف واحد، ذلك لأن أي نص هو عملية تفاعل بين نصوص متعددة، يستشهد بها أو يستحضرها المؤلف، بكل ما تترتب عليه كلمة «التفاعل» من نفي لبعض النصوص، أو المزاوجة بينها، أو إزاحتها، وهي الظاهرة التي يطلق عليها «التناص» (-Inter Textuality).

ويدعو أنصار ما بعد الحداثة الى أن المؤلف لا ينبغي أن يقدم نصاً مغلقاً، محملاً بالأحكام القاطعة، زاخراً بالنتائج النهائية، والتي عادة ما تقوم على وهم مفاده أن المؤلف يمتلك «اليقين» أو

«الحقيقة المطلقة»: وعلى المؤلف ـ في رأيهم ـ أن يقدم نصاً مفتوحاً، بمعنى ألا يكتب كتابة واضحة ومباشرة، بل يستحسن أن تكون غامضة نوعاً ما، حتى يتاح للقارىء أن يشارك بفعالية من خلال عملية التأويل في كتابة النص[26].

من ناحية أخرى، فإذا كان في إطار مشروع «الحداثة» الغربي، قد لعب المؤلف دور «المشرّع» في المجتمع، بمعنى طرح القيم والأفكار والمعايير التي على الناس أن يتبعوها، فإن حركة ما بعد الحداثة ترى أن «موت المؤلف» الذي أعلنته، بمعنى زوال سلطته الفكرية، لا يعادل إلا انهيار دور «المشرّع» في المجتمع. فقد انتهى عصر الحداثة الذي كان يقوم فيه المشرّع بتحديد أهداف المجتمع وغاياته من خلال نسق فكري مغلق ووحيد. فنحن الآن نعيش عصر التنوع الذي لا ينبغي إلغاؤه باسم «الوحدة»، «نحيا عصر التعددية التي لا يجوز حصارها تحت أي مسمى. كما أن لحركة ما بعد الحداثة أفكار خاصة جداً حول الزمن والتاريخ والجغرافيا. وفيما يتعلق بالتاريخ كعلم مستقل، أو كمدخل للعديد من العلوم الإنسانية، فإن الحركة تقلل من أهميته كثيراً، ومن كثرة الاعتماد عليه. ولا يرون له أي أهمية سواء في كونه شاهداً على الاستمرار، أو دليلاً على فكرة «التقدم» أو وسيلة للبحث عن الجذور، أو أساساً للفهم السببي للوقائع. إن التاريخ بالنسبة لهم

(26) السيد ياسين: الكونية والأصولية وما بعد الحداثة. . . أسئلة القرن الحادي والعشرين، في جزئين، المكتبة الأكاديمية، القاهرة، 1996، الجزء الأول، ص 70.

هو مجال الأساطير والأيديولوجيات والتحيزات وهو اختراع للأمم الغربية الحديثة قام بدوره في قمع الشعوب غير الغربية[27].

ويبدو أن التقليل من أهمية التاريخ يرد أساساً إلى فكرة محورية وهي أن «الحاضر» الذي نعيشه باعتباره نصاً، ينبغي أن يكون محور اهتمامنا، وهذا «الحاضر» يتشكل من سلسلة من «الحواضر» الإدراكية المشتتة، وليس التاريخ مهماً إلا بالقدر الذي يلقي فيه الضوء على الأحوال المعاصرة، أو هذا «الحاضر» الثري. من ناحية أخرى، يرفض أنصار ما بعد الحداثة أي فهم تعاقبي أو خطي (Linear) للزمن. وهذا الفهم للزمن يعتبرونه قمعياً، لأنه يقيس ويضبط كل أنشطة الإنسان، وهم يطرحون مفهوماً آخر للزمن يتسم بعدم الاتصال[28].

ويبدو أن رفض هذا الرأي ليس سهلاً، خاصة بعد ما أكده العلم الحديث. يقول مثلاً عالم الطبيعة الشهير ستيڤن هوكنج في كتابه «تاريخ موجز للزمن»، «إن الزمن الخيالي هو حقاً الزمن الحقيقي، وما ندعوه الزمن الحقيقي ليس سوى صورة من صنع خيالنا»[29]. كما أن لهم مفاهيم أخرى عن الفضاء، من ناحية توسيعه أو تضييق مجاله والتحكم فيه. فالجغرافيا بالنسبة لهم ليست شيئاً ثابتاً راسخاً لا يتحرك، فقد أدى التطور الكبير

---

(27) المرجع نفسه، ص 71.

(28) ميشال فوكو: حفريات المعرفة، ترجمة: سالم يفوت، المركز الثقافي العربي، بيروت ـ الدار البيضاء، الطبعة الثانية، 1987، ص 13 ـ 14.

(29) السيد ياسين، مرجع مذكور، ص 71 ـ 72.

لـ «تصنيع الحياة» (A Life) الى تغيير مفهوم «المكان»، والمقارنة بين أنظمة الحياة الاصطناعية وبين النظام الكوني، جعلت الكون بكل أفلاكه وكواكبه ونجومه، يبلغ في الحجم قدر أصغر حضرة تتسع لأن يخفي المرء رأسه فيها. وفي رأي كل من بارو (Barrow) وتيبلر (Tipler) عالمي الكونيات، أن الحياة تبدأ توسعها وامتدادها وانتشارها من كوكب واحد (الأرض) حتى تطوق الكون بأسره (سائر الكواكب) عن طريق العلم والتكنولوجيا، كما أن مفهوم «الحدود» الجغرافية سيصبح غير ذي بال في المستقبل المنظور[30].

على أن أهم الأفكار التي يروج لها أنصار ما بعد الحداثة هي: أن «الحقيقة» وهم لا طائل من ورائه، وأن السعي الى الحقيقة كهدف أو كمثال من سمات «الحداثة» التي يرفضونها. فالحقيقة تحيل في فهمها والوصول اليها الى النظام والقواعد والمنطق والقيم والعقلانية والعقل والذات، وكل هذه المقولات مرفوضة عندهم. فإذا كانت «الحقيقة» من أبرز المشكلات الميتافيزيقية في تاريخ الفكر الفلسفي، على اعتبار أن البحث في الحقيقة هو جوهر التساؤل الفلسفي، فإن هذا بالضبط هو ما يرفضونه. صحيح إن الحقيقة كفكرة لعبت دوراً هائلاً في توجيه الفكر الفلسفي على طول امتداده، باعتبارها الهدف الأسمى والمثل الأعلى الذي تسعى البشرية إليه، إلا أن هذه «الحقيقة» قد تولدت عن ثنائية ميتافيزيقية هي ثنائية الظاهر والباطن، باعتبار أن

(30) Barrow, J.D; Tipler, F.J: *The Anthropic Cosmological Principle* Oxford, Clarendon Press, 1986, p. 680.

الحقيقة دائماً هي ذلك الأصل المحتجب، والمبدأ الأول والضارب في أعماق الماوراء، الذي ينتظر من يكشف عنه.

ورغم أن الإنسان قد فشل في بلوغ هذه «الحقيقة» كهدف، وكذا في استخدام الوسائل التي تقربه إليها، فإن هذا الهدف قد ظل منزهاً. «هكذا ارتفعت الحقيقة فوق عالم التغير والصيرورة والحياة، واستقلت عن شروطها، واصطبغت بصبغة أزلية، وكونت عالماً قائماً بذاته، هو عالم المطلق، الذي تستقر فيه كل الأزليات الأخرى التي عرفها العقل البشري من مثل أفلاطونية، وأشياء في ذاتها، ومبادىء مطلقة وعلل أولى»[31].

من هنا يرفض أنصار ما بعد الحداثة فكرة «الحقيقة»، وأي زعم باحتكار ما يسمى بـ «الحقيقة»، لأن في ذلك إرهاباً فكرياً غير مقبول»[32]. والفكرة الرئيسية التي يستندون إليها هي أن الحقيقة من المستحيل الوصول إليها، فهي إما أن تكون لا معنى لها أو تعسفية، والنتيجة واحدة، فليس هناك في الواقع أي فرق بين «الحقيقة» وأكثر الصياغات البلاغية أو الدعائية تشويهاً للحقيقة.

هذا من جهة، ومن جهة أخرى، فإن أنصار ما بعد الحداثة يرفضون أن تسيطر نظرية واحدة على مجمل علم أو تخصص بأسره. كذلك الزعم بأن بعض النظريات يمكن أن تطبق مقولاتها في أي سياق مهما اختلفت الثقافات أو اللحظات التاريخية، فهو في رأيهم زعم باطل يفتقد الى أدنى قدر من الصحة أو الواقع.

---

(31) فؤاد زكريا: نيتشه، ص 85.

(32) Lyotard, *The Postmodern Condition*, p. 76.

هكذا، نجد أن أغلب المبادىء الأساسية لحركة ما بعد الحداثة ترتبط أساساً بنقدها للحداثة والميتافيزيقا الغربية، وإن كانت محاولة للتجاوز من أجل الوصول الـ «ما بعد.. Post». وعلى الرغم من أن الملامح والقسمات الأساسية لهذا الـ «ما بعد» تبدو غائمة حتى الآن، فإن الكشف عن جذورها الفلسفية عند «نيتشه» ربما يلقي الضوء على مقومات هذا «المابعد» وسط غبار الآراء المتباينة والمتفرقة حول «ما بعد الحداثة» بشكل عام، وفي الفلسفة المعاصرة بصفة خاصة.

نيتشه وجذور ما بعد الحداثة

أ ـ نهاية الحداثة عند نيتشه

كان أحد المضامين الرئيسية للفلسفة في القرن التاسع عشر، قرن «الصيرورة» (Becoming) حسب تعبير باومر [33] يتمثل في نفي وجود بُنى ثابتة للوجود، يتحتم على الفكر أن يرجع إليها ليتأسس في صورة يقينات لا تتزعزع. ولكن نفي ثبات الوجود هذا، لم يكن في الواقع إلا نفياً جزئياً، داخل إطار الأنساق الفكرية المرتبطة بالنزعة التاريخية الميتافيزيقية في القرن التاسع عشر. فبالنسبة لهذه الأنساق، فإن الوجود لا يبقى وإنما «يتحول» تبعاً

---

(33) فرانكلين ل. باومر: الفكر الأوروبي الحديث، الاتصال والتغير في الأفكار من 1600 ـ 1950، ترجمة: د. أحمد حمدي محمود، الهيئة المصرية العامة للكتاب، 1989، الجزء الثاني، ص 14.

لإيقاعات ضرورية تحتفظ بشيء من «الثبات المثالي»⁽³⁴⁾. إلا أن نيتشه كان أول من نظر الى الوجود بشكل أكثر جذرية، في أواخر القرن التاسع عشر، ورأى أن الوجود [حادث]، مما يعني أنه لكي نتحدث عن الوجود، يبدو حتمياً أن نفهم الى أي حدّ قد وصلنا مع الوجود.

فالأنطولوجيا لا تقوم سوى بتفسير حالتنا ووضعنا، ما دام أن الوجود ليس شيئاً خارج [حدوثه]، وهو لا يصير نفسه إلا داخل تاريخية مزدوجة: تاريخيته وتاريخيتنا. ووجهة النظر هذه لا تنتمي في الواقع الى «الحداثة»، وإنما تشكل صميم ما بعد الحداثة؛ صحيح أن الحداثة تعرف على أنها مرحلة تالية، تغاير وتناقض، العصور الوسطى المحكومة بنظرة دائرية لمجرى العالم، حيث التاريخ وهو مجرد تاريخ للخلاص بمراحله المتتابعة: الخلق، والخطيئة، والخلاص، وانتظار الحساب. بيد أن الحداثة لم تقدم أكثر من مجرد إعادة صياغة هذا التاريخ بمفردات دنيوية، فنقلت سلطة اللامتناهي من السماء الى الأرض، من الإله الى الإنسان، وبالتالي فإننا نجد في الحداثة البعد الأنطولوجي للتاريخ، والمعنى الحاسم لوضعنا في مجرى هذا التاريخ نفسه.

أما «ما بعد الحداثة» فإنها لا تقف في لحظة تالية على «الحداثة» فقط. ولا تتميز بالجدة بالنسبة للحداثة فحسب، وإنما يبدو وبشكل أكثر جذرية كـ «تحلل» لمفهوم الحداثة، وكتجربة

---

(34) ترد هذه الفكرة أساساً الى «هيراقليطس» فيلسوف الصيرورة (Panta rhei) (كل شيء يجري). والثبات المثالي عنده حالة نسبية، وقد عبر عنها بـ «النهر» الذي «يرتاح عندما يتحول» (ش ـ 84).

لـ «نهاية» التاريخ، وليس تقديم مرحلة أخرى، سواء كانت أكثر تقدماً أو أكثر تراجعاً من هذا التاريخ، لكن... كيف يمكن أن نربط ذلك بمواقف فلسفية ننسبها الى نيتشه، تنادي بالرجوع الى جذور الفكر الأوروبي، حتى نكتشف شيئاً مختلفاً كلية عما سبق وحدث؟... لماذا شكلت مسألة «الأصل» و «الأساس» عند نيتشه نقطة الانطلاق؟ وما علاقة هذا كله بـ «تجاوز» الميتافيزيقا بالمفهوم النيتشوي؟ إن الإجابة المباشرة على هذه التساؤلات نجدها عند نيتشه نفسه، فالميتافيزيقا الغربية تنظر الى «الأصل» (Archy)، على أنه موطن حقيقة الأشياء فهو النقطة البعيدة التي تسبق كل معرفة «إيجابية» والتي تجعل المعارف «ممكنة»، من هنا تبدو ضرورة تجاوز الميتافيزيقا، وصعوبة هذا التجاوز في الوقت نفسه. يقول نيتشه: «لقد بلغ الإنسان درجة ثقافية بالغة السمو عندما تمكن من نبذ الأفكار الخرافية، فهو لم يعد يؤمن ـ على سبيل المثال ـ بالخطيئة الأصلية (Peccatum Originans)، بل أنه أصبح يمقت الحديث حتى عن خلود النفس. لكن عليه أيضاً بعد أن بلغ هذه الدرجة من التحرر، أن يقهر الميتافيزيقا حتى لو تطلب ذلك منه أكبر مجهود فكري.

بيد أن ذلك يقتضي بالضرورة رجوعاً الى الوراء. إذْ عليه أن يدرك التبريرات التاريخية والنفسية للتأملات الميتافيزيقية، وعليه أن يدرك أيضاً أن الإنسانية قد أفادت أكبر إفادة من الميتافيزيقا، وكيف أن هذا الرجوع الى الوراء هو الكفيل وحده بأن يصون أسمى ما حصلت عليه الانسانية حتى اليوم. «إنني ألحظ اليوم ـ فيما يخص الميتافيزيقا ـ أن عدد الذين يقولون بسلبيتها، ويؤكدون أنها مجرد خطأ في تزايد مستمر. ولكنهم قلة أولئك الذين يصعدون عندما ينزلون خطوات الى الوراء. ويبدو أن هناك من

يقبل أن ينظر الى الوراء من أعلى، ولكن لا أحد يريد النزول.
إن ألمع المفكرين لا ينزلون إلا بمقدار ما يسمح لهم ذلك بأن يتخلصوا من الميتافيزيقا ويلقوا من ورائهم بنظرة تنم عن نوع من الاستعلاء. إلا أنه من الضروري هنا، مثلما هو الشأن في حلبة السباق، إتمام حلقة الدوران لإنهاء السباق»[35].

هذا الاقتباس، على طوله، يكشف عما يقصده نيتشه بـ «الرجوع الى الوراء»، والعودة الى الأصول، وهو ما أسماه بـ «الجينالوجيا» (Genealogie) التي تتخذ عند أتباعه من فلاسفة ما بعد الحداثة أسماء «مختلفة»، بدءاً من الاستذكار أو التذكر عند هايدغر، و «التفكيك» عند دريدا، و «الحفريات» (l'archéologie) عند فوكو، وكلها محاولات لإقامة مجاوزة فعلية للميتافيزيقا لا تقتصر على اتهامها من الخارج[36]. وذلك من خلال قراءة معينة لنيتشه. والمعنى الحرفي لكلمة «جينالوجيا»، هو دراسة النشأة والتكوين لإثبات النسب، والوقوف عند الأصل: وهذا ما أكده نيتشه في مقدمة كتابه *(Zur Genealogie Der Moral)* «أصل نشأة الأخلاق» عام 1887، حيث يقول: «إن الأمر يتعلق هنا بتأملات حول أصل أحكامنا الأخلاقية المسبقة»[37]. من هنا فإن المعنى

---

(35) Nietzsche, F: *Humain, trop humain,* T.I. Trad. R. Rovini, idées Gallimard, 1968, préface, p. 20.

(36) عبد السلام بن عبد العالي: أسس الفكر الفلسفي المعاصر ـ مجاوزة الميتافيزيقا، دار توبقال للنشر الدار البيضاء، الطبعة الأولى 1991، ص ـ 19.

(37) Nietzsche, F.: *Généaologie de la morale, trad. H. Albert, Mercure de France, Paris, 1946.*

المباشر لـ «جينالوجيا» الميتافيزيقا، هو دراسة نشأة الميتافيزيقا، والقيام بعرض تاريخي للوقوف عند الأصل الذي صدرت عنه، ذلك الأصل الذي غذاها منذ البداية فطبعها بطبعه. إلا أن نيتشه حاول أن يتجاوز هذا المعنى بالضبط الى ما هو أعمق من ذلك، فهو يؤكد أنها الميتافيزيقا ذاتها، التي تظهر من جديد لتوهمنا بأن أهم ما في الأشياء وأكثرها قيمة يكمن في بداياتها وأصولها.

يقول هايدغر في كتابه عن نيتشه: «لا يعني الأصل هنا السؤال من أين صدرت الأشياء؟.. بل أيضاً كيف تكونت؟. إنه يعني الكيفية التي تكون عليها، فلا يدل الأصل أبداً على النشأة التاريخية التجريبية»[38]. وعلى ذلك فإن المقصود من الجينالوجيا ليس إثبات الأصل التاريخي، أو الوقوف عند لحظة أولى تحددت فيها خصائص الميتافيزيقا وتعينت ماهيتها، كذلك ليس المقصود تمجيد البدايات أو الأصول، إذ إن ذلك سيغرقنا في دوامة الميتافيزيقا ذاتها التي تزعم بأن الأشياء كانت كاملة في بداياتها، وإنما المقصود شيء آخر، يقول فوكو: «إذا أولى الجينالوجي عنايته للإصغاء الى التاريخ بدلاً من الثقة في الميتافيزيقا، سيدرك أن وراء الأشياء هناك «شيء آخر»، لكنه ليس السر الجوهري الخالد للأشياء، بل سرُّ كونها بدون سرّ جوهري. وكونها بدون ماهية، أو كون ماهياتها قد نشأت شيئاً فشيئاً وانطلاقاً من أشكال غريبة عنها. فما نجده عند البداية التاريخية للأشياء، ليس هوية أصلها المحفوظ، وإنما تبعثر أشياء أخرى، إننا نجد التعدد

(38) Heidegger, M.: *Nietzsche II*, p. 55.

والتشتت»[39]. وهذا هو ما عناه نيتشه حين قال «بمعرفة الأصل تزداد تفاهة الأصل»، لذا فإن هدف الجينالوجيا ليس استعادة جذور الهوية، وإنما القضاء عليها، وهو ما يجعلها تقف في مقابل الميتافيزيقا، ليصبح تاريخها هو التاريخ المضاد للتاريخ الميتافيزيقي.

إن الجينالوجيا لا تبحث عن الأصول أو البدايات، لأنها لا تبحث عن أي غاية أو نهاية، بينما التاريخ الميتافيزيقي يقف عند حالة بعينها، عند تأويل بعينه ليضفي عليه صفة «الغاية» و «الهدف»، فيصبح هو معنى التاريخ كله واتجاهه، بل وعلة حركته، بحيث لا يعود التاريخ إلا انتشاراً لذلك: «الأصل ـ الغاية»، ولن يكون الزمن إلا «المستقبل ـ الماضي»، كحضور يتجلى في امتلائه كل مرة. وعلى ذلك فإن الجينالوجيا ليست بحثاً عن معنى أول، وإنما إثبات للأولويات والأسبقيات التي أعطيت لمعنى على آخر، أي أنها تقف عند الاختلافات والفوارق المولدة للمعاني.

يقول نيتشه: «إننا في حاجة الى نقد القيم الأخلاقية، لذا فعلينا أولاً أن نضع قيمة القيم موضع التساؤل، ومن أجل ذلك أن نعرف شروط نشأتها والظروف التي ساعدت على ذلك» وفي فقرة أخرى يقول: «إن مرماي أن أوجه الانتباه نحو تاريخ الأخلاق، أقصد النص الهيروغليفي غير المفهوم الذي ينبغي علينا تفحصه،

---

(39) Foucault, M.: «Nietzsche, La généalogie et l'histoire», *in* Hommage à *Hyppolite,* P.U.F., 1971, p. 184.

والذي يشكل ماضي الأخلاق البشرية[40]. أي أن نيتشه لا يريد أن يتجاوز الميتافيزيقا بتفنيدها ولا يفندها باسم حقيقة مضادة، وإنما هو يرفض أن نفصل فصلاً وضعياً «الحقيقة» عن «الخطأ»، وبالتالي فإن مجاوزة الميتافيزيقا عنده تعني أول ما تعني قيام مفهوم آخر عن «التأويل»، وفهماً مغايراً للأزواج الميتافيزيقية: الباطن ـ الظاهر، العمق ـ السطح، الاختفاء ـ الظهور، الخير ـ الشر، وذلك من أجل التوصل الى فلسفة جديدة (فيما وراء) الخير والشر، أو «بمعزل عن الخير والشر» (Jenseits von Gut und Bose) وهو عنوان أحد كتبه الأساسية عام 1885. لذا احتل «التراتب» في الجينالوجيا عند نيتشه مكانة هامة؛ فهو من جهة مصدر القيم، ومن جهة أخرى مصدر اختلافها، ذلك لأن معنى الشيء، كما بين دولوز: «هو علاقة الشيء بالقوة التي تتملكه، وقيمة شيء ما، هي تراتب القوى التي تعبر عن نفسها من خلال هذا الشيء من حيث هو ظاهرة مركبة»[41]. وهو أيضاً ما قصده نيتشه في مقدمة كتابه «إنساني، إنساني جداً» بأن «التراتب» هو «القضية الرئيسية»[42]. فقد أراد أن يبرز أن تحديد كيفية صدور القيم متوقف على هذا العنصر التراتبي الذي يقسم العالم بموضوعاته ورموزه الى تعارضات مختلفة: أدنى ـ أعلى، شرير ـ طيب، قبيح ـ جميل، من هنا فإن الجينالوجيا هي تأويل للنص الهيروغليفي الغامض للميتافيزيقا، لأن مقولات الميتافيزيقا عند

---

(40) Nietzsche, F.: Généalogie de la morale, p. 24.

(41) Deleuze, G.: Nietzsche et la philosophie. P.U.F. 1973, p. 9.

(42) Nietzsche. F.: Humain, trop Humain, p. 7.

نيتشه ليست رموزاً تعبر، وإنما هي معان تحيل وتدل، وكل ما يعني ويدل على معنى هو عبارة عن قناع يغلف تأويلات سابقة.

وحسب نيتشه: «فإنه ليس هناك حادث في ذاته، فكل ما يحدث ويتم ليس إلا مجموعة من الظواهر التي انتقاها وتخيرها كائن «مؤول»، وعيب الميتافيزيقا أنها افترضت تأويلاً واحداً لتقف عنده، وتعتبره التأويل الحق». فالتأويل إذاً، هو مفاضلة وإعطاء أولويات لمعنى على آخر، تلك الأولويات التي ترجع لإرادات القوى وللسلطات التي توجد وراء كل تأويل، لذا فإن الجينالوجيا لا تنظر إلى الميتافيزيقا كمعرفة، إذ إن همها ليس هو تاريخ الحقيقة، وإنما تاريخ إرادات الحقيقة، فالميتافيزيقا عندها أساساً أخلاق ولغة.

وعندما يؤكد نيتشه: «أن الأخلاق هي النظرية التي تخص التراتب والتدرج بين البشر وبالتالي فإنها نظرية حول قيمة أفعال هؤلاء الذين يتدرجون وفق ذلك التراتب»[43]، فإنه يعني أن الميتافيزيقا بما هي أخلاق، لا يمكن أن تخضع إلا للنقد الجينالوجي الذي يعتبر أن إنتاج الحقيقة لا ينفصل مطلقاً عن القيمة والقوة. لذلك كله «فإن ما يهمنا هو معرفة الكيفية التي تسمى بها الأشياء، وليس معرفة ماهيتها، لأن ما يشتهر به شيء، سواء اسمه أو رسمه أو قيمته أو وزنه، وهي الأمور التي قد تضاف الى الشيء بمحض الصدفة أو الخطأ، تصبح من شدة إيماننا بها، وعبر تناقلها من جيل الى جيل «لحمة الشيء وسداه»،

---

(43) عبد السلام بن عبد العالي: أسس الفكر الفلسفي المعاصر، ص 31.

وبالتالي يتحول ما كان مظهراً في البداية الى «جوهر» ثم الى «ماهية».

ويكشف لنا نيتشه في كتابه أفول الأصنام (Gotzendammerung) كيف «أصبح عالم الحقيقة في النهاية حكاية»؟ وكيف اختفى العالم الميتافيزيقي، الأفلاطوني والمسيحي والمثالي، الذي كان مرجع عالم الظواهر. ثم يتساءل: «ماذا يتبقى لنا بعد هذا الاختفاء؟ أهو عالم الظواهر؟.. كلا، إننا عندما قضينا على عالم الحقيقة، محونا عالم الظواهر»(44). من هنا، فليس اختفاء عالم الحقيقة حلولاً للعالم الواقعي. إنه على العكس، انهيار للازدواجية ذاتها، للتقابل بين الحقيقة والظاهر، بين الواقع والخيال، ليصبح الخيال واقعاً، وعالم الحقيقة حكاية!

فإذا كانت «الحقيقة» قبل نيتشه، هي الهدف الأعلى الذي تتجه الى تحقيقه المعرفة الانسانية، ورغم أن الإنسا قد فشل في بلوغ هذا الهدف، وكذلك في استخدام الوسائل التي تقربه إليه، فإن هذا الهدف وهو (الحقيقة) ظل منزهاً. «هكذا ارتفعت الحقيقة فوق عالم التغير والصيرورة والحياة، واستقلت عن شروطها، واصطبغت بصبغة أزلية، وكونت عالماً قائماً بذاته، هو عالم المطلق، الذي تستقر فيه كل الأزليات الأخرى التي عرفها العقل البشري من مثل أفلاطونية وأشياء في ذاتها، ومبادىء مطلقة وعلل أولى، لذلك حين هاجم نيتشه الأصل (الحقيقة)، تهاوت الفروع تباعاً»(45).

___

(44) المرجع نفسه، ص 34.

(45) فؤاد زكريا: نيتشه، ص 58.

ب ـ مولد ما بعد الحداثة عند نيتشه

إذا كانت الجينالوجيا تقف في مواجهة الميتافيزيقا، وتقيم تاريخاً مضاداً للتاريخ الميتافيزيقي، ومفهوماً مغايراً للزمان التاريخي كما رسخته الميتافيزيقا، فإن ذلك يضيء لنا أبرز المفاهيم المحورية في فلسفة «ما بعد الحداثة»، وهو مفهوم «نهاية التاريخ»، أو بالأحرى «ما بعد التاريخ». فالجينالوجيا بما أنها «تحلل» لفكرة «الأصل» و «البداية»، فإن هذا التحلل يعني قبل كل شيء (انفصام الوحدة). بمعنى أنه أصبح لا يوجد تاريخ موحد حامل للأحداث، بل صور مختلفة ومتنوعة للتاريخ، وأنماط ومستويات متباينة لإعادة تركيب الماضي، وبالتالي فإن المقصود من تحلل التاريخ وانتشاره الى عدة تواريخ، ليس محض نهاية التاريخ كـ «تاريخ» وإنما نهاية «تصوره» و «كتابته» كمسار موحد للأحداث. ويبدو أن فكرة «تحلل» التاريخ هذه، التي هي أوضح سمة مميزة للتاريخ المعاصر في مقابل التاريخ الحديث، والتي تملأ خطاب ما بعد الحداثة، لها دعامات ملموسة في مجتمع صارت فيه المعلومات معممة، بسبب تطور وسائل الاتصال، وأدوات حفظ ونقل واستدعاء المعلومات، حيث أصبح العالم ـ حسب تعبير ماكلوهان ـ «قرية كونية صغيرة»[46].

إلا أن التاريخ المعاصر، لم يعد هو التاريخ الذي يتناول الحقب والمراحل الزمنية الموغلة في الماضي، وإنما أصبح يتناول

---

(46) McLuhan. M.: *Understanding Media: The extension of man,* New York, 1964, p. 23.

الحقب والسنوات الأقرب إلينا، بمعنى آخر، فإنه أصبح تاريخ حقبة ينحو كل شيء فيها نحو «التعاصر» والمعية، بفضل استخدام وسائل الاتصال الحديثة، مما أسفر عن أمر جديد تماماً وهو «سلخ الخبرة التاريخية»(47) أو قل «نهاية التاريخ» بالمعنى المتقدم.

والواقع أن فكرة «نهاية التاريخ» قد ولدت في أعمال نيتشه وبالتحديد في المسافة التي تفصل الجزء الثاني من «خواطر في غير أوانها... في منفعة التاريخ للحياة وضرره لها» عام 1874، عن مجموعة مؤلفاته التي بدأها بعد ذلك ببضعة أعوام بـ «إنساني إنساني جداً» عام 1878، والتي تضم «فجر» (Morgenrote) عام 1880، ثم «العلم المرح (Die Frohliche wisseshchaft) عام 1882.

ففي «خواطر في غير أوانها» (Unzeitgemasse Betrachtungen)، يطرح نيتشه للمرة الأولى قضية «التبعية» (Epigonism) أي الإفراط في الوعي التاريخي الذي يحاصر الإنسان، والذي يمنعه في الوقت نفسه من ابتكار أي تجديد تاريخي حقيقي.

وهو يشير الى «التضخم» التاريخي أو حمى التاريخ التي أصابت ألمانيا في القرن التاسع عشر، بسبب ذيوع النزعة التاريخية التي أعلت من شأن فكرة «التطور». ويعيب «نيتشه» على رجال التاريخ «الذين يعتقدون أن معنى الوجود يتجلى شيئاً فشيئاً خلال التطور، في كونهم لا يلتفتون الى الوراء إلا لكي يفهموا الحاضر

---

(47) Gianni Vattimo, Charles Alunni, *La Fin de la modernité, nihilisme et herméneutique dans la culture postmoderne, Seuil, 1987. p. 131.*

انطلاقاً من التطور السابق. إنهم لا يعلمون أنهم بالرغم من معرفتهم التاريخية، فإن أفكارهم وأعمالهم بعيدة عن التاريخ»[48] لذا سماهم بـ «المتعالين على التاريخ». إن «التبعية» تمنعهم قبل كل شيء من امتلاك أسلوبهم الخاص، الى درجة أنها تقصرهم على استلهام كل شيء من الماضي، الذي تحول بالنسبة إليهم الى مخزن كبير للملابس المسرحية. وهذا هو ما يصفه نيتشه بالمرض التاريخي الذي يصعب الشفاء منه.

بيد أن كتابه «إنساني، إنساني جداً» أحدث تبدلاً عميقاً في موقفه من «المرض التاريخي»، فإذا كان ـ في كتابه «خواطر في غير أوانها» عام 1874 ـ يرقب بفزع إنسان عصره وهو يعود لأساليب الماضي، فإنه في بداية كانون الثاني/يناير عام 1889 كتب واحداً من الخطابات الهاذية التي بعث بها الى صديقه الفيلسوف الألماني بوركهارت (Burkhardt) يقول: «في واقع الأمر، أنا كل أسماء التاريخ»[49]. ورغم أن هذا التصريح قد جاء أثناء الانهيار النفسي الذي لم يشف نيتشه منه حتى وفاته عام (1900)، فإنه يضيء موقفه الجديد تجاه التاريخ منذ كتابه «إنساني، إنساني جداً» عام 1878. ففي هذا الكتاب الأخير يطرح تصوره لما يمكن اعتباره شفاءً من المرض التاريخي بصورة جديدة ومبتكرة للغاية، أو فلنقل نهاية «الحداثة»، ونهاية تصور التاريخ المرتبط بها، وذلك بتحليل الاتجاهات والعناصر التي تشكل منها. فإذا اعتبرنا أن الحداثة تتميز بأنها حقبة التجاوز والجدة التي تهرم

---

(48) *Ibid:* 139.

(49) *Ibid:* 188.

وتترك مكانها لجدة أكثر حداثة منها، في حركة لا تنضب، تثير اليأس أمام كل طاقة خلاقة بإصرارها على فرض «الحداثة» على أنها الإنموذج والشكل الوحيد للحياة، فإن الخروج من دائرتها عن طريق التجاوز يصبح أمراً مستحيلاً.

لذا رأى «نيتشه» أن «التجاوز فكرة حداثية أصيلة، لا تستطيع أن تخرجنا من الحداثة، التي لا تتأسس فقط انطلاقاً من فكرة التجاوز الزمني: تتالى الظواهر التاريخية والأحقاب والمراحل الزمنية، والتي يعيها الإنسان من خلال أكداس الكتب التاريخية؛ وإنما تتأسس أيضاً عن طريق تسلسل شديد الصرامة من خلال فكرة «التجاوز» النقدي ذاتها. لذلك، نجد أن «قرار» نيتشه بإجراء نقد للقيم الكبرى عبر «الجينالوجيا» قد أسفر في النهاية عن «تحلل» قيمة «الحقيقة» ذاتها. ذلك لأن الاعتقاد بتفوق الحقيقة على اللاحقيقة أو «الخطأ»، هو اعتقاد مبني أساساً على قناعة بأن الإنسان يستطيع معرفة الأشياء في ذاتها (Per-se) لكن الجينالوجيا تكشف عن أنها محض سلسلة من الاستعارات والتأويلات، مما يجعل مجرد ادعاء المعرفة مستحيلاً.

وكما بيّن ڤاتيمو. «فإنها استعارات تتحرك من الشيء الى الصورة الذهنية، ومن الصورة الى اللفظ الذي يتضمن تعبيراً عن حالة الفرد المزاجية، ومن هذه الحالة الى اللفظ الذي يفرضه العرف الاجتماعي على أنه «صحيح»، ثم مرة أخرى من هذا اللفظ «المقنن» الى الشيء الذي لا ندرك منه إلا أكثر الملامح قابلية للاستعارة بسهولة في قاموس المفردات التي ورثناها»(50).

---

(50) Ibid. 178.

وعن طريق تحلل مفهوم «الحقيقة» جينالوجياً، يصبح قول نيتشه: بـ «موت الإله» (Gott ist tot). في المقطع (125) من كتابه: «العلم المرح»، هو المحصلة النهائية لبلوغ التحليل آخر مداه. وحسب هايدغر: «فإن فكرة «موت الإله» لا تنصب على الإله المسيحي، ولا على آلهة الأديان بوجه عام، بل أن المقصود بها هو «عالم ما فوق المحسوس وعالم الميتافيزيقا والمثل بوجه عام»[51] فهو في عبارته المشهورة: «أن الله قد مات» لا يعبر عن موقفه الشخصي في الإلحاد فحسب، بل يعبر عن اعتقاده بأن العالم الآخر، بكل صوره الفلسفية، قد فقد دعامته وانهار من أساسه. وبفضل هذه النتيجة «العدمية» يمكن الخروج حقاً ـ حسب نيتشه ـ من «الحداثة»؛ ما دام مفهوم «الحقيقة» لم يعد قائماً، وما دام قد زال كل أساس للاعتقاد في الأساس، وتم إلغاء البحث عن «الأساس»، فلن نستطيع الخروج من الحداثة بتجاوز نقدي، وإنما يجب البحث عن مخرج آخر.

هنا بالتحديد نعثر على «لحظة» ميلاد «ما بعد الحداثة» في الفلسفة، وهي اللحظة التي لم ندرك بعد كل مدلولاتها وأبعادها، وإحدى النتائج الأولية لهذا الميلاد، كما يعرضها كتاب «العلم المرح»، هي فكرة «العود الأبدي» (Eternal Recurrence) ومفادها: أن الوجود ليس صيرورة مستمرة ولا نهائية، وإنما تأتي لحظة يسميها نيتشه بـ «السنة الكبرى» للصيرورة عندما تنتهي دورتها لتبدأ دورة جديدة، وهكذا، أي أن زمان الوجود مقسم الى دورات كل منها تكرار للدورة السابقة عليها، ولا خلاف مطلقاً

---

(51) فؤاد زكريا، نيتشه، ص 39.

بين الواحدة والأخرى، وكأن الوجود كله صورة واحدة تتكرر بلا انقطاع في الزمان اللانهائي: «كل شيء يباد وكل شيء يحيا من جديد، والى الأبد تسير سنة الوجود»[52].

ويقول في كتابه «العلم المرح»: «إن هذه الحياة كما تعيشها وكما عشتها لا بد أن تحياها مرة أخرى بل عدد لا نهائي من المرات، ولن يكون فيها شيء جديد، بل أن كل ألم وكل سرور، كل فكرة وزفرة وكل واقعة كبيرة كانت أو صغيرة من حياتك ستعود بنفس النظام من التتابع، وكذلك سيعود هذا العنكبوت وضوء القمر هذه اللحظة الزمنية. إن الساعة الرملية للوجود ستعود وأنت معها يا ذرة من ترابها»[53].

ويقول في موضع آخر: «أطلق أغنيتك يا زرادشت.. أنت، تقول بالسنة العظمى المتكررة. وهي كالساعة الرملية كلما فرغ أعلاها ليعود أدناها الى الانصباب مجدداً، وهكذا تتشابه السنوات كلها بإجمالها وتفصيلها، كما نعود نحن مشابهين لأنفسنا إجمالاً وتفصيلاً في هذه السنة العظمى». «سأعود بعودة هذه الشمس وهذه الأرض، ومعي البشر وهذا الأفعوان، سأعود لا لحياة جديدة، ولا لحياة أفضل، ولا لحياة مشابهة، بل أنني سأعود أبداً

---

(52) فريدريك نيتشه: هكذا تكلم زرادشت، منشورات المكتب العالمي للطباعة والنشر، بيروت، بدون تاريخ، الجزء الثالث، ص 227 ـ 228.

(53) نقلاً عن ريجيس جوليفيه: المذاهب الوجودية من كيركغارد الى جان بول سارتر، ترجمة فؤاد كامل، مراجعة الدكتور محمد عبد الهادي أبو ريده، مكتبة الأنجلو المصرية، القاهرة، 1982، ص 61.

الى هذه الحياة بعينها إجمالاً وتفصيلاً، فأقول أيضاً بعودة جميع الأشياء تكراراً وأبداً، وأبشر أيضاً بظهيرة الأرض والناس وبقدوم الإنسان المتفوق»[54].

وإذا كان نيتشه ليس أول من اكتشف فكرة «العود الأبدي»، إذ إنها وجدت في الفلسفة الشرقية والفلسفة اليونانية على السواء، فإن الجديد الذي أتى به نيتشه هو أنه «أضفى على الضرورة صفة الوجود»[55] حين جعل منها الوجود الحقيقي الوحيد، وكأن هناك وحدة هوية تجمع بينهما. فاكتسب التغير المستمر صفة الوجود الأبدي، واكتسب الوجود صفة التغير المستمر. من هنا جمع نيتشه بين نزعتين متعارضتين: «بين المتناهي المتعين، وبين العلو». ذلك لأن محتوى فكرة «العود» لا يسري إلا على الوقائع، وهي في الوقت نفسه تمنحها تكراراً لا ينتهي، فتعلو بما هو فانٍ على مجال الفناء مع أنها ذاتها هي أحد عناصره.. من هنا كان قول نيتشه «إن عود كل شيء هو أكبر تقريب ممكن لعالم الضرورة منه الى عالم الوجود»[56].

من ناحية أخرى، فإن فكرة «العود الأبدي» تحرر «النفس» من الزمان. «فحين يعود كل ما مضى عدداً لا متناهياً من المرات، يستوي عند النفس الماضي والمستقبل ويصبح كل ماضٍ قمت به، مستقبلاً سأقوم به فيما بعد، وهكذا تتحرر النفس من قيد الماضي

---

(54) نيتشه: هكذا تكلم زرادشت، ص 230 ـ 231.

(55) فؤاد زكريا نيتشه، ص 141.

(56) المرجع نفسه: الصفحة نفسها.

بإحالته الى المستقبل، وتسيطر الإرادة الخالقة على الزمان في كل مظاهره، لا في مستقبله فحسب»[57].

إن ما يميز نيتشه هو إدراكه للزمان، لا انطلاقاً من الآن، وإنما من «اللحظة»، وما يميز اللحظة عن «الآن» كما بيّن هايدغر «هو أن اللحظة ليست هي أصغر جزء من الحاضر، إنها تفتح الحاضر أو تصدعه»[58].

واللحظي حسب نيتشه هو ما يقوم ضد الزمان الحاضر، هكذا سيكف الحاضر عن أن يكون جزءاً من الصيرورة المستمرة، وسيتحرر من ثقل الماضي، أو بالأحرى، أن الماضي هو الذي سيتحرر من الحضور لنصبح أمام «حضور» لا زمانياً للحاضر فليست اللحظة نقطة من الحاضر، إنها «منسوجة على أرضية من النسيان»، والنسيان في كتابه «إنساني، إنساني جداً» عام 1878، أو في «أصل نشأة الأخلاق» عام 1887، هو «قدرة إيجابية بالمعنى الدقيق للكلمة»، قدرة تغلق، من آن لآخر أبواب الوعي ونوافذه فتحول دون تدفق الماضي، وسعيه لأن يحضر ويحيا ويتطابق، إن النسيان هو الذي يجعل الحضور غائباً على مستوى الشعور، وهكذا فبدلاً من أن الحاضر والماضي والمستقبل، يتلو أحدها الآخر، فإنها «تتعاصر» خارج بعضها البعض، في عالم لا يكون فيه الحاضر هو «الآن» الذي (يمر)، وإنما الذي (يمتد) بعيداً حتى يبلغ المستقبل الذي يستجيب للماضي. وهذا هو زمان العود الأبدي، حيث لا يحيل ما يحدث الى أي حضور، إذ إن

---

(57) المرجع نفسه: ص ـ 39.

(58) Heidegger, M.: *Nietzsche II*, p. 394.

العود الأبدي يعني ألا حاضر يستقر.. وهكذا فعندما يثبت العود الأبدي: «المستقبل» و «الماضي» وحدهما كنمطين زمانيين، يتطابقان دون أن يرتبطا فيما بينهما، وعندما يحرر المستقبل من كل «حاضر»، والماضي من كل حضور، فإنه يمزق «الفكر» الى حد أن يذهب الى التأكيد بأنه في المستقبل لن ينفك عن الرجوع «ذاك» الذي لم يحضر قط بأي شكل من الأشكال، مثلما أنه في الماضي لم ينفك عن (ذاك) الذي لم ينتم الى أي حاضر.

إن فكرة العود الأبدي تعني ـ في حقيقتها ـ أن نعيش بعمق تجربة ضرورة الخطأ، مع الارتفاع ولو للحظة فوق هذه العملية، أو أن نعيش «متاهات» الميتافيزيقا من وجهة نظر مختلفة، لا هي قبول خالص لأخطاء الميتافيزيقا، ولا هي نقد تجاوزي لهذه الأخطاء، وهذا هو [جوهر] ما بعد الحداثة في الفلسفة.

وإذا كان مفهوم «التجاوز» (Aufhebung) الجدلي قد احتل مكانة بالغة في الحداثة الغربية، فإن ما بعد الحداثة في الفلسفة ستعتمد مفهوماً ألمانياً آخر وهو (Verwindung) ـ حسب ڤاتيمو ـ بدءاً من نيتشه ومروراً بـ هايدغر في كتابه «الهوية والاختلاف»[59]. ويشير مفهوم Verwindung الى تخط يحتفظ في ذاته بملامح القبول والتعمق، وحسب هايدغر: «فإنه لا يمكن الانسلاخ عن الميتافيزيقا كما ننسلخ عن رأي ما. ليس باستطاعتنا البتة أن نلقيها وراء ظهورنا كمذهب لم نعد نؤمن به أو ندافع عنه، إنها شيء ينقش فينا كآثار المرض. أو كألم نستسلم له»[60].

---

(59) Vattimo, G.: *La Fin de la modernité,* p. 191.

(60) Heidegger, M.: *Nietzsche II,* p. 391.

ويمكن التعبير عن ذلك بشكل أوضح، إذا تأملنا معاني فعل (Se remettre). بالفرنسية، الذي يشير الى «شيء نشفى منه ونلجأ اليه ويعود إلينا»[61]. من هنا فإنه لم يعد هناك ـ بعد نيتشه ـ مهمة للفكر أو موضوع له سوى أن يجوب متاهات الميتافيزيقا التي تمثل الثروة الوحيدة لديه، لكن الغوص في متاهات الميتافيزيقا لا يهدف الى الاقتصار فقط على الميتافيزيقا، وإنما البحث عن مكان كائن في «الما بعد.. Post»، وهذا لا بد وأن يصاحبه جهد فلسفي ضخم محوره الأساسي الميتافيزيقا ومتاهاتها، وهو الجهد الذي يبذله اليوم فلاسفة ما بعد الحداثة، كل في مجاله: ميشيل فوكو، جاك دريدا، جيل دولوز، بيير بورديو، باتاي.. وغيرهم، «الذين يحاولون إتمام حلقة الدوران لإنهاء السباق»، حسب تعبير نيتشه[62].

(61) Vattimo, G.: *La Fin de la modernité,* p. 192.

(62) Nietzsche, F.: *Humain, trop humain,* p. 20.

نيتشه فيلسوف العلمانية الأكبر

د. عبد الوهاب المسيري

فيلسوف علماني عدمي ألماني، أول من عبّر بشكل منهجي وصريح عن النزعة التفكيكية في المشروع التحديثي والاستناري الغربي الذي يدور في إطار العقلانية المادية، ومن ثم فهو فيلسوف الاستنارة المظلمة واللاعقلانية المادية بلا منازع. وقد كان ابناً لواعظ بروتستانتي، درس الأدب الألماني والديانات وفقه اللغات الكلاسيكية. وعين أستاذاً لهذه المادة الأخيرة في بازل بسويسرا حيث أصبح من المواطنين السويسريين. خدم لفترة قصيرة في الحرب الفرنسية البروسية (1870 ـ 1871) في الجانب البروسي، وعاد الى بازل بصحة متهدمة، ثم نشأت صداقة بينه وبين الموسيقار فاغنر سرعان ما انتهت حين تصالح فاغنر مع الإمبراطورية الألمانية الناشئة التي كان يمقتها نيتشه. تأثر بفلسفة شوبنهاور وكاتب لانج تاريخ المادية. اعتلت صحته نظراً لإصابته بالزهري، فعاش في شبه عزلة وأصبحت عيناه نصف ضريرتين وكانت تنتابه نوبات صداع حادة وآلام جثمانية متعددة. وظل الناس يتجاهلون كتاباته حتى بدأ الناقد الدانماركي ورج براندز

(المولود باسم كوهين) في إلقاء محاضرات عنها في كوبنهاغن عام 1888. واكتسب نيتشه شهرة عالمية واسعة دون أن يعلم ذلك، وأصيب بانهيار عقلي وجثماني في كانون الثاني/يناير 1889. وبقي مجنوناً حتى وافاه الأجل (ولعله قد يكون مفيداً من الناحية التفسيرية دون أي انحراف عن أسس البحث العلمي أن نطرح تساؤلاً بخصوص علاقة مرض نيتشه بفلسفته، خصوصاً وأنه مرض سري، أدى الى خلل عقلي، ومثل هذه الأمراض السرية لم تكن على ما يبدو أمراً غير مألوف في القرن التاسع عشر، إذ أصيب بعدواها عدد لا بأس به من أعضاء النخبة الحاكمة والثقافية في أوروبا ومن بينهم هرتزل مؤسس الحركة الصهيونية كما أن فوكوه وريثه الحقيقي مات هو الآخر من مرض الأيدز).

ومن أهم مؤلفاته: «مولد المأساة» (1872)، «وإنساني... إنساني الى أقصى حد» (1878)، و «العلم المرح» (1882)، و «ما وراء الخير والشر» (1886)، و «أصل نشأة الأخلاق» (1887)، ولكن أهم كتبه وأشهرها هو «هكذا تكلم زرادشت» (1883). وهو من عيون الأدب والفكر الفلسفي الغربي.

ولفهم نيتشه لا بد أن نطل إطلالة سريعة على تاريخ الفلسفة الغربية الحديثة، ففلسفته تشكل لحظة تبلور وتحول داخلها في غاية الخطورة والأهمية، ولا يمكن فهم إشكالات الفلسفة الغربية المعاصرة إلا بفهم محورية فلسفة نيتشه. ولقد بدأ تاريخ الفلسفة الغربية الحديثة بظهور العقلانية المادية التي عبرت عن نفسها في بداية الأمر من خلال النزعة الإنسانية (الهيومانية) في عصر النهضة التي جعلت الإنسان الواعي مركزاً للكون وموضعاً للكمون، ولكن ظهرت في الوقت ذاته فلسفة علمانية جعلت من المادة غير الواعية

مركزاً للكون وموضعاً للكمون، وتاريخ الفلسفة الغربية هو تاريخ الصراع بين الرؤيتين. وقد تطورت الفلسفة الهيومانية وطرحت صورة للإنسان باعتباره كائناً قادراً على التحكم في نفسه وعواطفه وعلى غزو الكون وتسخيره من خلال إعمال العقل، «والعقل هنا هو شيء ما داخل الإنسان الفرد والجنس البشري ككل يجعله يكتشف القواعد الثابتة في الكون، فكأن العقلانية تفترض وجود ثبات في عقل الإنسان وقوانين ثابتة في الكون المتغير، بل وتفترض تماثلاً بين العقل والكون (والذات والموضوع). وقد تصاعدت هذه النزعة الإنسانية العقلانية في القرن الثامن عشر، عصر العقل والاستنارة حينما نجحت الفلسفة النقدية والتجريبية في أن تقضي تماماً على الأساس الديني للمعرفة والأخلاق، وفي أن تجعل المادة المتغيرة وقوانينها هي المرجعية الوحيدة والركيزة الأساسية. ولكنها مع هذا أسست نظماً معرفية وأخلاقية تستند إلى نقطة ثبات ما توجد خارج المادة المتغيرة. مثل العقل والطبيعة البشرية وبعض المطلقات العلمانية الأخرى (مثل الحتمية التاريخية ـ العقل المطلق ـ الإيمان بالتقدم.. إلخ).. وهي مطلقات تفترض وجود نقطة ثبات ما وتفترض وجود مركز للكون. كما تفترض وجود حقيقة ثابتة وكليات تشير بدورها الى الكل الذي لا يرد الى الأجزاء، مما يستدعي فكرة الأصل وما وراء الطبيعة والأساس الميتافيزيقي. ويعد هذا بالنسبة لكثير من المفكرين الماديين الذين يتسمون بالصرامة شكلاً من أشكال التخلف وفشلاً ذريعاً للفلسفة الغربية: أن تؤسس أنساقاً أخلاقية (تتسم بالثبات والمطلقية وبالتجاوز) بعد القضاء على الأخلاق المسيحية، وأن تفترض وجود معرفة يقينية للعالم الخارجي بعد القضاء على اليقين

169

الديني، ففي هذا سقوط في الميتافيزيقا ومحاولة تحقيق التجاوز داخل إطار المرجعية الكامنة. وهو ما يعني استدعاء الأصول الربانية للإنسان بدلاً من أصوله الطبيعية المادية ويشكل عودة للغيبية والثنائية (الدينية) التقليدية بعد أن أخذت شكلاً جديداً. ذلك أن افتراض وجود مثل هذه الثوابت يتناقض مع الرؤية العلمانية والعقلانية المادية الصارمة التي لا بد وأن ترد الكون بأسره الى مبدأ واحد كامن في الطبيعة/ المادة لا يتجاوزها.

لكل هذا، كانت الفلسفة الغربية الحديثة في انتظار فيلسوف يأخذ الخطوة المنطقية المتضمنة في النموذج المادي، ويحرر الإنسان من أي أوهام متبقية عن الثبات والتجاوز والكلية، ويحقق العلمنة الكاملة للمجال الفلسفي بأن يطهره تماماً من «ظلال الإله» (على حد قول نيتشه)، أي من أيّ قيم وثوابت وكليات وثنائيات وغايات (أخلاقية أو معرفية) تتجاوز المادي والمباشر، ويحطم تماماً ما كان الفلاسفة يسمونه في الماضي (أي قبل نيتشه) مقدساً وخيراً وحقاً وجميلاً ومطلقاً وكلياً، ومن ثم يتم القضاء تماماً لا على اليقين المعرفي والأساس الديني للأخلاق وحسب، وإنما يتم القضاء أيضاً على أي يقين معرفي، بل وعلى مفهوم أو فكرة الأخلاق ذاتها، وعلى أي مركزية لأي كائن إلهاً كان أم إنساناً، بل وعلى فكرة الوجود الثابت ذاتها وفكرة الكل الذي يتجاوز الأشياء، أي أن العالم بذلك يصبح نسقاً سائلاً بلا يقين أو معنى أو غاية أو كينونة أو هوية، والإنسان يصبح بلا ذات ولا حدود ولا استقلال ولا مركزية. وها هو جوهر الاستنارة المظلمة: تحطيم الأوهام الهيومانية وتوضيح العنصر التفكيكي الكامن في المقدمات الإنسانية الاستنارية العقلانية المادية، ويتم هذا لا

بهدف تحرير الإنسان وإنما بهدف تحطيمه هو ذاته وتفكيكه كمقولة ثابتة مستقلة في عالم الطبيعة المتغير ورده الى ما هو دونه. وهذه هي قمة الحلولية الكمونية، أن يصبح العالم مكتفياً تماماً بذاته، ولا يوجد خارجه شيء ولا يوجد داخله مركز يمنحه التماسك والوحدة والنظام والمعقولية، أي أنه يصبح عالماً سائلاً.

ومع تطور العلوم البيولوجية ظهر أنه يمكن تحقيق هذا الهدف (تطهير الأنساق الفلسفية من كل القيم والثوابت والإحساس بها جميعاً) عن طريق تطبيق نماذجها العضوية على المجال الإنساني. وقد جاء داروين صاحب الغابة الشهيرة الرائعة (وهي كيان عضوي ويُرد الى مبدأ واحد كامن في المادة يسمى «الحياة» لا يمكن فهم كنهه تماماً) ويعبر عن نفسه من خلال صراع دائم من أجل البقاء، بقاء لا يحققه إلا الأصلح، أي الأقوى، فثمة حركة دائمة في هذه الغابة، حركة لا يمكن الحكم عليها بمعايير خارجة عنها وتحسم فيها الصراعات من خلال شيء كامن في كل مخلوق أو فرد: أي قوته. وقد ظهر أن النماذج المعرفية والأخلاقية التي تدور داخل الإطار الدارويني ملائمة تماماً للمجتمع الغربي ولرجل أوروبا النهم في منتصف القرن التاسع عشر ـ عصر الإمبريالية والهيمنة على الكون وافتراس الإنسان والطبيعة. فهو نموذج يبرر عملية الغزو والافتراس باعتبارها تعبيراً عن القانون الطبيعي المادي وعن نواميس الكون، أي أن تطور علوم البيولوجيا وتزايد الهيمنة الإمبريالية يشكلان الإطار المناسب لتصعيد معدلات العلمنة وللوصول بها الى نقطة التحقق الكاملة.

وهنا ظهر نيتشه: ابن داروين وشقيق بسمارك (على حد قول جون ديوي) الذي أنجز للفلسفة الغربية ما عجز عنه السابقون

عليه، والذي طور رؤية معرفية علمانية إمبريالية لا ينقصها سوى الجيوش والدبابات. وتعود أهميته الحقة الى أنه ساعد على استكمال الطفرة الفلسفية التي سيتحقق من خلالها النموذج العلماني المادي ويتعين ويتبلور، فأسس فلسفته انطلاقاً من كثير من المقولات الكامنة العدمية للرؤية المادية وأطلق عبارته الشهيرة «لقد مات الإله»، ثم بذل قصارى جهده في أن يطهر العالم من أي ظلال يكون قد تركها الإله على الأرض بعد موته.

ويمكننا أن نتجاوز المضمون الديني الإلحادي المباشر لهذه العبارة لنحدد مضمونها ومن ثم تضميناتها المعرفية التي لا تشمل الإله وحسب بل وتشمل الإنسان والكون. ويساعدنا هايدغر في هذا حيث يقول إن الإله بالنسبة لنيتشه هو «العالم المتسامي»، العالم الذي يتجاوز عالمنا؛ عالم الحواس: الإله هو اسم عالم الأفكار والمثاليات والمطلقات والكليات والثوابت والقيم الأخلاقية.

ويمكننا أن نقول: إن العبارة تعني في واقع الأمر ما يلي:

1 ـ نهاية فكرة الإله المتجاوز والمفارق للمادة: المجاوز للطبيعة والتاريخ، الذي يمنح الكون تماسكاً وهدفاً نهائياً، أي نهاية فكرة المركز الكائن خارج المادة. هي عبارة حلولية كمونية كاملة.

2 ـ إنكار وجود أي حقيقة ثابتة متجاوزة لعالم التجربة المادية المباشرة وعالم الصيرورة.

3 ـ كل هذا يعني إنكار فكرة الكل ذاتها، باعتباره كياناً متماسكاً يعلو على الأشياء، أي إنكار فكرة المركز الكامن في المادة.

4 ـ العالم إذن، أجزاء لا تشكل كلاً ولا مركز لها.

5 ـ كل هذا يعني إنكار فكرة العام والعالمي والإنساني بشكل عام.

6 ـ كل هذا يعني نهاية الميتافيزيقا، بل ونهاية فكرة الحقيقة، فالقضاء على بقايا الميتافيزيقا المتمثلة في الحديث عن الكل المتجاوز أدى الى القضاء على الحقيقة.

وانطلاقاً من هذا، أعلن نيتشه أن الإيمان السائد بأن العقل الإنساني قادر على التوصل الى علم يستطيع أن يزوده بمعرفة يقينية وأنساق أخلاقية (أي أن بوسع العلم والعقل أن يحلا محل الدين) هو وهم ليس إلا، وأن المركزية التي تخلعها الفلسفة الهيومانية على الإنسان مركزية زائفة، فهو كائن طبيعي ليس له أهمية خاصة. فعند كوبرنيكوس «والإنسان يتقدم حثيثاً نحو التقليل من شأن الإنسان وقد أصبحت إرادته أن يقلل من شأن نفسه «واحسرتاه»! أين إيمانه بكرامته وفرادته، أين اعتقاده بأنه لا يمكن أن يحل محله شيء في سلسلة المخلوقات؟ لقد ولى كل هذا بلا رجعة، فقد أصبح الإنسان حيواناً بالمعنى الحرفي الكامل. هذا الذي كان في إيمانه يكاد يقترب من مصاف الآلهة». منذ كوبرنيكوس، يبدو أن الإنسان يدور في سطح مائل، ولذا فإن سقوطه يتسارع الى ماذا؟ الى العدمية؟ بل وفكرة الإنسان ككائن مستقل والذات الحرة المستقلة هي وهم آخر. فالذات ليست سوى قناع ووهم ورثناه من عصر النهضة يُرضي غرورنا الإنساني، بل وأعلن نيتشه أن الطبيعة ذاتها لا قداسة لها، فهي مجموعة من القوى المتصارعة، والحديث عن أي مطلقية ـ من ثم ـ هو عبث، فكل الأمور مادية وكل الأمور المادية متساوية. وكل

173

الأمور المتساوية نسبية. إن الفلسفة الحديثة الحقة (حسب تصور نيتشه، تلك الفلسفة التي تحققت فيها اللحظة العلمانية تماماً). هي فلسفة تصدر عن فكرة موت الإله وإزالة ظلاله، أي اختفاء أي، نقطة ثابتة أو صلبة أو أي مرجعية متجاوزة حيث يجب التحرك داخل إطار مادي طبيعي صارم يتسم بالسيولة الكاملة، إذ إنه يساوي بين الأشياء كلها ويسويها. وقد يكون من الأمور التي لها دلالة أن أخذ عبارة وردت في آخر أعمال نيتشه (1888) كان «ديونيزيوس ضد المصلوب» وهي عبارة تعني «إما أنا أو الإله» أو «إما الواحد أو الآخر». (وفي عبارة شهيرة أخرى تساءل نيتشه: «إذا كان الإله موجوداً فماذا أنا إذن؟») بمعنى أنه رأى أنه لا يوجد أمام الإنسان سوى طريقين اثنين: إما أن يتحقق الحلم الإنساني ـ الهيوماني ونكون ما نريد ونستبعد الإله تماماً، أو أن نسقط في العدم دون عزاء أو سلوى، ونقبل مصيرنا في صمت مأساوي. وقد أدرك نيتشه أن البديل الأول غير متاح، ومن ثم فلا مفر من الثاني. وقد أعلن نيتشه أن أكثر الضيوف بشاعة قد جاءنا، وأننا دخلنا مرحلة العدمية.

ويمكن القول أن البنية الأساسية لفكر نيتشه تأخذ شكل حركة من العالم الموضوعي الثابت المستقر، الذي يخضع لمعايير أخلاقية ومعرفية خارجة عنه والذي يمكن للذات الإنسانية الثابتة المستقرة إدراكه، الى عالم متغير لا يخضع لأي معايير سوى تلك التي تنبع منه، عالم الكمون الكامل. وهو عالم تُرَدُّ فيه كل المستويات المعرفية والأخلاقية الى مستوى أدنى وأقل تحدداً وصلابة هو الذات الإنسانية التي تُرَدُّ بدورها الى مبدأ واحد فيذوب الجزء في الكل ويُردُّ الكل الى مبدأ واحد له أسماء عدة،

وهو في نهاية الأمر وفي التحليل الأخير مبدأ واحد كامن في الطبيعة/ المادة. وهو يأخذ شكل قوة تدفع المادة وتتخلل ثنايا العالم وتضبط وجوده، قوة لا تتجزأ ولا يتجاوزها شيء ولا يعلو عليها أحد، وهي النظام الضروري والكلي للأشياء، نظام ليس فوق الطبيعة وحسب ولكنه فوق الإنسان أيضاً، يحوي داخله مقومات حركته وكل ما يلزم لبقائه وفهمه. ورغم سريان هذه القوة في العالم إلا أنه لا يتسم بأي توازن. فهو يتكون من مجموعة من القوى المتناحرة والمتصارعة التي ليس لها بنية واضحة، لأن المبدأ الواحد الكامن في العالم مبدأ غير عاقل لا يزودها بأي تماسك أو وحدة أو اتجاه أو غاية، ومن ثم فهو عالم صراعي تحكمه الصدفة والفوضى لا ثبات فيه لقيم أو مطلقات، ولعل السمة الأساسية لعالم نيتشه هي أن الإله بالمعنى المعرفي قد انسحب تماماً منه وأن ظلاله لم يعد لها وجود. ولنقارن هذا العالم النيتشوي بعالم الفلسفات التقليدية والإيمانية بل وعالم العلمانية في مرحلة هيمنة الفكر الإنساني (الهيوماني) التي كانت لا تزال فيه ظلال الإله ممتدة في العالم.

1 ـ العالم التقليدي: عالم مركزه هو الإله (أو المطلق الإنساني، أي الجوهر الإنساني) المتجاوز له، الإنسان فيه (بسبب علاقته بالإله أو بجوهره الإنساني) جزء مستقل عن الطبيعة يختلف عن الحيوانات، فهو مادة وروح. الإنسان بسبب اختلافه عن الطبيعة يمكنه أن يعرفها ويتأمل فيها ويتجاوزها، كما يمكن أن تقوم منظومات أخلاقية متجاوزة لحركة المادة يحتكم عليها الإنسان.

إن ما يسم هذا العالم هو أن الإله أو (الجوهر الإنساني) هو

مركزه المتجاوز له، ولذا فإن ثمة مسافة تفصل بين الإله والطبيعة، تنعكس في العالم على هيئة مسافة بين الإنسان والطبيعة وفي سلسلة من الثنائيات: مادة/ روح ـ فعل مباشر/ تأمل ـ خير/ شر ـ سبب/ نتيجة ـ جميل/ قبيح.

2 ـ عالم نيتشه: عالم انسحب منه الإله تماماً (أو حل في المادة تماماً وذاب فيها فأصبح العالم بلا مركز). الإنسان إذن، جزء من المادة/ الطبيعة لا يوجد أي فارق جوهري بينه وبين كل الكائنات الطبيعية الأخرى مثل الحيوانات، فهو جسد وغرائز، والإنسان لأنه جزء من الطبيعة لا يمكنه أن يعرفها ولا يتجاوزها، فالجزء لا يمكنه أن يحيط بالكل أو أن يتجاوزه، لا يمكن ظهور منظومات أخلاقية متجاوزة لحركة المادة، فالإنسان هو جزء من هذه الحركة وخاضع لها.

إن السمة الأساسية لعالم نيتشه هو تصاعد معدلات كمون المركز في المادة الى أن يختفي تماماً، الأمر الذي يعني اختفاء المسافة بين الخالق ومخلوقاته، وبين الإنسان والطبيعة، وينجم عن هذا استحالة المعرفة والأخلاق فيصبح الجسد روحاً، ويصبح الفعل المباشر هو الفعل الوحيد الممكن. ويصبح الخير هو الشر أو تنتفي ثنائية الخير والشر. بل وتنتفي ثنائية الإنسان والطبيعة. بل وكل الثنائيات الأخرى مثل ثنائية الثابت والمتغير، ويظهر عالم في حالة سيولة شاملة سيولة لا تسم مجالاً دون آخر وإنما تسم كل المجالات الممكنة (الطبيعية والإنسانية).

وحينما تختفي المسافات تماماً يصبح العالم كلاً عضوياً واحدياً مصمتاً مغلقاً لا مركز له، لا يشير إلا الى ذاته، ولا توجد فيه أي حدود تفصل بين الأشياء فتصبح المعرفة مستحيلة والأخلاق

كابوساً، بل وتختفي الهوية ذاتها في العالم السائل الذي لا توجد فيه حدود أو ثوابت فتصبح الأنا هو ويصبح الهو أنا، والمقدس نسبياً والنسبي مقدساً والدال مدلولاً والمدلول دالاً، ويظهر عالم ما بعد الحداثة.

وما يميز نيتشه عمن سبقوه من الفلاسفة أنه يقابل هذه العدمية الكامنة في موقفه المادي بغائية متشائمة عبثية مأساوية، تختلف تماماً عن الغائية المتفائلة للأناشيد الإنسانية (الهيومانية) التي عزفها الإنسان الغربي منذ عصر نهضته حينما قتل الإله (أو نحاه جانباً) وأعلن أنه في مركز الكون وأنه قادر على إعادة صياغته وتسخيره دون سدود أو قيود وحيثما بدأ مشروعه الاستناري التحديثي بتفاؤل شديد لا تشوبه أي شوائب ولا تعكر صفوه أي أحاسيس مظلمة. في كتاب «العلم المرح»، في مقطع بعنوان «المجنون»، حين يعلن المجنون موت الإله فهو لا يعلن اكتشافه في حبور وغبطة وإنما يعلنه وهو يجري في السوق صارخاً يتألم معلناً «مقتل الإله» (لقد تلاشى الإله؟ بل أقول لكم نحن الذين قتلناه ـ أنتم وأنا. . كلنا قتلة)، ويسأل أسئلة تدل على حزنه المجنون على اختفاء الإلهه. كيف تمكنا من فعل ذلك؟ كيف شربنا كل ماء البحر؟ من ذا الذي أعطانا الإسفنجة التي مسحنا بها الأفق كله؟ ماذا كنا نفعل عندما فككنا الأرض عن شمسها؟ الى أين نتحرك الآن؟ بعيداً عن كل الشموس؟ ألسنا في حالة سقوط دائم؟ الى الخلف، الى الجنب، الى الأمام وفي كل الاتجاهات؟ ألا يوجد طريق الى فوق أو الى أسفل، إنها أنشودة من اكتشف الاستنارة المظلمة ويعرف أن عصر ما بعد الحداثة والدوال الراقصة والتفكيك الكامل على وشك الإطباق على الجميع.

1 ـ أنطولوجيا نيتشه

أعلن نيتشه، إذن، ظهور عالم يتسم بالسيولة، اختفى فيه مفهوم الوجود الثابت المستقر أساس كل الفلسفات الغربية، الدينية، واللادينية، ولكن نيتشه مع هذا، يرد الكون بأسره الى مبدأ سماه «الحياة» متفقاً في هذا مع شوبنهاور وغيره من فلاسفة العصر الذين تبنوا استعارة عضوية في رؤيتهم للكون. ولكن نيتشه يختلف عن شوبنهاور، الذي قال بأن الكائنات تتولد الى البقاء وأن الحياة هي إرادة الحياة. فنيتشه يرى أن الوجود هو فعلاً الحياة، وأن الحياة هي فعلاً إرادة، ولكن الإرادة هي إرادة القوة وتقديسها. ويعرّف نيتشه القيمة بأنها أكبر مقدار من القوة يستطيع الإنسان أن يحصله ويستولي عليه. فالحياة لا تستطيع أن تحيا إلاّ على حساب حياة أخرى، لأن الحياة هي النمو وليس مجرد البقاء، وهي الرغبة في الاقتناء، والزيادة في الاقتناء، وهي التغير والصيرورة بلا ثبات (غابة داروين الرائعة). وما دامت الحياة نمواً ورغبة في الاقتناء، وفي المزيد من الاقتناء فإنها محتاجة الى شيء آخر خلافها وخارجها كي تتحقق، فكأن الحياة إذن، إرادة استيلاء على الآخرين، إرادة سطوة واستغلال، وبمقدار شعورنا بالحياة وبالقوة (والحياة مترادفة مع القوة) يكون إدراكنا للوجود، فإرادة القوة هي جوهر الحياة وعن طريقها يمكن تفسير كل مظاهر الوجود فالحياة إذن، ما هي إلا صراع وتقاتل ودماء.

وإرادة القوة هي التي تحرك الأفراد والتاريخ والصراعات العسكرية والتحولات الاجتماعية والاقتصادية والثورات الأخلاقية والجمالية والعلاقات بين الأفراد (بما في ذلك أكثرها خصوصية

وحميمية). وهي كلها صراعات لا يمكن فهمها إلا في إطار هذا
الصراع اللامتناهي بين إرادات مختلفة والتي تنبع منها أشكال
مختلفة للهيمنة. إن إرادة القوة، بهذا، أصبحت الركيزة الأساسية
لفلسفة نيتشه وأصبحت مرجعيتها الغائية والأساس الأنطولوجي
والأخلاقي الثابت لنسق فلسفي ينكر الثبات ويعلي من شأن
الصيرورة باعتبارها الثابت الأوحد، أي أن القوة هي ميتافيزيقا
نيتشه الخفية ونقطة الثبات التي تحل محل فكرة الوجود أو العقل
في الفلسفة التقليدية، ومحل فكرة الصدفة في الفلسفات الطبيعية/
المادية. وهي لا تختلف عن كل من الصدفة أو الطبيعة/ المادة
في ماديتها وعبثيتها ولكنها تختلف عنهما في درجة الكمون.
فالصدفة والطبيعة/ المادة لهما وجود موضوعي، أما القوة فهي
وجود ذاتي موضوعي يعبر عن سيولة الذات المادية المتغيرة
والموضوع المادي المتغير وعدم تحددهما.

2 ـ المنظومة المعرفية

الفكر في تصور نيتشه ليس انعكاساً مشوهاً للواقع ولا محاولة
اجتهادية لتفسيره، وإنما هو تعبير عن إرادة القوة. ويذهب نيتشه
الى أن ثمة مبادىء للفكر والمنطق تستند إليها المعايير التي
يصوغها الإنسان ويقرر حسبها ما هو حقيقي وزائف وما هو
صواب وخطأ (مثل: الذات ـ الموضوع ـ الجوهر ـ الكل ـ
الشيء ـ العلية ـ السبب والنتيجة ـ الشكل والمضمون ـ الغائية ـ
وجود واقع ثابت ومستقر ـ تساوي الأشياء المتشابهة ـ أنه يمكن
قياس الأشياء). هذه المبادىء ـ في تصوره ـ ليست أفكاراً بريئة
من المصلحة أو التحيز ولا ظاهرة ولا أصيلة كما قد يترامى لأول

وهلة، كما أنها أفكار ليست مادية تماماً وإنما هي مجرد أوهام وأساطير وعقائد، واستراتيجيات ابتدعها البعض ليهرب من حالة السيولة والصيرورة الدائمة.

العقل إذن، وهم. فهو ليس شيئاً في ذاته وإنما مجرد تعبير عن عناصر متلاطمة في الواقع، فهو مجرد ظاهرة مصاحبة لظواهر أخرى (بالإنكليزية: إبي فينومينون Epiphenomenon). لكل هذا، لا يوجد في واقع الأمر عقل إنساني واحد وإنما هناك عدة عقول تتمايز بتمايز الظروف والإرادات. ومن هنا يختلف الرأي بين العقول المختلفة إزاء الأمر الواحد، ولا يوجد عقل كلي يحكم الكون ويسوده فتصبح الظواهر والأحداث معقولة. فالعقل الوحيد الذي نعرفه هو هذا العقل الضئيل الموجود في الإنسان، والأنا المفكرة والذات الثابتة التي لها حدود واضحة، إذ توجد دوافع كثيرة مظلمة لا يدركها حتى صاحبها رغم أنها تحدد سلوكه رغم كل عقلانيته الظاهرة.

ثمة صيرورة كاملة في الواقع ولا يوجد عقل إنساني متكامل شامل، والمنطق ليس نتاج ملاحظة الواقع وإدراك تماثل الحالات، والفكر ليس ثمرة الرغبة في معرفة الحقيقة ولكن لماذا ظهرت الأفكار الكلية الثابتة ومقولات المنطق؟ يرى نيتشه أن سر ظهورها أنها أساطير وأوهام وعقائد تعود بالنفع على أصحابها، فتبني مثل هذه الأفكار يزيد فرص الغزو والبقاء والسيطرة والامتلاك بالنسبة لهم، أما من رفضوا هذا الوهم واستمروا في التعامل مع الواقع باعتبار أن كل ظاهرة فريدة فقد هلكوا، وهكذا ظهر مفهوم الجوهر الثابت، وهو فكرة أساسية لقيام المنطق ولكنها ليس لها أي أساس في الواقع الموضوعي المادي.

وبذلك، فقد أخذ نيتشه خطوة حاسمة إذ خلع النسبية والسيولة المعرفية على كل شيء، على الحقيقة الموضوعية وعلى الذات المدركة، وبدلاً من ذلك، يفترض وجود أصل حقيقي (بناء مادي تحتي) وهو الفعل المباشر والغريزة والنزوع البيولوجي الخام للبقاءو القوة، ثم يأتي بعد ذلك الفكر (بناء فكري فوقي) الذي لا يشاكل الواقع وإنما يشكل مسوغاً وتبريراً لسلوك صاحب الفكر ولأفعاله المادية الغريزية المباشرة النابع من حيويته وكيانه البيولوجي، وهي أفعال بسبب مباشرتها مكتفية بذاتها، فهي كالكائن الحي الذي لا يخضع إلا لقوانينه الداخلية، أو كالذرة التي تندفع بقوتها الذاتية في أي اتجاه تشاء ولا تهيب بأي شيء خارجها، (ولنلاحظ أن الفعل المباشر لا يتسم بأي ثنائية ولا توجد فيه فراغات فهو نظام مغلق تماماً مثل عقل الإنسان وهو أيضاً كيان منغلق على ذاته لا علاقة له بالعقول الأخرى). وقبولي لفكر آخر هو مجرد إذعان لإرادة القوة المنتصرة، وليس فعلاً عقلياً، لا توجد إذن، حقائق وتفسيرات لها وإنما توجد تفسيرات وحسب هي في واقع الأمر تعبر عن توازن القوى.

إن ما بالمعرفة أو الحقيقة هو منظور وحسب، لا يتماثل مع الواقع أو يقترب منه وإنما يعبر عن مدى نجاح إرادة القوة في فرضه، ونجاحه في أن يفرض نفسه يعني أنه حقيقي (فالناجح هو الحقيقي والفاشل هو غير الحقيقي). هذا الفكر الذي لا يستند إلى منطق وإنما يستند الى منطق القوة هو ما يسميه نيتشه الحقيقة الديونيزية (الحقيقة التي يؤمن بها الإنسان الأعلى) وهي حقيقة تحاول أن تهرب من محاولة التفسير وتقبل بحقيقة نهائية وحيدة مأساوية: الصيرورة الدائمة والتعددية اللانهائية.

3 ــ المنظومة الأخلاقية

الإنسان إنسان طبيعي، جزء لا يتجزأ من الطبيعة/ المادة ليس
له أي صفات متجاوزة للطبيعة، مكتف بذاته تماماً وهو ليس في
حاجة الى أي قيم عليا ولا يستمد أي شيء من عالم متجاوز
لعالم الطبيعة/ المادة، وهو إنسان ليس له عقل مسبق (Apriori)
وليس له روح خالدة ثابتة مفارقة لجسده الفاني الذي يوجد في
حالة صيرورة ولكن مع هذا، تظهر منظومات أخلاقية، هذه
المنظومات الأخلاقية لا تختلف البتة عن المنظومات المعرفية،
فالأخلاق تذوب في رمال النسبية المتحركة التي تبتلع كل شيء
والبشر لا يستخدمون الأخلاق إلا لتبرير أفعالهم، فالأصل هو
الفعل، وما الأخلاق سوى التبرير والتسويغ، فالقيم إن هي إلا
جزء من العملية الإبداعية للإنسان وحركيته (الحق أن الناس قد
أعطوا أنفسهم كل خيرهم وشرهم، والحق أنهم لم يتلقوه ولم
يجدوه). ومن ثم، فإن بوسع الإنسان أن يضفي أي معنى يشاء
على الكون بأي طريقة يراها، فالمعنى مرتبط بالهدف والهدف
مرتبط بالنتيجة وبالفعل: سلسلة عضوية متلاحقة لا يفصل بين
حلقاتها فاصل، والأخلاق هي معايير صنعها الإنسان لهدف
معين، وفي وسعه أن يبدلها إن شاء وأن يضع لنفسه هدفاً آخر،
فالأخلاق مرتبطة بالنتيجة وبالفعل، أي أنها هي الأخرى حلقة في
السلسلة المتلاحقة (هذا هو جوهر الفلسفة البراغماتية). في هذا
الإطار يمكن فهم منظومة نيتشه الأخلاقية غير المتجاوزة للمادة،
فهو يرفض ابتداءً التمييز بين الخير والشر، لأنه تمييز يفترض
وجود قيم ثابتة خارج الإنسان يمكن للإنسان أن يحتكم إليها،

وهو تمييز يعود الى تلك الأخلاقيات الدينية التي أزاحت القيم الطبيعية باعتبارها مصدراً حقيقياً للمطلقية والأساس الراسخ لكل أخلاق، ويقرر نيتشه إعادة تقويم القيم، أي أن يعود بالقيم الى أصلها الطبيعي المادي، فيرفض أي ثبات أو مطلقية وأي وجود للعالم الخارجي.

4 ـ السادة والعبيد

ثم يطرح نيتشه رؤيته لأصل الحضارة والأخلاق، فيبين أن الحضارات الكبرى قد نشأت حينما ظهرت طائفة من الأرستقراطيين الممتازين، وشكل حيوانات مفترسة شقراء (وحش نيتشه الأشقر الشهير) كانت تجوب الأرض في آسيا وأوروبا وجزر المحيط الهادىء وتغير على كل الأراضي التي مرت بها؛ وعلى هذا النحو الصراعي الدارويني الحيواني الرائع البسيط نشأت الحضارة اليونانية والرومانية والجرمانية، وعلى هذا النحو استمرت هذه الحضارات إذ إنه كلما مرت هذه الطائفة المفترسة الشقراء (المرتبطة بالطبيعة الملتصقة بها) على شعب من الشعوب أخضعته وفرضت عليه سلطانها، واحتقرته وباعدت بينها وبينه من مسافات، مكونة طبقة خاصة متمايزة، وأخذت لنفسها شرعة من القيم والأخلاق تؤكد بها سيادتها واستمرار سطوتها وسيطرتها وتضمن هذه الطبقة لنفسها الاستمرارية والشرعية والسطوة بالحفاظ على قوتها الجسمية والصحية فهي تعنى بكل ما يتصل بالقوة والغزو والحرب والمخاطرة والصيد والرقص والألعاب البدنية، وعلى العموم كل ما يكشف عن حيوية فياضة، وهذه الطائفة هي الأقلية دائماً، فإنها تعمل جهدها كي تحافظ على صفاتها وتظل نقية لا

يتطرق إليها الانحلال من جراء اتصال الشعوب المسودة أو الطبقات الدنيا بها. والطبيعة الحلولية الوثنية العميقة لهذه الطبقة الطبيعية الشقراء المفترسة تظهر في حديث نيتشه عن أعضاء هذه الطبقة بأنهم يقدسون التقاليد والماضي ويتخذون من ذكرياتهم مجالاً للتفاخر وينبوعاً للقوة، أي أنه ككيان معنوي ملتف حول ذاته، نصب نفسه مرجعية ذاته، هذا الالتفاف حول الذات يظهر في أن عبادتهم تأخذ شكل توقير الأجداد وتقديم القرابين لأرواحهم، ولا يلبث هؤلاء الأجداد أن يصبحوا الآلهة التي يعبدها أعضاء هذه الطبقة المفترسة، وعضو الطبقة الأرستقراطية في عبادته للآلهة من أسلافه يقدس صفاته النبيلة نفسها، أي أننا قد وصلنا الى أرض القومية العضوية حيث يصبح الإنسان هو العبد والمعبود والمعبد وتتوثن الذات ويظهر الرايخ الثالث.

انطلاقاً من هذا التصور يُقسم البشر الى أقوياء وضعفاء، يحوي كل في داخله معايير الحكم عليه، ومن ثم يوجد نوعان من الأخلاق: أخلاق السادة الأقوياء التي يبررون بها أفعالهم المباشرة، وقيم العبيد الضعفاء التي يحاولون هم أيضاً عن طريقها تغطية عجزهم وتحقيق البقاء. والسادة قادرون على الفعل المباشر، يتسمون بالقوة والاعتزاز بها، كما يتسمون بغريزة السيطرة وحب الغزو والمخاطرة، يحتقرون الرحمة، ويجدون النعيم في الانتصار والتدمير ويشعرون بسرور عميق وهم يعذبون الآخر: كل سيد عالم قائم بذاته، فهو مرجعية ذاته، إنسان طبيعي متأله خالق نفسه، عالم عضوي لا تتخلله مسافات ولا يتسم بعدم الانقطاع، كالمادة الصماء أو مثل قوى الطبيعة: كالعاصفة التي تهب وتقف شامخة وراء الخير والشر. فهو قوة محايدة لا تشعر

بشيء (تخلص من الضمير ومن الشفقة والرحمة.. تلك المشاعر التي تطغى على حياة الإنسان الباطنية.. «إقهر الضعفاء واصعد فوق جثثهم»). وهو حتى أمام العدم لا يشعر بالتشاؤم، فالتشاؤم يعني توقع المعنى وعدم العثور عليه، والإحباط يعني رغبة في التجاوز وفشل في تحقيقه، أما السادة فلا يشعرون بالتشاؤم لأنهم لا يتوقعون شيئاً، شأنهم في هذا شأن العناصر الطبيعية.

وقبل أن نسترسل في الحديث عن أخلاقيات الضعفاء، يجب أن نتوجه الى بعض الصفات الحميدة التي ينسبها نيتشه للسادة، فهي تشكل ـ في تصور البعض ـ نوعاً من التسامي وإطاراً جيداً لظهور منظومة فلسفية حديثة. فالأرستقراطي السيد يشمئز من الضعة وجميع أنواع الاستخذاء وأبغض شيء لديه الكذب ونحوه من نفاق وتملق، وهو لا يعرف أنصاف الحلول والمساومة والمداهنة ويميل إلى العفو عن الآخرين لا لأنه يحب العطف ولكن لأن قوته غريزة، فتراها تفيض بنفسها على الآخرين (كالطبيعة المتدفقة). ومع هذا فإنه لا يقبل مطلقاً العفو من الآخرين لأن بقوته يأخذ ما له دون أن ينتظر حتى يتفضل به عليه الآخرون، وهو يطلب من نفسه أكثر من الآخرين وهو ينتصر على نفسه وعلى أفعاله ويوجهها.

ولكن هل تمثل هذه الصفات تسامياً بالفعل؟ في تصورنا أنه لا يوجد تسام أو تجاوز لأخلاق الوحوش الشقراء المفترسة، فكل صفات الأرستقراطي تزيد من مرجعيته الذاتية الكامنة ومن ثم فلا يوجد أي مقاييس خارجة عنه، بل يظل هو المطلق ذاته ومن ثم لا يمكن محاكمته كما أن كل شيء في الأرستقراطي مرتبط بالقوة، فهو حين يعفو فهذا غير ناجم عن حب لأخيه الإنسان أو

أي منظومة خلقية متجاوزة له (فمهوم الأخوة مفهوم غير طبيعي غير مادي) وإنما ناجم عن تدفق غريزي في القوة أي عن مزيد من الطبيعة والوحشية والإمبريالية، والعطف ليس اختياراً أخلاقياً حراً، وإنما سلوك بيولوجي طبيعي، أي أنه سلوك يتجاوز الخير والشر ولا يتسم بأي تعالٍ أو تسامٍ.

والسادة أقلية والعبيد هم الأغلبية، والعبيد غير قادرين على الفعل المباشر، ويسمون عجزهم هذا «الصبر» أو «الإحسان» أو «الطيبة»، وهم مسالمون متواضعون لا مطمع لهم في غزو، ولا رغبة لهم في سيادة، يؤثرون السلامة ويبتعدون عن المخاطر ويسمون حاجتهم الى الآخرين وعجزهم عن الاعتماد على النفس «رحمة»، فكل عبد في حاجة الى الآخرين ولا يكتفي أبداً بذاته، ولإخفاء عجزهم والتعويض عنه، ابتدعوا أخلاقيات الضعفاء هذه، فأخلاقهم إن هي إلا نتيجة الدُّحْل (الحقد ـ الثأر): أي الشعور المتكرر بإساءة سابقة لقيها الإنسان ولم يستطع أن يردها أو أن يتشفى ممن قدمها لعجز فيه عن رد الفعل في الحال، فيتحول الشعور الى طاقة مكبوتة تعبر عن نفسها من خلال قنوات غير القنوات الأصيلة الطبيعية ومقابلة العمل بالمثل فيلجأ الى طرق خفية غير مباشرة. ولكن تبني أخلاق الضعفاء قلب الدنيا رأساً على عقب لأن الأقوياء الذين في مقدورهم أن يرتقوا بالجنس البشري اضطروا الى الخضوع للضعفاء والتخلي عن واجبهم نحو تنمية قدراتهم، الأمر الذي أدى الى توقف الجنس البشري ككل عن الرقي؛ وهناك نقط هامة في تاريخ البشر انتصرت فيها الثقافة العقلية، أي ثقافة الضعفاء من الحاسبين المحاسبين. ففي الحضارة اليونانية قبل سقراط، كانت هذه الحضارة حضارة عدمية

متشائمة، ثم جاء سقراط فكان علامة على انحلال الخلق اليوناني، إذ إن قوة الجسد والروح القديمين أصبحت يُضحى بها شيئاً فشيئاً من أجل ثقافة عقلية مشكوك فيها، وهي تتضمن انحطاطاً شديداً في قوى البدن والعقل. لقد جاء العلم مكان الفن، والعقل بدلاً من الغريزة، وانتصرت الروح الأبولونية على الروح الديونيزية التي هي دعوة الى الاندماج المباشر بالطبيعة التلقائية في صورتها الأولى قبل أن يشوهها العقل الخالص ويبعث فيها الثبات والجمود. ولعلاج هذا الموقف يقترح نيتشه قلب القيم والمعادلات الأخلاقية والعودة بالأخلاق الى أصلها الطبيعي الوثني المادي. وعلى الإنسان أن يرفض الترادف المألوف غير الطبيعي بين الخير والشر والتراحم والرحمة ويطرح بدلاً من ذلك الترادف الطبيعي/ المادي بين الخير والقوة والغزو والغرور.

5 ـ الإنسان الأعلى والمنظومة السياسية

صفت فلسفة نيتشه كل الثنائيات وأنكرت وجود المركز وأعلنت ظهور عالم في حالة حركة وسيولة، ولكنها، مع هذا، عينت نقطة ثبات فيه هي إرادة القوة، والتي يجسدها أقلية من السادة الأقوياء، ولكن السادة أنفسهم تبتلعهم السيولة والصيرورة فهم مجرد وسيلة لغاية أعلى، حبل مشدود بين الحيوان والإنسان الأعلى الهدف النهائي من الوجود، وهو صنو الإله أو المقابل الأرضي للإله، أو هو الإله الحي في التاريخ، المتجسد في مجموعة من البشر (الكلمة المطلقة والغاية النهائية).

ويذهب نيتشه الى أن سعادة الأفراد وآلامهم وخيرهم وشرهم أمور تافهة يجب عدم الاهتمام بها حينما نتحدث عن الإنسان

الأعلى ومستقبل الجنس البشري، فهدف الوجود الإنساني يجب
ألا يكون تحقيق السعادة للأفراد وإنما تكثيف كل القوى للصعود
بالإنسانية في سلم الارتقاء في الحياة وتحقيق كل الإمكانات
الحيوية، إذ يجب أن يأتي من الإنسان ما يفوق الإنسان، والبشر
أجمعهم لم يخلقوا إلا ليكونوا بمثابة السلم له.

ويبدو أن نيتشه كان يحدد هدفه في البداية على أنه الجنس
البشري بأسره وأن الإنسان الأعلى سيولد من البشر أجمعين،
ولكن يبدو أن طبقة السادة وحدها هي المرشحة أن يولد منها
الإنسان الأعلى، ولذا يجب توظيفها هي وحدها في هذا الشأن،
وأهم آلية لتوليد الإنسان الأعلى هي أن تقوم القلة الأرستقراطية
(السادة) بنبذ الأديان التي تنفر من الحياة الأرضية (الطبيعة/
المادة) والتي تنقل البشر من مواقع الحياة (الطبيعة المادية) الى
صور وتهاويم لعالم آخر، وتسلم منهم عناصر القوة وتبقيهم في
حالة الضعف والمهانة؛ وكما أن ماركس كان يطرح صورة
للمجتمع الشيوعي الجديد باعتباره صدى للمجتمع الشيوعي البدائي
(فالنهاية لا بد وأن تشبه البداية في الأنساق الدائرية العضوية)،
فإن نيتشه يرى أن طبقة السادة عليها أن تعود الى مجدها الغابر
حينما كانت جماعات الوحوش الشقراء المفترسة تعيش منفردة
حسب قوانين الطبيعة، فالإنسان الأعلى، هذا الإنسان/ الإله إن
هو إلا الإنسان الطبيعي، الطبيعي تماماً المادي تماماً، الذي
يجسد إرادة القوة وتتجسد من خلاله، وهو على وجه التحديد
الإنسان الطبيعي المادي الغربي الأشقر المفترس، رجل أوروبا
النهم الذي التهم العالم في عصر الإمبريالية الغربية وأباد الشعوب
ودمر الكون.

هذا الإنسان الأعلى لم يخلق ليعيش في دعة وسلام وطمأنينة فواجبه أن ينمو ويحقق إمكاناته ويرتقي دونما شفقة على نفسه أو رحمة بالآخرين. وهو سيحقق ارتقاءه من خلال الاختيار الطبيعي متجاوزاً الخير والشر، ولكنه في الوقت ذاته جزء من الغاية النهائية، أي تحسين الجنس البشري (الذي سيصبح في واقع الأمر الجنس الغربي الأشقر). إن الإنسان الأعلى يشبه، من بعض الوجوه، ملكة النحلات التي يقوم على خدمتها الشغيلة (الضعفاء والعبيد) ولكنها، مع هذا، ليس لها إرادة مستقلة، فهي يتم تطويعها تماماً مثل الشغيلة أنفسهم. فعالم النحل عالم دقيق رائع رتيب الى رهيب لا تتخلله أي ثغرات ولا يوجد فيه أي قيم متجاوزة للدورة الكونية أو البرنامج المقرر، يجري العمل فيه من أجل غاية مجردة تسمى الحياة أو الطبيعة أو الآلة الطبيعية التي تكرر نفسها (أو المجتمع النازي أو المجتمع العلماني النماذجي الذي تم ضبط إيقاعه تماماً). هذا الإنسان الأعلى المتجاوز للمادة والأخلاق هو جزء لا يتجزأ من نسق هندسي، وثمة إشارات مختلفة في كتابات نيتشه الى تحسين النسل وتطوير الإنسان الأعلى، أي أن استعارة ملكة النحل لم تكن بعيدة تماماً عن ذهنه. ومن الواضح أنه، مع موت الإله وسيولة الواقع واختفاء القيم، يموت الإنسان إذ إنه يفقد مطلقيته (أي قدسيته) ومكانته الخاصة ويصبح شيئاً مثل كافة الأشياء لا تفصل بينه وبينها أي ثغرات، وإذا كان ثمة تميز فهو تميز ملكة النحلات: فهي شيء جميل ورائع ولكنها في نهاية الأمر، وفي التحليل الأخير، حشرة طبيعية/ مادية لا تعي من أمرها ولا تملك منه شيئاً. ونابوليون هو تجسد لفكرة الإنسان الأعلى، آخر الرومان (الوثنيين) فهو رجل لا

يعذبه ضميره أثبت أننا يمكن أن نفعل ما نشاء وأن نملي إرادتنا، وهو يمثل التناقض العميق بين الحرية والأخلاق، فنابوليون يقف وراء الخير والشر (وهذا هجوم سافر على كل مقولات كانط الاستنارية الأخلاقية الإنسانية).

ويبدو أن هناك نظيراً للإنسان الأعلى وهو الدولة العليا، وقد كان نيتشه يرى أن الدولة هي تعبير عن إرادة القوة وأنها المؤسسة التي تُستخدم لتوزيع القوة، وأن المعيارية السياسية تظهر من خلال هذا، وهذه الدولة هي التي يمكن أن تسيطر على العالم، ويصبح مواطنوها أسياد العالم. وقد ذهب نيتشه الى أنه لو اتحدت المقدرة الألمانية على التنظيم مع مصادر روسيا (المادية والبشرية)، ولو تزاوج الجنس الجرماني والسلافي وانضم إليه الممولون اليهود، فإن هذه التركيبة يمكن أن تؤدي الى السيادة والهيمنة على العالم.

نحن هنا نسمع صوت الشعب العضوي (الفولك) وهتلر وفكرة المجال الحيوي ونرى بذور قواعد الصحة النازية التي أودت بالملايين، وقد تأثر النازيون بالفعل بفلسفة نيتشه الصراعية العلمانية وأطروحاته الداروينية الأساسية فأسسوا الدولة النازية التي حاولت أن تُرشدُ العالم (الطبيعة والإنسان) بأسره وتطوعه وتحوله الى مادة خاضعة للنماذج المادية والكمية، نافعة للجنس الآري، واستخدموا مفاهيم مثل: إرادة القوة والإنسان الأعلى وإعادة تقويم القيم وتحسين النسل والقتل والرجم، وقد يكون مما له دلالة أن الفيلم النازي عن هتلر الذي أنتج عام 1942 كان عنوانه انتصار الإرادة.

6 ـ العود الأبدي

الإنسان الأعلى يتجاوز الخير والشر والثواب والعقاب وكبديل
لكل هذا تظهر فكرة محورية في منظومة نيتشه فكرة العود الأبدي،
وهي محاولة نيتشه لأن يستوعب الاستمرار في الحركة الدائمة
والثبات والصيرورة حتى لا يهرب شيء أبداً من قانون الحركة؛
ولذا تتم إعادة تعريف الزمان ويظهر العود الأبدي. إن الدورة
الحالية للزمان ستنتهي ولكن لن يتوقف الزمان إذ إنه سيبدأ في
التو دورة أخرى لا تختلف عن سابقتها في أي شيء، وحينما
تنتهي ستبدأ من جديدو بنفس الطريقة، فهو عود أبدي مادي آلي
رتيب، والإنسان، كالساعة الرملية سيعود من جديد ويذهب من
جديد دائماً أبداً، إنها تكرار أبدي لنفس الشيء ولنفس الحياة.
ولعل العود الأبدي هو بديل فكرة الخلود ويوم القيامة في
الديانات السماوية، وهي الحل النيتشوي لمشكلة الموت، وهو
حل يزيل ظلال الإله تماماً ويزيل الأصول الربانية للإنسان.

والعود الأبدي يعني تكرار اللحظة بكل ثباتها وصيرورتها،
ولكنه ليس تقبلاً لمضمون اللحظة الثابتة، وإنما هو تأكيد
لصيرورتها، ولذا فأنا أرغب أن تتكرر اللحظة وأن تزول في ذات
الوقت، أي أنني أقبل شكل الوجود الذي تعتبر فيه الصيرورة هي
الأساس (ويذكرنا هذا بمصطلح دريدا «الاخترجلاف» أو «لا
ديفيرانس La Différence» حيث كل شيء مختلف مرجأ على وشك
أن يتحقق ولكنه لا يتحقق أبداً، وبذا تحل مشكلة الذات
والموضوع والثبات والحركة. يقول غوته للحظة: «أمكثي الى

الأبد»، وهذا يبين رغبته في ثبات أبدي في عالم الصيرورة، أما نيتشه فيقول للحظة: «فلتكرري نفسك الى الأبد» وهو ما يعني الإذعان الكامل للصيرورة والإدراك المأساوي لأنه لا يوجد أمل في المستقبل (كما يتصور كانط وهيغل وماركس وكما تزعم الأفكار الأخروية المسيحية)، وإنما سيتكرر نفس الوجود/ الصيرورة دائماً وما سيحل محل حياتي الحالية هو نفس الحياة مرة أخرى، أي أن الحياة الحالية هي كل ما هناك دون أي أمل في الخروج منها حتى ولو في دورة كونية مقبلة. وفي هذا أيضاً إلغاء لفكرة الهدف فالتكرار هو ثبات الحركة، وهو حركة لاتجاه وتقبل العود الأبدي في هدوء هو حب القدر (باللاتينية: آمور فاتي Amor Fati) وهو ما يعني تقبلاً كاملاً لحدود العالم الكموني الذي نعيش فيه والإذعان لقوانينه اللاإنسانية باعتبارها الحدود المطلقة النهائية لكل الوجود، وإدراك أن عالمنا عالم ديونيزي سائل يخلق نفسه دائماً ويحطم نفسه دائماً ويحطم نفسه دائماً ويكرر نفسه دائماً وبنفس الطريقة؛ عالم بلا هدف يتحرك في حركة دائرية عبثية؛ وفي تصور نيتشه أنه، من خلال حب القدر والإذعان للحدود وتقبل الدورات العبثية فإن الإنسان يحقق تحرره من الديانات ذات الهدف المتجاوز، بل ومن أوهام الفكر الإنساني (الهيوماني) الذي يحاول تحقيق التجاوز داخل الكمون، أي أن الإنسان سيتحرر تماماً من الأخلاقيات والأحلام والمستقبل والميتافيزيقا والحقيقة، ومن ثم يتحول عبء الوجود في الصيرورة الى مصدر للفرح والغبطة، إذ إن قبول العود الأبدي هو تأكيد أن الإنسان يوجد في عالم الصيرورة ولا مفر منه.

7 ـ فلسفة اللغة والفن

وقد ترجمت فلسفة نيتشه نفسها الى فلسفة في اللغة وفلسفة في الفن. أما في عالم اللغة فقد ذهب نيتشه الى أنه في عالم السيولة الكاملة، تختل علاقة الدال بالمدلول فلنأخذ مثلاً كلمة «روح» هذه الكلمة تشير (في الفلسفات التقليدية) الى كل متجاوز لعالم الجسد والمادة، وهو ما يفترض وجود مسافة بين الروح والجسد. يذكر نيتشه هذا تماماً ويؤكد لنا انطلاقاً من رؤيته المادية، أن الروح في واقع الأمر تشير الى الجسد، والجسد «إن هو إلا» ترتيب لبعض القوى الطبيعية وعمليات تجسد إرادة القوة فالدال التقليدي هنا فقد علاقته تماماً بمدلوله واكتسب في فلسفة نيتشه مدلولاً جديداً.

ونيتشه هو من أوائل الفلاسفة الذين شككوا في موضوعية أي نص، فالحقيقة إن هي إلا جيش من الاستعارات القديمة تكلس واستقر، والرؤية التقليدية تسقط في ثنائية النص والحقيقة، بينما النص في واقع الأمر هو مجرد نسيج يوصل جزءاً من الحقيقة ويحجب جزءاً منها ومهمة المفسر هي الوصول عبر النسيج الى الحقيقة الكامنة وراء النص. يلغي نيتشه المساحة بين النص والحقيقة ويصفي تلك الثنائية تماماً ويقرر أن النص هو فعلاً نسيج، ولكن النسيج هو ذاته الحقيقة، والذات المبدعة هي ذاتها جزء من هذا النسيج، فهي كالعنكبوت في بيت العنكبوت (وهذا هو معنى عبارة دريدا الشهيرة «لا يوجد شيء خارج النص»)، ولا يلغي نيتشه المسافة بين المبدع والنص والحقيقة وحسب، وإنما يلغي المسافة بين نص وآخر، وقد طرح فكرة التناص باعتباره حواراً لا ينتهي بين النصوص، فكل ما نعرفه هو النص والنص لا

يحيلنا الى الحقيقة متجاوزة له وإنما الى نص آخر، ولذا فإن معرفتنا لا يمكن أن تدعي لنفسها حالة أكثر استقراراً وصلابة من أن تكون نصاً، وهذا يعني أن كل الحدود تختفي بين الذات والموضوع، وبين الداخل والخارج، والمعنى واللامعنى، والمعرفة والرأي، والحقيقة والخطأ، لكل هذا، يذهب نيتشه الى أنه لا يوجد نص بريء طاهر أصيل، فمثل هذا النص إما لم يوجد أساساً أو فقد الى الأبد، وكل ما نقرأ هو التفسيرات وحسب أو الإحالات الى نصوص أخرى، والتفسير هنا ليس هو الاجتهاد، أي أن يفترض القارىء أن ثمة علاقة اتصال وانفصال بين الدال والمدلول وأن هذه العلاقة ليست بسيطة ولا مباشرة ولا رياضية وإنما مركبة (بسبب طبيعة اللغة كأداة مركبة للتوصيل تستخدم المجاز). وفي إطار الاجتهاد، على القارىء أن يُعمل عقله لسبر غور العلاقة المركبة بين الدال والمدلول ويطرح معنى للنص، معنى ليس هو بالمعنى المطلق أو الحقيقي أو النهائي للنص، وإنما هو معنى يقارب الحقيقة وقابل للاختبار من قبل قارىء آخر، هذا هو الاجتهاد، أما عند نيتشه فالقراءة ليست البحث عن معنى النص وإنما هي في الواقع استيراد معنى من الخارج وفرضه على النص، فالنص، مع انفصال الدال عن المدلول أو مع التحام الدال بالمدلول، لا معنى له في حد ذاته، ومن ثم لا يوجد معنى سوى ما تفرضه إرادة القوة كما هو الحال دائماً في المنظومة النيتشوية، وكما قال أحد النقاد، فإن التفسير عند نيتشه هو وسيلة لأن يصبح الإنسان سيداً أي أن يصبح الناقد غازياً، وحشاً نقدياً أشقر مفترساً يعبر عن رؤية معرفية أدبية علمانية إمبريالية ويفرض أي رؤية باطنية.

المفسر، إذاً، يفرض تفسيره بإرادة القوة على النص، ولكننا في
عالم نيتشه الصراعي سنكشف أن العكس أيضاً صحيح، فالفن هو
أداة السوبرمان لأن يلغي المسافة بينه وبين الطبيعة ولأن يلتصق
بها ليعبر عنها في صورتها الأولى قبل أن يشوهها العقل، أي أن
الفن تعبير عن النزعة الديونيزية الجسدية العارمة المفعمة بالنشوة
المحمومة المعربدة قبل ظهور النزعة الأبولونية العقلية التي تتسم
بضبط النفس والاتساق والتناغم والرغبة في التفسير العقلي
للكون، والفن بهذا المعنى متجاوز للخير والشر، متجاوز لأي
تفسير، فهو تعبير عن الحياة باعتبارها (قوى متصارعة) وعن
أخلاق السادة، وهو قادر على تغيير العالم والتبشير بالعالم
الجديد .

ويمكن القول أن نيتشه يستخدم نموذجاً جمالياً لفهم العالم،
وهو نموذج جمالي بالمعنى الذي حدده هو: فالعالم ليس له سبب
متجاوز، ولا سبب عقلاني كامن فيه فهو علة ذاته، كالعمل الفني
يلد نفسه بنفسه (وفي عبارة عضوية تبعث على الاشمئزاز تبين
العدمية المادية عند نيتشه يقول: «براز هذا العالم هو طعامه»،
وهكذا تحولت المادة الأولى التي يتكون منها الكون في يد
فيلسوف العدمية الى براز، وهي استعارة استخدمها كل من أرتو
ودريدا من بعده). كل هذا يعني أن العالم منظم ومتماسك ولكن
نظامه وتماسكه مثل نظام وتماسك العمل الفني، أي أنه نظام
مؤقت يشبه النظام الذي يفرضه شاعر على قصيدة غنائية صغيرة،
نظام لا يضرب بجذوره في أي واقع وإنما هو وجدان الشاعر
وإرادته، كما أن الواقع كالعمل الفني مكون من استعارات من
صنع عقل الإنسان، لذا فهذا الواقع وهم وتعبير عن إرادة القوة،

كل هذا يعني أنه لا توجد حقيقة وإنما توجد طرق في النظر (منظور). وهي كلها طرق متساوية بسطح الواقع الممتد السائل. وإذا كان الواقع سائلاً ووهمياً فكذا الذات، فالإنسان مثل الفنان يخترع نفسه إذ لا توجد ذات ثابتة، والذات من اختراع الذات، والذات هي تعبير عن إرادة القوة وعن الدوافع المظلمة.

لكل هذا، يرى نيتشه أن الفلسفة والبلاغة هما الشيء نفسه، فالفلسفة التقليدية تدعي محاولة العقل الواعي، للوصول الى الحقيقة الثابتة؛ ومع غياب الذات المتماسكة والحقيقة الثابتة، فإن الخطاب الفلسفي هو تعبير عن محاولة الفيلسوف المفسر فرض إرادته على الواقع/ النص من خلال مقدراته وحيله البلاغية المختلفة. ولذا فإن تحليل النص الفلسفي لا يختلف بتاتاً عن تحليل النص الأدبي، وكلها تعبير عن إرادة القوة.

إن عالم نيتشه عالم حلولي كموني واحدي تماماً، حل المركز فيه داخل المادة وأصبح كامناً فيها ثم اختفى، فهي حلولية كمونية بدون إله لا تختلف في بساطتها وسذاجتها عن الحلوليات الوثنية القديمة، حيث كان الهدف من العبادة لا أن يتسامى الانسان وإنما أن يغوص في الطبيعة ويلتحم بها لتتحقق الواحدية الكونية، أي أن فلسفة نيتشه (مثل الحلوليات الوثنية القديمة) تعبر عن الرغبة الدفينة عند الإنسان في أن يهرب من عبء الهوية ليدخل الرحم الكوني الأكبر. وبدلاً من أن يتطلع الى النجوم فإنه يغوص في الوحل. ولهذا، فإننا نجد إنساناً بلا إنسانية، وأخلاقاً بلا أخلاق، ومعرفة بدون مضمون معرفي، إذ هل يمكن أن تكون هناك إنسانية ومعرفة وأخلاق بدون حدود وبلا تجاوز للطبيعة؟ نحن هنا أمام قيمة ليست بقيمة (فالقوة هي شريعة الغاب وليست شريعة

الإنسان)، والبقاء ليس قيمة أخلاقية وإنما قيمة بيولوجية، بل إن حلولية نيتشه أكثر راديكالية من الحلوليات الوثنية القديمة، فهذه الأخيرة كانت تدور على الأقل حول مطلق مادي، أما في عالم نيتشه فإن المركز يختفي تماماً وتكتسح العالم طاقة حيوية بلا اتجاه ولا نظام ولا غاية ولا بنية، فهي لوجوس (مطلق) بلاتيلوس (غاية) تشبه الإيمان بالأطباق الطائرة أو وجود قوى خفية في الكون تتحرك ولكنها في حركتها لا تهدينا سواء السبيل، فهو إيمان مطلق لا يمكن أن تؤسس عليه منظومات أخلاقية ويظل تجربة نفسية لطيفة أو مريعة.

ونحن نذهب الى أن سبينوزا ونيتشه ودريدا هم أهم فلاسفة المنظومة العلمانية المادية، وأن معظم الفلسفات الغربية التي ظهرت في القرن العشرين (بما في ذلك الصهيونية والنازية) خرجت من تحت عباءة نيتشه وأن فكر ما بعد الحداثة (بكل تياراته) هو امتداد لمنظومة نيتشه الفلسفية. وقد تأثر كثير من المفكرين اليهود من الصهاينة وغير الصهاينة بفكر نيتشه.

نيتشه وجذور ما بعد الحداثة

198

في الفرد والحداثة عند نيتشه

سعاد حرب(*)

يعتبر نيتشه أن فلسفته موجهة الى القرنين التاليين، أي العشرين والواحد والعشرين. ويرافق استباقه الزمني هذا نقد جذري للحداثة في مختلفة أوجه تحققها في المجتمعات الغربية. ومن جهة أخرى هو فيلسوف «الإنسان الأعلى»، الذي يمثل التحقق الأقصى للفرد الناشىء بفعل الحداثة نفسها. هنا يطرح السؤال حول مقاربة الفيلسوف الألماني للفرد وللحداثة، حيث ارتبطا معاً ابتداء من ديكارت الذي حدد الذات الإنسانية انطلاقاً من «العقل» وجعله المرجعية للأحكام. كما أكد نيتشه من جهته على المرجعية للإنسان والفرد من خلال مفهوم لهذا الانسان يتخطى المفهوم الحداثي له.

في هذه المحاولة يبدو من المهم بالنسبة لنا مقارنة مقاربة نيتشه للإنسان مع مقاربة ديكارت مؤسس الحداثة الفلسفية، ومع شوبنهاور الذي عمق مفهوم البنية الإنسانية التي تأثر بها نيتشه

(*) د. سعاد حرب، الجامعة اللبنانية.

مباشرة وانقلب عليها مقدماً بذلك مفهوماً للفرد يحضر لما صار إليه في الفلسفة المعاصرة.

تتحدد الحداثة الفلسفية بالعقلانية والذاتية، فهي تبدأ مع انبثاق الذاتية، أي مع الاعتقاد بأنه انطلاقاً من الإنسان فقد وللإنسان يمكن أن يكون في العالم معنى وحقيقة وقيم كما يرى آلان رونو[1]. حيث يعتبر الكوجيتو الديكارتي «أنا أفكر إذن أنا موجود» أول إرهاصاتها. لقد حدد ديكارت النفس الإنسانية بالفكر والوعي. ودرس في كتابه «انفعالات النفس» طبيعة الإنسان في ثنائية النفس والجسد ووضح خصائص كل منهما والعلاقة بينهما، رافضاً كل ما قدمه الفلاسفة السابقون، معتمداً منهجاً جديداً في البرهنة يبتدىء من كل ما يقره العقل انطلاقاً من الواضح والبسيط، مع قبوله «المؤقت» بالأخلاق المتعارف عليها في الحياة ودعوته الى اعتماد العقل في التقرير رغم أن الله قد يكون قد أقر أمراً آخر لا نعرفه.

في ثنائية النفس والجسد، يجعل ديكارت من الفكر والإرادة خصائص للنفس؛ أما الجسد فينسب اليه الحرارة والحركة. جاعلاً الوعي ـ وعي الرغبات والأفكار والإرادات ـ الخاصية الأساسية للنفس. أما الصراعات التي ننسبها الى النفس وأجزائها (كما كان يفسرها الفلاسفة القدماء) فإنه يردها الى الصراعات بين النفس وإرادتها من جهة والجسد وأرواحه الحيوانية من جهة أخرى. لقد جعل ديكارت الإرادة خارج الانفعالات، تؤثر فيها بواسطة الفكر الذي يبين للإرادة الأسباب التي تفيد في انفعال ما، فلا يكفي أن

---

(1) Alain Renault, *L'ère de l'individu,* Gallimard, 1989, p. 105.

تريد الإقدام والشجاعة ليتغير الإنفعال بل على الفكر (النفس) أن «تفحص الأسباب والأغراض والأمثلة التي تقنع بأن الخطر ليس داهماً ولا كبيراً، وأن من الأسلم دوماً الدفاع عن النفس لا الهرب..»[2]. إذاً، إذا كانت الإرادة مطلقة فهي ـ ولكي تؤثر ـ بحاجة دائمة الى الفكر الذي يساعدها على حسن الاختيار. إن الرجوع الى الإرادة في تحديد مصير الإنسان يشكل خاصية مهمة في تاريخ الحضارة الغربية المسيحية تمكننا من فهم الأهمية التي أعطاها لها فلاسفة الحداثة، رغم الاختلاف في ماهيتها ودورها بالنسبة لتصورهم للعالم وللإنسان، والتي ستأخذ معنى مختلفاً تماماً عند كل من شوبنهاور ونيتشه، حيث سترتبط بالرغبات عند شوبنهاور وستأخذ معنى قيمياً مؤسساً عند نيتشه.

إن الموازاة التي يقيمها ديكارت بين النفس والفكر تجعل من «الأنا» ماهية قائمة بذاتها، تتحدد بوعي الفكر لنفسه، وبإدراكه أنه يفكر، رافضاً بالتالي أي نوع من اللاوعي القائم على حدود النفسي ـ الجسدي. فهو لا يقبل بالتالي سوى النفس ـ الفكر والجسد، أي الثنائية التي سيتجاوزها نيتشه، حيث يقدم رؤية مختلفة للإنسان، رغم أن معارضة نيتشه العنيفة لديكارت ـ وكما يبين ذلك هايدغر ـ ليست إلا لأن تمثل الذاتية عند ديكارت لم يبلغ أقصاه.

ستتعرض هذه الرؤية التي قدمنا مختصراً عنها عند ديكارت الى تغير أساسي في المفهوم الذي سيقدمه شوبنهاور دون التعرض

(2) ديكارت: انفعالات النفس، ترجمة وتقديم وتعليق جورج زيناتي، دار المنتخب العربي، 1993، ص 36.

لأهمية الفرد، الذي سيصبح الشكل الأساسي لتمظهر الإرادة في عالم الظواهر. وسيعمد شوبنهاور من خلال رؤيته الفلسفية للإنسان والوجود الى تبرير الأخلاق المسيحية على أساس ينتقد العقلانية والوعي بصفتهما خصائص النفس الإنسانية الوحيدين، كما سيتم تجاوز الثنائية الديكارتية، نحو رؤية تضع الجسد كأساس في تصور الفرد. لقد شكل نيتشه نظرته للعالم من خلال قراءته لفلسفة شوبنهاور ولكنه وجه رؤيته فيما بعد وجهة مناقضة لها. وتبرز المقارنة الأولية بينهما اختلاف مقاربة كل منهما للفلسفة. فشوبنهاور يبقى داخل إطارها «التقليدي» إذا استطعنا قول ذلك، إذ إنه يحاول بناء نظام فلسفي متناسق، فينتقل بتحليله من نقطة الى أخرى مبرراً ورابطاً فكره بمن سبقه من الفلاسفة خاصة كانط وأفلاطون. ويدمج الفهم النفسي للظاهرات التي يدرسها في إطار فرضية فلسفية. مع نيتشه، تتغير طبيعة المعالجة الفلسفية (رغم الاتجاه النفساني الذي يميز معالجتيهما) إذ تصبح الفلسفة أكثر جذرية وتتجاوز المنتهي وتتفتح لتصبح فناً وميداناً للخلق.

ينظر شوبنهاور الى الوجود من خلال رؤية كانط الذي يقسمه الى مستويين: عالم الأشياء في ذاتها (النومين) وعالم الظواهر (الفينومين). يجد شوبنهاور أن الإرادة (إرادة الحياة) هي حقيقة الشيء في ذاته وهذه الإرادة واحدة تقوم خارج مبدأي التفرد: الزمان والمكان ومبدأ العلية، شروط تمظهرها في عالم الظواهر. وهي جهد لا هدف له ولا غاية، تظهر كاملة في كل شيء من أشياء الوجود الطبيعية وفي كل كائن حي، من أدنى مظاهر القوى الطبيعية حتى الكائن الإنساني. إلا أن تمظهرها المطابق لماهيتها لا يتم مباشرة في أشياء الوجود، بل في «المثل» التي يستقيها

شوبنهاور من فلسفة أفلاطون، حيث تتموضع الإرادة في عالم الظاهر، تبعاً لدرجات، تشكل كل درجة منها «مثالاً» وبالتالي لا أهمية للفرد المتموضع في الظاهرة بل لـ «النوع» الذي لا يظهر في الزمان والمكان الخاصين بالأفراد، فهو ثابت لا يخضع للتغيير، ولا للصيرورة بينما يولد الأفراد ويموتون. فالجاذبية مثلاً هي واحدة في كل تمظهراتها وقلما نجد فرقاً بين أفراد نوع واحد من الحيوانات. أما صراع الإرادة من أجل الوجود فإنه يتبدّى من خلال الحرب التي يشنها أفراد الأنواع للبقاء، ومحور هذا الصراع هي «المادة»، (La matière) التي يتنازعون للحصول عليها. هذه المادة المتشكلة من اجتماع الزمان والمكان في الشكل وفي مبدأ العلية تنزع الارادة من خلالها الى الوجود، فالظاهرات لا توجد كلها دفعة واحدة إذ لو وجدت كلها وفي كل المادة لانعدم المكان والزمان.

ما هو موقع الإنسان في هذه الرؤية العامة للوجود عند شوبنهاور؟ وما هي قيمة الفرد في «النوع» الذي يشكله الإنسان؟

في درجات تموضع الإرادة الدنيا يمكن معرفة ما سيصدر عن الأفراد بمجرد معرفة الخصائص النفسية للنوع الذي ينتمون إليه، أما الإنسان فعلى العكس، إذ يجب دراسة كل فرد لذاته، حيث تتميز كل شخصية عن الأخرى. فالإنسان يشكل أعلى درجة تمظهر للإرادة، حيث يبدو كل فرد كأنه تمظهر لمثال خاص. هنا تبدو الأهمية التي يعطيها شوبنهاور للإنسان الفرد ـ يمكن رؤية قوله بمثال لكل إنسان أن تكون مستمدة أيضاً من فلسفة أفلاطون الذي يجعل لكل روح مثال ـ فما أن تظهر الإرادة في الإنسان حتى يظهر تفرد كل كائن انساني هو الناتج من كونه مثالاً فيكتسب

قيمة في ذاته يبدو أنها تعادل قيمة النوع في الكائنات الأخرى، على أن هذا التفرد يبقى «أولياً» إذ أمكن قول ذلك. فالفرد هنا تعبير عن هذه الإرادة وليس تأسيساً لها وللعالم، وهو خاضع لهذه الإرادة المندفعة اللاواعية. ولكن في إمكانه تجاوز هذه الإرادة والقضاء عليها عن طريق الذات العارفة الخاصة بالفنان والقديس، حيث يتم التوصل الى ذاتية تتجاوز التمظهر الأول للإرادة في الإنسان (الفردية)، فيتم بالتالي تأكيد ذاتية الإنسان كمرجعية للعالم والوجود، حيث تتميز الذات العارفة بإمكانية تأملها للإرادة المتمثلة بالمثل. ولكن الوصول الى هذا التأمل لا يتم بواسطة العلم بل عن طريق حدس يفترض نمط حياة يتجاوز الفردية الخاضعة للإرادة، ويستتبع بالتالي موقفاً أخلاقياً وجمالياً من الحياة. ففي تحليله للإنسان «الفرد» يضع شوبنهاور الفكر في خدمة الإرادة، ويجعله الوسيلة التي يمكن من جراء اتباعها أن نخضع الآخرين، ولكنه لا يقدم المعرفة الحقيقية للإنسان، هذه المعرفة لا تتم إلا من خلال الحدس المنبع الخصب والحقيقي للمعرفة. هنا تفرض علينا مقارنة بين شوبنهاور وديكارت، الذي يجد مرجعيته في العقل والعلم، حيث اعتمد منهجه المستمد من العلوم الرياضية والمنطق. أما شوبنهاور فإنه وجد الحقيقة في عالم المثل الأفلاطوني الذي لا يشكل حداً نهائياً بل هو صورة أولى لمرجعية أعمق هي الإرادة اللاواعية. لقد أبقى شوبنهاور على الحقيقة. وجعل بلوغها عن طريق حساسية واستعداد أخلاقي نفسي عند العبقري، الذي يهدف الى بلوغ هذه الحقيقة، وابلاغها. وتختلف هذه الحقيقة عن تلك التي تقدمها العلوم، إذ إن هذه الأخيرة تدرس قوانين تغير الظاهرات ـ في الطبيعة مثلاً ـ

بينما موضوع معرفة المثل هو ماهية العالم الحقيقي للظاهرات، فصارت الفردية تتميز بإمكانية الإبداع والخلق ومعرفة الحقيقة الأولى للوجود. والعبقري يبدع المثل الأبدية التي أدركها بالتأمل الصرف، حيث تم تجاوز ثنائية النفس والجسد الديكارتية في وحدة تجد عبارتها في الفن والإبداع مع إبقاء شوبنهاور على مرجعية «موضوعية»: «عالم المثل» خارج عالم الظواهر، عالم وسيط يشكل خلاصاً للإنسان من الإرادة اللاواعية، ويجد أساسه في بنية الوجود نفسه. مع نيتشه، سيتم القفز في المجهول، في عالم لا يملك أي حقيقة موضوعية سوى تلك التي تخلقها الذات المريدة.

وإذا كانت الإرادة عند ديكارت هي حرية إقرار النفي والتأكيد وتُعادل إرادة الله فقد جعل شوبنهاور من الإرادة الأصل المكون للعالم وهي لا واعية بطبيعتها. والوعي يجعل الإرادة تعرف ماذا تريد في لحظة معينة وفي مكان معين؛ أما ما تريده عموماً فهي لا تعرفه إطلاقاً. فالهدف الذي تبلغه ليس إلا نقطة انطلاق جديدة لهدف آخر وهكذا الى ما لا نهاية.

لا يتم الانتصار على هذه السيرورة، إذاً، إلا بإلغاء الإرادة وذلك عن طريق الفن الذي نبلغ بواسطته عالم المثل، والعبقري هو من يحقق ذلك. فالعبقرية عند شوبنهاور هو نسيان كامل للشخصية. عبر التأمل الصافي للمثل، التحقق الأول والمعادل الحقيقي للإرادة. وتفترض العبقرية توجهاً موضوعياً للذهن يحرر المعرفة من عبودية الإرادة، وهذا ما يؤدي إلى فقدان الفوائد والغايات الذاتية، فيخرج العبقري من فرديته ولا يصير سوى ذات عارفة صرف. يقارن شوبنهاور هذا التأمل بالتأمل الأفلاطوني

للمثل، حيث يتجاوز الفيلسوف عالم المحسوسات ليصل الى عالم المثل.

العبقري عند شوبنهاور هو الذي ـ كما أشرنا ـ يتأمل المثل الأبدية، حيث يتم تموضع الإرادة. فإبداعه بالتالي ليس سوى نقل لعالم قائم يتوحد به ومعه. فالعبقري وهو فرد (إرادة) تحوّل الى ذات عارفة يلقى ذاته (وهي الإرادة) في تمثلها المماثل لحقيقتها. في هذا التوحد يتم الكشف عن الحقيقة الوحيدة للشيء في ذاته، حقيقة كل العالم وكل الوجود الموضوعي. هنا يستعير شوبنهاور كلام «الأوبانيشاد» أنا كل هذه المخلوقات في كليتها، وليس هناك من كائن سواي[3]. لأنه من دون هذه المعرفة لا يمكن للشيء في ذاته أن يتحول الى موضوع، ويبقى بالتالي مجرد دفع أعمى. إن إمكانية التحول الى ذات عارفة لا ينفي الأساس الذي قامت عليه عند العبقري وهو تفرده الأساسي بصفته فرداً يجد مرتكزه في الجسد. إذ يرى شوبنهاور أنه لن يكون بإمكان العبقري والفنان والقديس إدراك ماهية التمثل إذا لم يكن لديهم جذور في هذا العالم، وهذا الجذر هو الجسد. فحتى في حالة التأمل لا ينفصل الفنان عن أصله الذي يعطيه فرديته. «في الواقع سيكون من المستحيل العثور على المعنى المرجو لهذا العالم، الذي يبدو لي كتمثل فقط، أو العبور من هذا العالم بصفته مجرد تمثل للذات العارفة، الى ما يمكن أن يكون خارج التمثل، لو كان الفيلسوف

---

(3) Schopemhauer, Arthur: *Le monde comme volonté et comme représentation,* traduit par Auguste Burdeau, Paris, P.U.F, 14 édi 1996, p 234.

نفسه لا شيء آخر غير الذات العارفة الصرف (رأس ملاك مجنح بدون جسد). ولكنه يملك ـ في الواقع ـ أرومته في العالم، بصفته فرداً فهو جزء منه. معرفته فقط تجعل تمثل العالم كله ممكناً، لكن هذه المعرفة نفسها لها شرط أساسي. وجود الجسد، الذي تشكل تغيراته ـ كما رأينا ـ نقطة انطلاق الفهم (L'entendement) لحدس هذا العالم»[4]. يقبل شوبنهاور بالتالي «فردية بيولوجية» وانطلاقاً منها يتم تجاوزها للوصول الى «عالم المثل» من خلال سيرورة داخلية، مع أنه يقول: إن معرفة المثل لا تحصل إلا إذا حصل تغير في الذات العارفة. فالذات «بمقدار ما تعرف المثل لا تعود فرداً». في تأمل المثل يدرك العبقري حقيقته، التي هي حقيقة العالم والفرد المتكون في تمظهره الأول في الجسد. ربما يمكن القول إن شوبنهاور يلغي الإرادة في تمثلها الأول ليسمح للذات العارفة (العبقري والفنان والقديس) أن توجد في مستوى آخر وذلك عن طريق التقشف. فالتقشف هو ما يتوصل إليه من يرى أبعد من مبدأ التفرد، من يعرف ماهية «الشيء في ذاته» فيرفض الإرادة المتجسدة في جسده والمتمثلة بالرغبة الجنسية. تبدو حداثة شوبنهاور في تأكيده أن الإنسان المتمثل في العبقري والفنان والقديس هو من يعطي المعنى الحقيقي للإرادة ويمكّنها من بلوغ غايتها، أي إدراكها لذاتها. وهو يرى أن هذه الإمكانية موجودة عند جميع البشر ولكنهم لا يستطيعون أن يمارسوها سوى لوقت قليل بينما العبقري والفنان والقديس يمارسونها بشكل مستمر. إذاً، يبقى أي فرد قادراً على بلوغ مرتبة

---

(4) *Ibid,* p 140.

التأسيس للوجود وبلوغ الحقيقة ولكن ذلك مرتبط بموقف أخلاقي، فالفرد (الجسد) بتحوله الى ذات لا يلغي الفردية بل إنه يؤكدها في ماهيتها العميقة، طالما أن المعرفة المُحصلة لا تجد أساسها في فكر علمي ـ إذا أمكن قول ذلك ـ كما عند ديكارت. يبدو لنا بالتالي أن شوبنهاور قد اعتمد تراتبية بين البشر تعتمد على الموقف من الإرادة، التي يعرفها على أنها الرغبات التي لا تقود سوى الى الألم أو الملل. كما أنه قد هيأ لموقف نيتشه من خلال تحليله الذي بين أهمية الغرائز ودورها في الحياة الإنسانية، حيث جعل الفكر في خدمة الإرادة اللاواعية التي جعلها أصل الوجود. وهنا ما يعتبره الخطوة الأولى في التقشف وكذلك الفقر الإرادي المتعمد. تبدو أهمية هذه الرؤية في وحدة الكائن الإنساني وتأكيد «أناه» المتميز حتى عند إدراك الحقيقة: «أنا كل هذه المخلوقات..». وجعل المعرفة مرتبطة بأسلوب حياة يوحد بين الحقيقة والفن والأخلاق، وهذه رؤية سيتابعها نيتشه ولكن من منظور مختلف.

يمكن القول بالتالي إن شوبنهاور أرسى الفرد على المستويين: الظواهر والنومين. فالوجود لا يجد معناه وتبريره إلا من خلال العبقري. الإنسان الفنان هو أساس الوجود وركنه لأن إدراك الإرادة لذاتها في المثل هو هدفها. أما على مستوى الظواهر فلقد جعل من كل فرد شخصية قائمة بذاتها رغم وحدة الماهية التي تشكل البشر. فجعل من كل فرد «مثلاً» قائماً بذاته. ورغم التحول الذي تعرفه الذات العارفة فإنه يتم من خلالها تأكيد «أنا» الفنان أو العبقري أو القديس. ما يحصل هو تضخم لهذه الأنا وليس انطفاء لها. إذ إنها تبقى كما رأينا مرتبطة بجذرها الجسدي. وهذا

ما يسمح بالتأكيد ـ كما يرى جان ماري شيفر ـ بأن فلسفة
شوبنهاور هي فلسفة «جسد» أكثر منها فلسفة «ذات»، باعتبار أن
الذات العارفة لا تتوصل الى معرفتها بواسطة استنتاج أو برهان،
بل نتيجة لحدس أساسي يتعلق بالحياة. يلغي شوبنهاور الإرادة
المتمثلة في الأفراد والشخصية ليسمح لهذه الإرادة بالذات أن
ترتفع وأن تتحول في الذات العارفة إلى مستوى آخر محققة
انتصارها على ذاتها، مقدماً للإنسان وسيلة خلاص يتجاوز بها
الرؤية المسيحية من خلال جعلها (الأخلاق المسيحية) خلاصاً
لكل البشر؛ وبما أن فلسفته وأخلاقه لا تعتمد على أوامر إلهية أو
على الأمر القطعي الكانطي، بل نتيجة لحدس مباشر للعالم
وحقيقته، حيث يوحد التقشف الذي يدعو إليه بين القديسين
المسيحيين والزهاد الهندوس والبوذيين، يرى «أن أقرب العقائد
إلينا ـ من بين كل العقائد ـ هي المسيحية التي تحرك أخلاقها
الذهنية نفسها، ليس فقط روحية الشفقة، مدفوعة الى أقصى
حدودها، ولكن روحية التخلي» حيث نمت هذه الروح في كتابات
القديسين والمتصوفة.

لقد استعاد شوبنهاور الأخلاق المسيحية انطلاقاً من فلسفة تبتعد
عنها في أصولها. ويمكن القول في متابعة مسار كانط إن
شوبنهاور قد «أسس فلسفياً» للأخلاق المسيحية انطلاقاً من مفهومه
في الإرادة. وفي ذلك يقول نيتشه: «الشيء في ذاته، كان الله عند
الفلاسفة وفي المسيحية فجعله شوبنهاور الإرادة ولكنه بقي متمسكاً
بالمثال المسيحي فجعل هذه الإرادة سيئة»[5] .

_____

(5) نيتشه: إرادة القوة، ج2، ص 127.

أشرنا الى أن هايدغر يرى أن نقد نيتشه لديكارت يعود الى أن الفيلسوف الفرنسي لم يمض بالذاتية الى أقصى مدى لها. ويمكننا متابعة ذلك من خلال الأهمية التي يبدو أن كلاً من الفيلسوفين يعطيها لله وعلاقة ذلك مع انبثاق وتأكيد الذاتية. فديكارت، الذي أسس لمفهوم الذات كفكر انطلاقاً من «أنا أفكر إذاً أنا موجود»، أرسى وجود العالم والأشياء على وجود الله ومعرفتنا به، فهو يقول في فقرة من التأمل الرابع عنوانها «في أن معرفتنا لله هي السبيل الى معرفتنا للأشياء الأخرى» «... وهكذا يخيل إليّ أني اهتديت الى طريق ينقلنا من التأمل في الإله الحق، الذي يشتمل على ذخائر العلم والحكمة، الى معرفة الأشياء الأخرى في الكون»(6). بينما رفض نيتشه وجود العالم الخارجي الموضوعي، انطلاقاً من الذات الإنسانية، جعلها الموجود الأوحد، بل هي العالم، عندما يقلب إشكال كانط وشوبنهاور المتعلق بمعرفة «الشيء في ذاته» والظاهر الى إشكال «كيف بإمكاننا أن نعرف أن هناك أشياء»(7). هنا يمكن القول إنه يعيد السؤال الى الإشكال الديكارتي الذي وجد يقينه في «الذات المفكرة» وجعل الله ضامناً ليقينية وجود العالم. بينما أكد نيتشه «موت الله» وقاده بحثه الى تأكيد آخر لحقيقة الوجود: «نحن من خلق وجود الأشياء» وعملية الخلق هذه هي الواقع بعينه، حيث بإمكاننا أن نخلق عالم الظواهر بطرق أخرى، وبالتالي ألا يكون تأثير العالم الخارجي علينا نتيجة لتلك «الذاتيات» المريدة؟ ويخلص نيتشه الى النتيجة التالية:

---

(6) ديكارت: تأملات ميتافيزيقية، ت 4، ص 161 ـ 162.

(7) نيتشه: إرادة القوة، ص 303، ف 275.

«الذات فقط يمكن البرهنة عليها ويمكن طرح فرضية أنه لا يوجد إلا ذاتيات» و «ان الموضوع ليس إلا نمطاً لتأثير ذات على ذات، نمط من الذات»[8]. وفي تأكيده الذات الخالقة وبأنها أساس الوجود الذي تخلقه، حيث تتعدد إمكانيات تشكلاته يظهر تجاوز نيتشه لديكارت في ناحيتين: تعريف الذات بأنها مريدة وخالقة وبأن إثبات وجود العالم لا يمر عبر الله. فالمرجعية المطلقة هي للذات، التي يتميز مفهومها عن رؤية كل من ديكارت وشوبنهاور في آن معاً.

في «أصل الأخلاق وفصلها» يحلل نيتشه مفهوم القول بوجود ذات محايدة قائمة بذاتها، المفهوم المنبثق عن تصور الضعفاء أن خلف الفعل يوجد فاعل محايد يستطيع أن يقرر إذا كان يريد أن يفعل هذا الفعل أو أن يفعل نقيضه، بأنه تصور ناتج من اللغة وعن أخطاء العقل، إذ لا يوجد بالنسبة لنيتشه سوى الفعل. فالذات مجرد وهم وتخيل أو وظيفة لغوية: «سواء كانت ذرة الأبيقوريين، أو الماهية عند ديكارت، أو «الشيء في ذاته» عند كانط، كل هذه الذاتيات هي إسقاط لـ «أحضان صغيرة متخيلة»[9]. ويرى فيلسوف «إرادة القوة»، أن «أنا أفكر، إذاً، أنا موجود» هي فرضية يقبلها ديكارت لأنها تعطيه أسمى شعور بالمقدرة والأمان. كما يذكر ذلك هايدغر[10].

أما الذهن فهو عند نيتشه «الحياة التي تحز بنفسها الحياة...».

---

(8) الموضع السابق.

(9) دولوز: نيتشه والفلسفة، ص 141.

(10) هايدغر: نيتشه، ج 2، ص 141.

كما أن الذهن موجود في كل الكائنات العضوية. «أفترض وجود
ذاكرة ونوع من الذهن عند كل الكائنات العضوية، والجهاز مرهف
لدرجة يبدو لنا أنه غير موجود»[11]. ويعارض هذا الموقف كلياً
رؤية ديكارت، إذ يمنح نيتشه مقدرة التفكير للكائنات العضوية
مؤدياً بالتالي إلى تغير في مفهوم الجسد كما عرفه الفيلسوف
الفرنسي، فلم ينظر إليه على أنه آلة الحركة وامتداد له، بل صار
يملك مقدرة التفكير الذي لم تعد حكراً على الوعي الإنساني.
فهو يدخل في صفات الحياة، مؤسساً بالتالي كما يبدو لنا لمفهوم
اللاوعي، كما سيبرز عند فرويد. تطرح هذه الرؤية السؤال حول
مفهوم نيتشه للجسد والغريزة. فللجسد حكمته، الوعي آخر درجة
من درجات التطور التي عرفها الكائن العضوي. و«الذهن الكبير»
الذي هو الجسد، أي الفكر العضوي، لا يني يحسب حسابات
دقيقة وتلقائية لعلاقات القوة، وفي حال التوازن تصل الفكرة الى
الوعي. فالجسد عبارة عن قوى تتصارع في داخله كما يحلل
لوران بول دروا. في مقابل الانفصال الذي أقامه ديكارت بين
النفس والجسد، يقيم نيتشه توازناً بين قوى أساسها «إرادة القوة».
حتى الغريزة ليست مرجعية نهائية ولا تفسر شيئاً عنده، لأنها هي
نفسها نتيجة لسيرورة طويلة توصل بعدها الجسد الى ردات فعله
الغريزية المناسبة. فالجسد مكون من غرائز متصارعة تشكلها
الإرادة. أما الروح فهي مجموع الغرائز التي لم تجد منفذاً والتي
تمنعها قوة قامعة من الانفجار في الخارج، وهذه الغرائز تعود الى
الداخل وهذا ما يسميه الاستبطان، الذي سينمي فيما بعد ما

---

(11) ياسبرز: نيتشه، ص 306 «13 ــ 332».

سيسمى الروح[12]. يبدو أن نيتشه يرفض مفهوم الروح كماهية قائمة بذاتها منفصلة عن الجسد مع إمكانية القول بـ «الذات»، التي تبدو نتيجة لعملية نمو وتفاعل بين قوى الجسد المتصارعة داخلياً من جهة وتفاعلاته مع الخارج (إذا أمكن قول ذلك). إن رؤيته للذات ـ مرتبطة بالجسد ـ يندرج ضمن مفهومه للحياة التي لا يراها على أنها معطى بيولوجي فقط، كما يذكر مؤلف كتاب «نيتشه أو الأخلاق المستحيلة» بل هي تدخل في سياق تراتبي قيمي: الحرية والخلق والوعي والتفرد. فيصبح التفرد في الإبداع وخلق العالم ميزة كل فرد. إن قول نيتشه بـ «الذات المريدة» وبأنها الفرضية الوحيدة التي يمكن تأكيدها، يضع الإرادة كأساس للذات وليس الفكر ويؤسس لمفهوم «وحدة» الإنسان التي يمكن فهمها من خلال قوله بـ «الذهن الكبير». وكل فعل إرادي ينتج عن عدة عوامل تشترك فيما بينها كما يبين في «ما وراء الخير والشر»: «تبدو لي الإرادة شيئاً معقداً، شيئاً لا يملك من الوحدة إلا الاسم، وفي هذه الوحدانية يكمن الحكم المسبق الشعبي الذي خدع تنبه الفلاسفة المخدوع دائماً. لنكن لمرة أكثر حذراً، لنكن فلاسفة بدرجة أقل لنقل أنه في كل إرادة هناك في البدء مشاعر متعددة... أخيراً هناك إحساس عضلي ثانوي يبدأ العمل آلياً ما إن نبدأ بالرود(*)، حتى لو لم نحرك يداً أو ساقاً. وكما أن الشعور، والشعور المتعدد هو بالطبع أحد مقومات الإرادة، فإنها تحتوي أيضاً «فكرة» ـ في كل فعل إرادي هناك فكرة تقود ـ ولا

---

(12) نيتشه: أصل الأخلاق، الطبعة الفرنسية، ص 120.

(*) الرود: فعل الإرادة. (المحرر)

نعتقدن أنه يمكن عزل هذه الفكرة عن «الرود» للحصول على ترسب يكون بعد إرادة. وفي المقام الثالث، فإن الإرادة ليست فقط مركباً من الشعور والفكر ولكنها أيضاً حالة عاطفية، انفعال القيادة(13). يظهر في بنية الإرادة إذاً، عدم إمكانية القول بافتراق بين الفكر والجسد، في تميز الذات المريدة. فـ «إرادة القوة» تتمظهر في الكائن ككل فالجسد يفكر، والفكر لا ينفصل عن الجسد. كما أن قول نيتشه بالجسد لا يعني أنه يرجع إلى معطى نهائي محدد غير قابل للتطور والتحول.

يرى هايدغر في رجوع نيتشه الى الجسد والغرائز موقفاً نكوصياً، تترتب عليه نتائج فادحة(14). يبدو لنا أنه تمكن مناقشة هذه المسألة، إذا رأينا أن نيتشه لا يرجع الى الجسد كما يراه ديكارت: مجرد آلة، من جهة، ولا يعرّف الإرادة كما يراها شوبنهاور: رغبات لا متناهية للجسد، من جهة ثانية. نعرف أن فيلسوف «إرادة القوة» يعتمد في بحثه الفلسفي على الاستقصاء النفسي، فهو ينظر الى الجسد من خلال رغباته وأفكاره اللاواعية، حيث يرى خلفه وفيه «ذات أساسية» تسعى الى الخلق، فرجوعه الى المبدأين الأبولوني والديونيزي والقيم ومفهوم الخلق والإبداع يجعله أبعد من عملية نكوصية، فالحياة عنده ليست معطى بيولوجي فقط، بل هي معطى قيمي. أن تعيش هو أن تقوم. حيث لا توجد حقيقة للعالم المفكر ولا للعالم الحسي، الكل هو

---

(13) *Par-delà le bien et le mal,* parag. 19, p. 49-50.

(14) نيتشه ناقداً كانط، ص 50.

تقويم، وحتى وبالأخص الحسي والواقعي[15]. والتقويم أخلاق، إذ يوازي نيتشه بين الاثنين. وتستتبع الأخلاق تقويماً لتراتبية الاندفاعات، وليس فقط للأفعال الإنسانية. إن عودته للجسد هو إعادة تقويم له دون أن يجعل ذلك منه فيلسوفاً مادياً. إذ إنه يقول عن نفسه وبعد أن وازى بين القوة النفسية وفيزيولوجية الجسد يقول: «إن تصوراً كهذا ـ وليقال ذلك فيما بيننا ـ لا يمنع من البقاء خصماً موطد العزم لكل مادية»[16].

إن رجوع نيتشه الى الجسد لا يعني أن الجسد حدود الإنسان، بل ينظر إليه كأساس، إذ تتحقق القيمة القصوى بالخلق، وبتجاوز الإنسان لنفسه. وكما وضعت المسيحية وشوبنهاور شروطاً جسدية (التقشف ونبذ الرغبات) ونظرت الى الجسد كشر وكعائق أمام الخلاص، يضع نيتشه شروطه لإمكان تحقق الإنسان الأعلى. لا يعني ذلك ترك الاندفاعات بحريتها اللاواعية، إذ يرى نيتشه أن الغرائز ـ حتى غريزة المعرفة ـ في أساسها سوقية. وإذا كان اكتشاف اللاوعي ـ عند نيتشه وفرويد ـ قد أدى ـ كما يرى آلان تورين ـ الى تحلل الأنا ـ وليس الى تحرر الفردية، وصارت الأنا بالتالي صلة توازن غير مستقر بين الهو والأنا الأعلى[*]، فإن هذا الانحلال يضعنا أمام مسألة القيمة. فلا يمكن للأنا وبالتالي

---

(15) دولوز: نيتشه والفلسفة، ط. ف. ص 211.

(16) نيتشه: أصل الأخلاق، ط . ف. ص 196.

(*) أنظر «نيتشه وفرويد»، بول لوران اسوف حيث يحلل أن نموذج نيتشه ليس أبوياً شأن فرويد، بل أمومياً

للذات أن تكون ماهية منتهية[17]. فزرادشت يقول في «هكذا تكلم زرادشت»: «والحياة نفسها أخبرتني هذا السر. قالت أنظر، أنا ما يجب أن يتجاوز نفسه دائماً»[18]. إن هذا التجاوز والخلق يتمظهر عند نيتشه في خلق الإنسان الأعلى، الذي لا يعني انبثاقاً جديداً من عدم. «ليس على قاعدة ابتكار حرٍّ للذات، ولكن انطلاقاً من تعديلات للغرائز الجماعية سيجد الإنسان المتحرر إزاء المجتمع ـ الجهاز العضوي ـ هويته الخاصة. سيتوصل الى أن يخلق إمكانية وجوده الفردي بفضل إعادة تنظيم (تمثل) حذف للغرائز في داخله[19]. وبعبارة أخرى، نراها في «ولادة المأساة» مفادها أنه في التقدم المستمر والتأثير المستمر بين الديونيزي والأبولوني يتم التوصل الى تربية الإنسان. إن الجذر الأساسي للذات وبالتالي للوجود يبدو في التأويل الذي يعطيه نيتشه للحياة، وهو «إرادة القوة»، التي يعرفها هايدغر على أنها شغف. ولكنها شغف تجاوز. فإذا كان الجسد قد صار الخط الميتافيزيقي الذي يقود الى حيث يتم كل تأويل للعالم[20]. فإن هذا الخط الميتافيزيقي ليس شيئاً منتهياً بل يخضع هو نفسه للتأويل.

نعتقد أنه لا بد من ملاحظة عدة مستويات في معالجة نيتشه للجسد. إذ إنه يرجع إليه في محاولة لإعادة تقويمه من الناحية

(17) آلان تورين: نقد الحداثة، ص 341.
(18) نيتشه: هكذا تكلم زرادشت، ط. ف. ص 159.
(19) نيتشه والميتافيزيقيا، ص 148.
(20) هايدغر: نيتشه، ج 2، ص 152.

الميتافيزيقية والنفسية والأخلاقية والعلمية ويربط بين هذه المستويات منظور يهدف الى الإنسان الأعلى (أعلى نمط ممكن للإنسان). إن رجوعه الى «الأرض» و «الجسد»، «لنبقى أوفياء للأرض»؛ يبدو لنا أنه رجوع الى مفهوم حيوي للإنسان، فالإنسان جزء من الطبيعة، ولكن نيتشه يقول أيضاً، أنه ليس هناك من إنسانية طبيعية. فلا يدعو بالتالي للعودة الى الطبيعة، ولكن الإنسان يصنع طبيعته، إنها شيء نصل إليه. إن لمفهوم الطبيعة طابع علمي، هو الكائنات العضوية وغير العضوية التي نتشكل منها، ونيتشه يعطي قيمة علمية للأشياء غير العضوية، فيرى مثلاً أن للأملاح المعدنية والمياه التي يتركب منها جسمنا تأثيراً بليغاً فينا يتجاوز تأثير المجتمع. كما أنه ينظر الى الغرائز من ناحيتها الفيزيولوجية لدرجة أنها تؤثر في الدماغ. وهو يقول إنه في المجال العضوي لا يوجد نسيان. ولا نعتقد إنه يقصد بذلك «الذاكرة العاطفية» فقط كما يرى بول لوران آسون. إذ إنه حتى مادياً ـ أي في جسده ـ يحمل الإنسان في تطوره تاريخ كل السلسلة.

إن قوله «بالذهن الكبير» الذي هو الجسد، لا يبدو لنا إنه يجعل منه، بحد ذاته (أي الجسد) الغاية القصوى. وإذا كان شوبنهاور قد جعل من الجسد أول تمظهر للإرادة، في الشروط المحددة بدرجة التفرد المتعلق بها، حيث لا تكون الإرادة النامية في الزمان والمكان ومبدأ العلية إلا شرحاً للجسد وتفسيراً لما يعنيه، سواء بمجمله أو بأجزائه «الشيء في ذاته»، الذي يشكل الجسد أول شكل مرئي له[21]. هذا التصور للإرادة على أنها

---

(21) شوبنهاور: العالم كإرادة وتمثل، ص 412.

الجسد يتفق عند شوبنهاور مع رؤيته للإرادة على أنها الرغبات التي تتتالى فتؤدي إما الى الملل أو الى الألم. هنا لا بد من مقارنة مع مفهوم الإرادة عند نيتشه، الذي ينتقد رؤية شوبنهاور للإرادة: «إن الاعتقاد الأساسي لشوبنهاور بخصوص الإرادة (الاعتقاد أن الحاجة، الغريزة، والنزوة هي جوهر الإرادة) مميز: خفض قيمة الرود إلى درجة تصل كلياً الى سوء معرفته وكذلك كره الرود، محاولاً أن يرى في التخلي عنه (الرود) قيمة عليا، القيمة العليا بامتياز: «عارض خطير للعياء أو لتعب الإرادة لأنها بالضبط من يأمر الرغبات ومن يرسم لها طريقها ويعين لها مقدارها»(22). فالإرادة إذن عند نيتشه ليست الرغبة بل ما يعطي للرغبة قيمتها، كما أنها ليست النزوة بل هي ما يقوم، الإرادة هي تقويم. ويمكن هنا أن نورد موقف نيتشه من اللذة حيث يقول: «الإنسان الدنيء طفيلي، لا نملك الحق بأن لا نكون سوى متمتعيين، فإن ذلك منحط»(23). يتبين لنا، من خلال نقد نيتشه لفيلسوف «إرادة الحياة» ونقد موقفه من المتعة، سوء الفهم الذي غالباً ما تعرضت له فلسفته وقوله بالجسد. يبدو لنا أن نيتشه قد قال «بالتعالي» كما يرى أحد المؤلفين. وهذا التعالي، الذي يقومه فيلسوف «إرادة القوة» في بنية «إرادة القوة» نفسها في «التجاوز والخلق»، هو الذي يميز الإنسان الأعلى والفرد السيد ويعمد نيتشه الى جعله قائماً في هذه الحياة نفسها ـ ففلسفته فلسفة قيم ـ حيث

---

(22) نيتشه: إرادة القوة، ج 2، ص 31، ف 43.

(23) المرجع السابق، ص 232، ف 635.

جعل الإرادة نفسها من يقوم كما رأينا في موقفه من تصور شوبنهاور لها. وكذلك موقفه من الغريزة التي يرى أنها نوع من التفكير المصور، الذي يتحول الى إثارة وحافز. فهو من ناحية لم يجعل منها ماهية قائمة بذاتها ومنتهية ولم يحكم عليها بالسوء شأن الدين المسيحي وشأن شوبنهاور، بل جعلها معطى يخضع للإرادة ودرس حيثيات تفاعلاتها وآثارها وجعل نشوء الروح نتيجة لها. ويمكن ملاحظة دقة موقف نيتشه فيما يقوله بخصوص التحريم. «تأثير التحريم: تولِّد كل قدرة تمنع وتعرف أنها توحي بالخشية عند من تحرمه شيئاً ما تولِّد الضمير المتعب (أي الرغبة في فعل شيء ما بالتضافر مع فكرة أن إشباع هذه الرغبة سيكون خطيراً، ومع ضرورة الاحتفاظ بالسر وأخذ مسالك ملتوية واحتياطات) يجعل كل تحريم من الطبع أشد سوءاً عند أولئك الذين لا يخضعون له إرادياً ولكن يخضعون فقط بالقوة»[24]. في هذا المنظور الذي يهدف الى تمثل التحريم إرادياً بهدف الوصول الى إنسان «سوبر أخلاقي» ـ كما يصف «الفرد السيد» في بداية التاريخ ـ حيث لا يقصد نيتشه التحريم والتقشف في حد ذاته، إذ ليس هناك من معنى في ذاته لأي شيء، بل من يقوم بالعمل والنوعية التي يتم بها والوجهة التي يأخذها هذا العمل، وهي التحريم والتقشف. لا بد هنا من مقارنة مع فرويد، حيث تشكل دراسة الغرائز مادة لكل منهما. والحل النهائي الذي يراه فرويد هو في قمع الغرائز والخضوع لأنا أعلى جماعي، بينما وكما يحلل بول لوران آسون يبحث نيتشه عن الحل من جانب «مثال الأنا»، (Ideal

---

(24) المرجع السابق، ص 374، ف392.

(du moi) إذ إنه يبحث عن اللحظة التي يتم فيها استدخال المثال في الأنا، إلا أن هذه اللحظة تبدو مستحيلة عند فرويد، لذلك تتعارض احتفالية نيتشه مع المتعة المتواضعة للقانون عند فرويد. هذا الاستدخال يمكن توضيحه بقول لنيتشه «حرية تحت القانون» أي قبول التحريم أو إرادته ذاتياً. إن نيتشه يتعامل مع الغرائز كواقع لا يمكن تجاهله، إذ إن أموراً كثيرة يفعلها الإنسان ولا يعرف أسبابها. من هنا أهمية بناء الإنسان من خلال تعامله مع غرائزه. يبدو لنا إن ما يتابعه نيتشه ليس ترك الحرية للغرائز بل تحويلها مع إبقائه على جذرها. وهو يقول: «أحكم على شخص أو شعب تبعاً لمقدار الغرائز المخيفة التي يستطيع أن يطلقها فيه دون أن تقضي عليه، على العكس مستعملاً إياها لمصلحته لتنضج أفعالاً وآياتٍ»[25]. وهذا ما يميز نيتشه عن شوبنهاور الذي يدعو الى القضاء على الإرادة، بينما يدعو نيتشه الى استثمارها واستدخالها في بناء مثال للأنا وخلق آياتٍ رفيعة، إن الإنسان الأعلى الذي يدعو إليه فيلسوف «إرادة القوة» هو إنسان قهر رغباته وكما تصفه لو أندريا سالومي، هو إنسان متقشف ولكن هذا التقشف لا يتم لذاته بل من أجل غاية وهدف أعلى. «لقد حاز الرجل الذي قهر اهواءه على ملكية أخصب الأراضي؛ شأنه شأن المستعمر الذي صار سيد الغابات والمستنقعات. إن بذر أرض الأهواء المغلوبة ببذور المؤلفات الروحانية الطيبة هي مهمة أكثر إلحاحاً أقر بها. إن القهر (قهر الأهواء) لي إلا وسيلة وليس هدفاً، وإلا فإن كل أنواع الأعشاب السيئة والشيطانات ستزدهر

_____

(25) المرجع السابق، ص 335، ف 207.

على الأرض الخصبة التي صارت بائدة، وسريعاً ما يتكاثر كل هذا بجنون أكثر من قبل»[26].

إن التعامل مع الأهواء والغرائز هو العملية التي يتبعها الفيلسوف الألماني في تربية الإنسان. وتقويمه للإرادة بين إرادة الأسياد والعبيد يعتمد على طبيعة علاقة وموقف كل منهما من الغرائز. ولا بد لنا بالتالي من التمييز الذي يقيمه نيتشه فيمن يرى أنه يحق لهم ترك الحرية لأهوائهم. «بالإجمال: السعي الى السيطرة على الأهواء وليس اضعافها ولا استئصالها! كلما كانت قوة سيطرة الإرادة كبيرة كلما أمكن إعطاء الحرية للأهواء»[27]. أما الآخرون فإنه من الأفضل لهم أن يبقوا خاضعين لأنهم بتركهم لذلك الخضوع يتخلون عن آخر كرامة لهم.

إن موقف نيتشه من الغرائز والجسد ـ والذي حاولنا إبراز بعضه ـ يقودنا الى السؤال عن موقفه من الوعي والفكر والعقل. لا بد لنا هنا من التذكير بموقفه النقدي من ديكارت الذي جعل الفكر المرجعية الأولى في التحقق من صحة الموجودات. يرفض نيتشه المرجعية العقلية؛ وكبديل لله ومقابل «شك» ديكارت يدعو الى «شك» أفضل، ويبدو أن جوابه على السؤال «كيف بإمكاننا أن نعرف أنه هناك أشياء» يبتعد عما طرحه ديكارت: «يقينية العقل والفكر وضمانة الله». فهو يقبل الوجود حتى لو لم يكن سوى وهم، ويجعل الاعتقاد بالعقل اعتقاداً آخر ليس إلا. فيرفض بهذا الموقف ضمانة الله جاعلاً «الحقيقة» في «الذات» رافضاً أن تكون

---

(26) Nietzsche, F.: *Le voyageur et son ombre,* version HTML. parag. 52, p. 562.

(27) نيتشه: إرادة القوة، ج 2، ص 237، ف 654.

هذه الأخيرة «عقلاً»، مهيئاً لمفهوم الفرد (الإنسان الأعلى) كضمان وهدف وحيد للوجود. «نحن الحداثيون الآخرون، إننا جميعاً أعداء لديكارت ونحن ندافع ضد الخفة الجازمة في الشك. علينا أن نجيد الشك أفضل من ديكارت ونحن نجد حركة ارتكاس ضد السلطة المطلقة لآلهة العقل في كل مكان يوجد فيه رجال عميقون»[28].

يرفض نيتشه التماثل الذي تقيمه الحداثة والأنوار بين العقل والفضيلة والسعادة، كما حدث مع سقراط، حيث تم ـ كما يقول نيتشه ـ «طغيان للعقل»، وإذا كانت فلسفة الأنوار تتمثل بتملك الإنسان للعقل الذي سيسمح له بأن يعيش تبعاً لطبيعته، حيث الأنا هي الأداة التي ينيرها العقل، فإن فيسلوف «إرادة القوة» يرى أن فلسفته قد تجاوز فلسفة الأنوار. ولكنه ومن جهة أخرى، تجاوز مفهوم الإرادة عند شوبنهاور على أنها الرغبات فجعلها من يقوم الرغبات. ولا يعني رفض العقل عند نيتشه الغوص في سديم الانفعالات التي تصور بها عادة الروح الديونيزية. إن تمظهر «إرادة القوة» يتم من خلال الديونيزي والأبولوني، وفي خضم الحشود الشرسة والصاخبة في احتفالاتها الديونيزية، يبين نيتشه في «ولادة المأساة» أن هناك يداً خفية تسحب من هذه الحشود أفراداً تحيطهم بمخططاتها السرية. حتى الأسرار الديونيزية لا يتوصل الى معرفتها إلا بعض الملقنين. في خضم الديونيزي لا بد للحشود «من إبقاء عيونها مفتحة» لوعي وإدراك الأفراد الكبار

(28) المرجع السابق، ص 222، ف 599.

الذين يشكلون الهدف. فالتفرد وبالتالي الوعي والعقل اللذان يبثهما الأبولوني ضروريان وأساسيان في العناصر التي يؤول فيها نيتشه الإنسان(29). مع الملاحظة بالطبع أنه يدعو الى أن لا يكون العقل هو الخلاق بل الغريزة التي يكون العقل مراقباً لها. إن ما يرفضه هو الوعي الارتكاسي، الذي يرتد الى ذاته فيعيق الخلق. من ناحية أخرى، تبرز أهمية الأفراد المتميزين في أساس ديناميكية «ارادة القوة»، فهم الهدف، ولا تبرز أهمية الحشود الديونيزية إلا بمقدار ما تسمح بوجود هؤلاء الأفراد، فكأنما فلسفة نيتشه هي من الفلسفات «الأسرارية» الباطنية التي لا يتوصل الى سبر مساراتها إلا من تمثل به سرّ «إرادة القوة». (إذا ما حاولنا أن نطبق تفسيره للفلسفات الباطنية، التي يرى فيها تعبيراً عن وجهة تنظر الى الأمور من علٍ والأخرى الظاهرية التي تنظر الى الأمور من الأسفل) يمكننا بالتالي أن نرى أن موقفه من الفرد يؤسس لموقفه النقدي من مفهوم الفرد كما تبنته الحداثة ـ الأفراد المتساوون فيما بينهم ـ ومن الفردية التي كان للمسيحية دور أساسي في إرسائها ـ والتي درست من قبل منظرين غربيين ـ كما يرى آلان رونو، حيث تعتبر المسيحية أن للروح الفردية قيمة أبدية من جراء علاقة البنوة التي تربط الإنسان بالله. هذا التحليل كان نيتشه قد بيّنه وبيّن أيضاً أنها (المسيحية) كانت أول من جعل الإنسان قاضياً وجعلت من «جنون العظمة» عند الأفراد «واجباً»؛ وذلك نتيجة للحقوق التي وهبته إياها في مواجهة الزمني والمحدد، أي الدولة والمجتمع والقوانين التاريخية. وينتقد بالتالي

(29) De la IA. fragment d'une 1ère redaction-p. 260-261.

مفهوم الروح كما تراه المسيحية: «كائن ثابت وخالد وإلاهي، كائن متعال على الصيرورة»، حيث نمت الفردية لدرجة الاعتقاد بالخلود الفردي. لقد ضحت المسيحية بالنوع من أجل الفرد وأقامت مساواة مطلقة بين البشر أمام الله وكانت بالتالي ضد الانتخاب، حيث للمريض والمنحط قيمة أكبر من الإنسان السليم المعافى. وقد أدت المسيحية بالتالي الى إضعاف البأس وحس المسؤولية والواجب الأعلى الذي يفرض التضحية بالبشر[30]. ويرى الفيلسوف الألماني أن هدف المسيحية هو جعل الإنسان يشعر بالإثم والخطيئة، لا أن تجعله أكثر أخلاقاً. يبدو بالتالي، أن نقد نيتشه لمفهوم الفرد الناجم عن المسيحية يتجه الى البنية التكوينية للإنسان «روح» ـ في موازاة النقد الذي حاولنا تتبعه للعقل والفرد عند ديكارت ـ والى المستوى القيمي الذي ورثته الحداثة والديموقراطية: المساواة بين البشر. هذا النقد يمكننا من مقاربة نصوص نيتشه التي تنمي نقداً لمفهوم الفرد وتضع مباشرة الفردية موضع النقد والسؤال[31]. على أنها موجهة الى الفرد كما رأته المسيحية وكما صار عليه «الإنسان الأخير» في الحداثة الديموقراطية، التي يرى أنها قائمة على مبدأين متناقضين: الفردية والمساواة. فالفردية تفترض تميز كل فرد عن الآخر، ويدعو نيتشه الى أن يكون كل إنسان متفرداً لدرجة لا يفهمه الآخرون. في «أصل الأخلاق وفصلها» يتكلم نيتشه عن بروز «الفرد السيد» في بداية التاريخ، هذا الفرد الذي لا يشبه إلا ذاته والمتميز بإرادته

---

(30) نيتشه: إرادة القوة، ص 201 ف 529.

(31) Alain Renault, *L'ère de l'individu*, p. 214.

الخاصة المستقلة الدؤوبة(32) كان لا بد لظهوره من تاريخ من أخلاق العادات والتقاليد الاجتماعية التي يتم تجاوزها من قبل هذا الفرد ليصبح «سوبر أخلاقي» ويؤكد فرديته. يبدو أن نيتشه يقوم تميز الأفراد على أسس قيمية أخلاقية نتيجة لسيرورة نفسيه داخلية، أي نتيجة «لبناء الذات»، بينما يقيم ديكارت التفرد من خلال ذاتية الانفعالات والخلاص، حيث تكون الفردية طارئة على الذات العارفة التي يشكلها الذهن وهو واحد عند جميع البشر(33). تبرز عملية بناء الذات عند نيتشه في «تحولات الذهن» التي يصفها في «هكذا تكلم زرادشت» من الجمل الى الأسد الى الطفل والمبنية على العلاقة مع الأخلاق. فإذا كان فيلسوف «إرادة القوة» قد جعل من الجسد قوى تتصارع وتتراتب تبعاً لإرادة القوة، وإذا أدى قوله باللاوعي الى تفتت الأنا، فلأن الفرد يجد وحدته في الأخلاق. فالأخلاق هي من يقيم الوحدة ويحدد الكائن الإنساني. «يؤدي إبطال الأخلاق عملياً إلى تحويل الفرد الى ذرات، ثم الى تجزئته الى وحدات متعددة ثم الى التمييع المطلق»(34).

لذلك يلزمنا أكثر من أي وقت مضى، «غاية وحباً جديداً». هذه الغاية ـ كما تبدو لنا ـ هي بالنسبة لنيتشه «الإنسان الأعلى». والحب الجديد هو الحب الذي يتجاوز الحب القديم (الحب كما صاغته المسيحية)، والذي جعل منها ديناً وجدانياً. ما ينقذ الفرد

---

(32) نيتشه: أصل الأخلاق وفصلها، ص 55.

(33) Alain Renault, *L'ère de l'individu,* p. 91.

(34) نيتشه: إرادة القوة، 20 ف 20.

ـ وبالتالي الإنسان ـ هو هذا التجاوز لذاته الذي يشكل بنيته وهدفه من خلال علاقة مع الحياة تجعل من «حب القدر» دافعاً الى انتصار الإنسان على العدمية التي قاد إليها موت الله وانهيار القديم. إن نقد نيتشه للحداثة هو رفض للقيم التي قامت عليها: المساواة والمال والصحافة، والآلة حيث تحول الإنسان الى محرك للآلات ومحافظ عليها فقط فأضاع بذلك قيمة وجوده.

بالمقارنة مع شوبنهاور، الذي انطلق من الفرد كمعطى في عالم الظاهر ليصل الى تجاوزه في الذات العارفة التي تتميز أيضاً بتفردها وبقضائها على الإرادة مع تماثلها معها بصفتها انعكاساً لتمثلها في عالم المثل ومدافعاً بالتالي عن تراتبية بين الأفراد يشكل فيها العباقرة والفنانون والقديسون المقام الأول، مقابل العدد الكبير من الأفراد الذين لا يمكنهم أن يتوصلوا الى الثقافة بحصر المعنى، فيضع لهم طريقاً هي الترويض ـ بفعل العادة والعرف ـ لطبع عقولهم بتربية يشكل العقل والحكم عائقاً أمامها؛ جاعلاً من العقل وسيلة للترقي الفردي في الحياة اليومية ولفرض الذات على الآخرين. يضع نيتشه تراتبية تعتمد الموقف من الحياة وإمكانية الفرد بأن يخلق قيمه ويجد عبارته في الإنسان الأعلى. نجد بالتالي عند الفيلسوفين تمييز قيمي بين الأفراد يعود الى موقفهما من الإرادة، ولكن مع اختلاف أساسي: فبينما يجعل شوبنهاور من القيم المسيحية القائلة بالتخلي عن العالم ووجود الخلاص في عالم المثل (يلغي القول بخلاص في عالم ما بعد الحياة محولاً إياه الى عالم المثل الذي نصل إليه في هذه الحياة بالذات ولكن في مقام يتجاوز عالم الرغبات الحسية) فإن نيتشه يعمد الى استثمار العالم الحسي ليتم تجاوزه نحو موقف قيمي

يؤكد الحياة والإرادة ويجد عبارته أيضاً في الفنانين والعباقرة والقديسين، من خلال مفهوم يجعل الإرادة عبارة التقويم وليست الرغبات.

من ناحية أخرى، إذا كان شوبنهاور قد جعل الفردية الشكل الوحيد الذي يمكن فيه للإرادة أن تتمظهر في عالم الظواهر، فإن بعض مؤولي نيتشه يرون أن الفيلسوف يلغي مبدأ الفردية من خلال قوله بـ «أنا كوني» شأن فيرزباخ (Wurzvach) الذي يرى أن نيتشه بقوله بالأنا الكوني قد تغلب على الفردية المتطرفة التي يعتبر خطأ أنه بطلها. ثمة أقوال لنيتشه بخصوص المطلق حيث نقرأ «ليس كل فرد إلا نمطاً من الواقع المطلق»[35]، كما يقول إننا لا نتذوق سعادة العيش كأفراد، بل كجوهر (Substance) فريد حي يحوي الكل حيث تولد الحياة. نعتقد أنه يمكن تأويل هذه الأقوال على المستويين التكويني والأخلاقي معاً. فكما تتمظهر الإرادة عند شوبنهاور في الأفراد (على المستوى الإنساني)، كذلك بالنسبة لنيتشه تظهر ماهية الوجود بكل خصائصها في كل فرد. ألم يقل نيتشه أنه لمعرفة العالم علينا أن نعرف كل الوجود أو أن ندرس ذاتنا؟ من هنا تبدو لنا عبارة الأنا الكوني كدعوة لأن ينظر الإنسان الى نفسه كقيمة وكهدف للحياة دون أن ينفي ذلك نسبيته كفرد فنيتشه يرى أن الإنسان مطلق نسبي في آن معاً فيه تتحقق الحياة فهو عبارتها مع كل التاريخ الذي تحمله الحياة. وليس لها غاية أخرى سواه (الإنسان الأعلى، الفنان والعبقري والقديس). يمكن القول أن نيتشه يريد أن يرسي الإنسان كقيمة أخلاقية وليس كفرد

---

(35) المرجع السابق، ص 69 ف 150.

قائم بذاته ومنته في هوية تجعله ذرة بين الذرات المتفرقة المنغلقة على ذاتها، إنه يعيد للفرد علاقته بالكون والعالم، ليضعه في تراتبية بين الآخرين ومعهم. إن ما يعمل على تأسيسه أخلاقاً فردية فحسب بل وكما يكتب، أن يعيد أرساء التراتبية بين البشر فيصير الفرد ـ وكما أرسته الحداثة ـ وسيلة ووظيفة وجسراً لتحقيق الإنسان السوبر أخلاقي، الإنسان الأعلى والفرد بامتياز. وإذ يقيم فيلسوف «الإنسان الأعلى» مسافة نوعية بين «الفرد السيد» كما ظهر في بداية التاريخ وعامة الناس، حيث تحقق فيه «اكتمال الإنسان» وتحقق له وعي بالذات وبماهية الحياة كما يرسم صورتها (المستقبلية) الإنسان الأعلى، الذي سيتم من خلاله تجاوز الحداثة التي رغم الانحطاط الذي أوصلت إليه الإنسان، يرى نيتشه فيها أرضاً تسمح بانبثاق إنسان جديد وقيم جديدة.

المراجع

(1) Nietzsche, F.: *La naissance de la tragédie,* traduit par Geneviève Bianquis; édi idées Gallimard 1949.

(2) Nietzsche, F.: *Par-delà le bien et le mal,* édi 10/18, 1980.

(3) Nietzsche, F.: *Ainsi parla Zarathoustra,* traduit, présenté et commenté par Georges-Arthur Goldschmidt; édi Le Livre de Poche, 1983.

(4) Nietzsche, F.: La généalogie de la morale; traduit par Henri Albert, édi. Idées/Gallimard, Paris, 1964.

(5) Nietzsche, F.: *La volonté de puissance,* traduit par Henri Albert, édi. Le Livre de Poche, 1991.

(6) Nietzsche, F.: *La volonté de puissance I et II,* traduit par Geneviève Bianquis, Paris, Gallimard, 1995.

(7) Schopenhauer, A.: *Le monde comme volonté et comme représentation,* traduit par A. Burdeau, Paris, P.U.F, 14e, Paris, 1996.

(8) Heidegger, M.: *Nietzsche II,* traduit par Pierre Klossowski, édi Gallimard, 1971.

(9) Alain Renault, L'ère de l'individu, Paris, Gallimard, 1989.

(10) Alain Touraine, *Critique de la modernité,* Paris, le Livre de Poche 1992.

(11) ديكارت: انفعالات النفس، ترجمة وتقديم وتعليق جورج زيناتي، دار المنتخب العربي 1993.

(12) نيتشه: أصل الأخلاق وفصلها. ترجمة حسن قبيسي، مجد، الطبعة الثانية 1983.

بين ياسبرز ونيتشه

د. حسن حنفي

يحق لنا أن نتساءل: لم خصص ياسبرز جزءاً كبيراً من جهده على فترات، متباعدة من حياته لدراسة نيتشه أكثر من مرة؟ بل ولا يخلو مؤلف من مؤلفاته من إشارة إليه بالتأييد أو على الأقل تدل على تقدير ياسبرز له ومعرفته لمكانته في الفكر المعاصر.

هل يؤمن ياسبرز بالفعل وهل يقدر رسالته ودعوته لم أنه يتسلق عليه ليحتويه وليقضي على جدته وليميع مواقفه وبذلك يصبح ألد أعداء المسيحية أشد أصدقائها، ويتحول أكبر داعية للإلحاد الى أكبر نصير للإيمان، ويصير فيلسوف القوة وإرادة الحياة والإنسان المتفوق فيلسوف الخضوع والاستسلام والتبرير؟

مؤلفات ياسبرز عن نيتشه

كتب ياسبرز عن نيتشه كتابين: الأول «نيتشه» سنة 1936 وهو كتاب ضخم يتسم بالموضوعية والتاريخ الدقيق لحياته وفلسفته مما يثير في القارىء الملل والسأم، يحاول فيه احتواء نيتشه وتفريغه من مضمونه الثوري في تصوره للحياة وللعقيدة. والثاني «نيتشه

والمسيحية» سنة 1946 وهو كتاب صغير يكشف فيه ياسبرز عن نيته صراحة من هذا الحوار المستمر مع نيتشه وهو إعادة تفسير نيتشه تفسيراً مسيحياً واعتبار فلسفته نتيجة لدوافع مسيحية أصيلة. غرض ياسبرز من دراستيه، إذاً، هو إنقاذ المسيحية من ألد أعدائها ثم تحويله الى أشد أنصارها وبذلك يقلب الحق باطلاً والباطل حقاً.

ويقوم بهذه المهمة أشد أنصار المسيحية في التفكير المعاصر، ويتم له ذلك عن طريق تمييع فلسفة نيتشه في مذهب متسق مع نفسه وعرض تحليلاته للإنسان ونظراته في الحقيقة وآرائه في العصر الحاضر والسياسة وتفسير العالم في صورة أفكار ونظريات متسقة حتى يتحول الثائر من عاصفة على العصر الى فيلسوف يؤلف مذهباً أكثر مما هو «شوكة في البدن» ـ على ما يقول كيركغارد ـ ولكن يبدو أن ياسبرز قد فشل في محاولته لأنه قام بدراسة نيتشه بمنهج الطبيب النفسي القديم الذي اتبعه في «علم النفس المرضي العام» سنة 1913، مع أنه قد مارس العمل الفلسفي بعده في «علم تصورات العالم» سنة 1919 ـ وكان لا يزال مشوباً بعلم النفس ـ وفي «الفلسفة» بأجزائها الثلاثة الكبار سنة 1931.

اعتبر نيتشه حالة مرضية تقريباً وخصص لحياته ومرضه حوالى ربع الكتاب حتى يقضي على عقلانية مذهبه وحتى يوحي بأن دعوة نيتشه هي مجرد صدى لأزماته النفسية وأمراضه العصبية والبدنية ولجنونه الأخير لا تحليلاً لواقع العصر والثورة عليه. وقد فشل الكتاب أيضاً من حيث منهجه في التأليف، إذ إنه يضم مجموعة هائلة من النصوص ربط ياسبرز بينها بعبارة أو بعبارتين كما يفعل

طلابنا في أوائل سنوات دراستهم الجامعية عندما يظنون أن مادة البحث هي البحث نفسه ولا يفرقون بين مادة البحث وإخراج مدلولاتها.

جمع ياسبرز أكبر عدد ممكن من «الفيشات» حول الموضوعات الرئيسية في فلسفة نيتشه وربط بينها حتى أصبح من الصعب قراءة الكتاب أو تتبعه، ويعترف ياسبرز في سيرته الذاتية بأن كتابه كان دراسة تاريخية محضة مع أن ما يهمه كان الفلسفة لا التاريخ.

ولكن ما أن طغى هذا الخضم الكثيف من النصوص والوثائق على الهدف المزدوج المتناقض من تعامل ياسبرز مع نيتشه، وهو تفسير نيتشه كحالة مرضية وفي الوقت نفسه إثبات أن نيتشه فيلسوف صاحب مذهب وتبرير نظرياته في صور متوازنة ومتعادلة، حتى كشف ياسبرز عن غرضه الحقيقي من هذا الحوار في كتابه الصغير عن «نيتشه والمسيحية»، والذي يثبت فيه ببساطة تامة ــ مع الالتجاء إلى بعض النصوص المتفرقة ــ أن نيتشه في فلسفته كان يتبع دوافع مسيحية أصيلة وبالتالي فما ظنه الناس ألد أعداء المسيحية هو في الحقيقة أحد أبنائها المخلصين!

ويكشف منهج ياسبرز في كتابه الكبير «نيتشه» عن قصده وذلك بإعلائه أن فهم الفيلسوف يتطلب رؤيته من خلال وجهات من النظر أكثر إتساعاً وشمولاً بحيث يمكن أن تضم وجهات نظر الفيلسوف الجزئية، أي أن ياسبرز يريد أن يلم شتات نيتشه المبعثر حتى يعطينا تفسيره النهائي من وجهة نظر أشمل وهو نيتشه المؤمن بالرغم مما يصف به نيتشه نفسه من إلحاد وإعلان لموت الله.

ويعتمد منهج ياسبرز هذا على ما يسميه «التفسير الموضوعي من خلال الشخصية التي تفهم» الذي يقوم على التسليم بدرجات

متفاوتة في الفهم أو بدرجات مختلفة في العمق كما هو الحال في تأويلات الصوفية والباطنية. فالحقيقة لها درجات: إذا كان الظاهر هو إلحاد نيتشه فقد يكون الباطن هو إيمانه، وإن كان الظاهر هو رفض نيتشه للعلو فقد يكون الباطن هو رغبته الكامنة في إثبات هذا العلو، أي أن الحقيقة فيها التباس أو اشتباه أو غموض، فهي حمالة أوجه، وبهذا المنهج يستطيع ياسبرز أن يقلب الحق باطلاً والباطل حقاً بدعوى تفسيرات على درجات متفاوتة في العمق، وعلى هذا النحو يحق لياسبرز أن يحول السلب الى إيجاب والإيجاب الى سلب، فكل حكم سلبي يقوم على حكم موجب. فمثلاً «أن الله قد مات» قد تعني «أن الله حي» لأن نفي الله معناه خلقه من جديد بصورة أخرى. ويجد ياسبرز نصاً لنيتشه يؤيده في منهجه هذا إذ يقول نيتشه «يسمون ذلك (موت الله) تحلل الله نفسه، ولكن عندما يحرك... سترونه فوق الخير والشر»[1]. ومن ثم يجعل ياسبرز السلب هو الإيجاب والتحلل هو الخلق، والعدم هو الإنتاج.

يرفض ياسبرز التفسيرات الفلسفية والتاريخية والرمزية والنفسية لنيتشه ويطالب بتفسير يبيّن النشأة (Génétique)، أي بتفسير يبدأ بنواة ينسج حولها حتى تتم إعادة بناء فكر الفيلسوف، ولا يفترق هذا التفسير كثيراً عن التفسير النفسي الذي يجعل للأشياء ظاهراً وباطناً أو الذي يجعل لكل فكرة أساساً نفسياً.

يؤدي التفسير النفسي الى تأكيد أن نيتشه لم يكن له أتباع وأن تابع نيتشه هو من يتبع نفسه: «كن أنت لنفسك» فقد سمى نيتشه

---

(1) كارل ياسبرز: نيتشه، ص 124.

نفسه «عبقري القلب» لا نبياً لدين أو داعياً لطائفة أو مؤسساً لفرقة، وبالتالي لن يفهمه إلا عباقرة القلب مثله. يجعل ياسبرز نيتشه فريداً وحيد عصره ليس كمثله أحد، استثناء، حتى يجعل فلسفته هي شخصه وتتحول الفلسفة الى «صناعة للتماثيل». ولا يتحدث ياسبرز كثيراً عن نظريات نيتشه في فقه اللغة والتي جعلت من نيتشه أستاذاً لفقه اللغة وهو في الرابعة والعشرين، ولكنه يطيل الحديث عن عزلته وشذوذه ومرضه وجنونه حتى يضعف الثقة في آرائه أو على الأقل يجعل أعماله تعبيراً عن أزماته النفسية وأمراضه البدنية «مرض عضوي في المخ أدى به الى الشلل» ويجعل محور فلسفته «أن الله قد مات» تعبيراً عن إحدى نبوات الجنون!، مع أن، هذه القضية هي الحدس المسيطر على أعمال نيتشه الأخيرة إذ قال: «إما أن يميتنا هذا الدين أو نميت نحن هذا الدين». وإني أؤمن بهذه العبارة التي قالها قدماء الجرمانيين: «يجب أن تموت جميع الآلهة»[2]. كما يقول أيضاً: «أين هو الله؟ سأقول لكم: لقد قتلناه أنا وأنتم!». يجعل ياسبرز إلحاد نيتشه إلحاداً ذاتياً وجودياً لأزمة نفسية لا إلحاداً موضوعياً نتيجة لتحليل الطبيعة كما هو إلحاد في عصر التنوير في فرنسا في القرن الثامن عشر، بل إن ياسبرز يجعل إلحاد نيتشه إيماناً مقنعاً لأنه بحث عن إله العصر والقوة والحياة والإنسان المتفوق.

ويدافع ياسبرز عن نيتشه ضد منتقديه واتهامهم له بالتناقض وبمعاداته للعلم نتيجة لنقص في ثقافته العلمية وبفرديته وإلحاده. ويخصص ياسبرز الفصل الأخير من كتابه الكبير للدفاع عن تهمة

---

(2) المرجع السابق، ص 247.

الإلحاد وإعادة تأويل عبارات نيتشه الصريحة مثل «الإيمان بالله سلب للعالم» أو «أن الله مجرد افتراض» أو «الله أكبر خطراً» أو «الله يجب أن يموت» بأن ذلك يعني رغبة الإنسان في البحث عن موجود أسمى وغاية أعظم. كما يحاول تفسير رفض نيتشه للعلو على أنه إيمان بنوع من العلو المكبوت في النفس! وبالتالي يخفف ياسبرز من حدة نيتشه وجذريته، ويقضي على انفعاله، ويمتص غضبه، ويرى أنه لا فرق بينه وبين كيركغارد وأوغسطين وباسكال، وبذلك يتحول فيلسوف العدم الى فيلسوف الوجود أو على الأقل ينتهي ياسبرز الى التعادل في القضية ويعلن «لا يوجد أي برهان على وجود الله كما لا يوجد أي برهان على الإلحاد»[3].

وكفاه نصراً أن يثبت أن نيتشه ليس كما يظنه الناس ملحداً وإن كان فكره يدور حول موضوع واحد وهو «دين الوحي»، وهو فكر لا يقود الى الله ولكنه لا يبعد عنه[4]، الى آخر هذه العبارات التي لا تقول شيئاً لأن نصفها الثاني يلغي نصفها الأول والتي تدل على براعة فائقة في التعمية. وما دام نيتشه يتفلسف أمام الإلحاد فإنه لا يكون ملحداً خالصاً[5]، وإن كان نيتشه ملحداً فإن الإلحاد يرفض أن يكون نيتشوياً!

بين كيركغارد ونيتشه

ومع أن نيتشه لم يقرأ سطراً واحداً من كيركغارد ـ لأن مؤلفاته

---

(3) المرجع السابق، ص 428.

(4) المرجع السابق، ص 440.

(5) المرجع السابق، ص 441.

لم تكن قد ترجمت بعد إلى الألمانية وباعتراف ياسبرز نفسه ــ فإن ياسبرز كلما ذكر نيتشه ذكر معه كيركغارد ويعطي لكليهما نفس الدور في الإيقاظ حتى يوحي بأنه يتحدث عن أهم مفكرين وجوديين في المسيحية على السواء. لا فرق لديه بين كيركغارد ونيتشه، أي بين مؤمن وملحد على ما هو متعارف عليه، أي أنه يستعمل كيركغارد للتعمية ولا يقصد من ذكره إلا تمييع مواقف نيتشه وتحويل الهجوم على المسيحية الى دفاع عنها. وإذا كان ياسبرز يحاول أن يثبت أن إلحاد نيتشه هو إيمان مقنع، فالحقيقة أن إيمان كيركغارد هو إلحاد مقنع لأنه يرفض كل العقائد المسيحية الرسمية التي يطلق عليها (التمسح) في مقابل المسيحية الباطنية. ولكن ياسبرز يجعل كلاهما تابع للمسيحية. فكلاهما تأثر بشوبنهاور، نيتشه في أول حياته وكيركغارد في آخر حياته، وكلاهما فكر في سقراط فاعتبره كيركغارد معلمه واعتبره نيتشه عدوه، وكلاهما عارض المعرفة العقلية وآثر تحليل الوجود الإنساني. كلاهما عدو لهيغل الذي فتح عالماً جديداً في الفلسفة ووضع لغة جديدة في الفكر الأوروبي. كلاهما شاعر، عبقري الفن، نبي، قديس. وهكذا يجعل ياسبرز من نصير المسيحية عدوّاً لها ومن عدوٍّ المسيحية صديقاً لها، ويجعل من قال: «إن الله قد مات» كمن قال: «إن الله أمامي أراه» كلاهما يرفض المعرفة الموضوعية. يضع كيركغارد في اللحظة ونيتشه في العود الأبدي. الإنسان عند كيركغارد تلميذ للمسيح ومعاصر له وعند نيتشه هو الإنسان المتفوق.

ينادي نيتشه بالاستجابة للحياة وينادي كيركغارد بتكرار اللحظة. كلاهما فيلسوف الحلول وكلاهما يرفض العلو الديني. كلاهما

فيلسوف انفعالي ذاتي يرى الحياة صراعاً من أجل الموت. بل أن
ياسبرز يجعـل نيتشه أكثر مسيحية من كيركغارد لأن كيركغارد تعلم
المسيحية من أبيه وتخصص في اللاهوت، أما نيتشه فقد شعر
بالمسيحية بقلبه وانتهى الى أعماق اللاهوت بنفسه، أي أنه قطع
شوطاً أطول مما قطعه كيركغارد. على أي حال يجعل ياسبرز كلاً
من كيركغارد ونيتشه كوكبين لامعين يتوارى في أضوائهما فلاسفة
القرنين التاسع عشر والعشرين[6]. فقد ظهرا فجأة واستحوذا على
اهتمام العصر وإن لم يكونا قد كشفا لنا الطريق. يثيران فينا
العناصر الأساسية في الموروث القديم دون أن يقدما فلسفة
متخصصة كما فعل فلاسفة القرن الماضي[7]. لقد ظلا في ميدان
الاشتباه والالتباس والغموض بنيران الطريق ويضلان في الوقت
نفسه، يثيران الجد والهزل، يكشفان الحقيقة ويعميانها، يدعوان
الى تأكيد الذات والى العدمية[8]. وإن ما يميز العصر الحاضر هو
اكتشاف كيركغارد ونيتشه بعد أن لم يلتفت إليهما أحد، وبدء
الفلاسفة التابعين لهيغل في التواري عن الأنظار[9]. لقد ظهر
كيركغارد ونيتشه في فترة كانت الإنسانية فيها على مفترق الطريق
على ما يقول ياسبرز في كتابه «عن الحقيقة» كلاهما استثناء،
كلاهما نبي العصر[10]. كلاهما أعلن إفلاس المسيحية، فقد أعلن
كيركغارد «لم تعد المسيحية إلا مظهراً» وأعلن نيتشه «أن الله قد

(6)   كارل ياسبرز: كيركغارد، ص 184.
(7)   المرجع السابق، ص 187.
(8)   المرجع السابق، ص 183.
(9)   كارل ياسبرز: نيتشه، ص 10.
(10) كارل ياسبرز: الروح الأوروبية، ص 25.

مات وبدأت العدمية». إن كيركغارد ونيتشه هما بالفعل المنبعان
اللذان استقى منهما المفكرون المعاصرون مثل هايدغر وجابريل
مارسل وسارتر نظراتهم. فإنارة الوجود عند ياسبرز هي تصور
نيتشه للحقيقة على أنها استكشاف للوجود الإنساني، أو وصف
هايدغر للعدم والقلق والوجود من أجل الموت. وقد سئل هايدغر
مرة عن أهم حدثين فلسفيين في القرن العشرين فأجاب: ظهور
الطبعة الكاملة الألمانية لمؤلفات كيركغارد سنة 1914 وظهور
كتاب «الوجود والزمان» سنة 1927!

ولا يوجد عمل واحد لياسبرز إلاّ ويشير فيه الى نيتشه بصرف
النظر عن ذكر كيركغارد معه أم لا، ويجعله من أعمدة الحضارة
الأوروبية[11]. ويتحدث في إحدى سيره الذاتية عن نيتشه قائلاً:
«لم تظهر لي أهمية نيتشه إلا متأخرة، عندما كشف لي كشفاً
عظيماً وهو العدمية ووجوب تجاوزها، وقد كنت أتجنب نيتشه في
شبابي وأنفر منه نفوري من تطرف السكر والبرقشة»[12]. أما
كيركغارد فيجعله من بين ممثلي المثالية الألمانية مثل نيتشه وهيغل
وشيلنغ[13]. كما لا ينسى الاستشهاد بأقواله في المرض وطرق
العلاج[14]. ويستشهد بفقرة طويلة من ثناء على الطبيب (المعالج
النفسي) بعد فشل القادة الروحانيين، فالمعالج النفسي هو الأقدر
على مخاطبة القلوب. ويستشهد ياسبرز بثورة نيتشه في شبابه على

---

(11) كارل ياسبرز: شروط وإمكانيات إنسانية جديدة، ص 79.

(12) كارل ياسبرز: حول فلسفتي، ص 140.

(13) كارل ياسبرز: الإيمان الفلسفي، ص 32.

(14) كارل ياسبرز: العلاج النفسي، ص 25.

تصور القرن التاسع عشر لعلم الإنسان وحال الفلسفة الأكاديمية وتبنيها مناهج العلوم الطبيعية وبعدها عن الحياة. ويأخذها حجة لمهاجمة المطلب العلمي ذاته وكما يبدو عند فرويد وماركس⁽¹⁵⁾. ويقارن ياسبرز نيتشه بغوته ويجعل كليهما نموذج الإنسان الحديث: الإنسان المتعدد الجوانب، إنسان فترة ما بعد الخلق لا ما قبلها⁽¹⁶⁾. يورخ ياسبرز العصور بظهور نيتشه⁽¹⁷⁾. ولكنه يفعل ذلك ليبيّن أنه لا يوجد فيلسوف أوروبي في الغرب ـ بمن فيهم نيتشه ـ كان قد كون فلسفته غافلاً عن التوراة⁽¹⁸⁾! أي أن الغرض، من إشارة ياسبرز الدائمة الى نيتشه، هو إثبات أن نيتشه هو أحد منابع التفكير المعاصر في تأويله لحسابه الخاص حتى يجعل منه فيلسوفاً مسيحياً أو على الأقل ليس عدواً للمسيحية بالمعنى الشائع، إذ أن حب الإنسان وكرهه لشيء واحد هو الشيء نفسه. وقد سئل برجسون مرة عن سبب معاداته المستمرة لعلم النفس فأجاب: لأني أحبه؟

منهج ياسبرز في عرض موقف نيتشه من المسيحية

يتلخص هذا المنهج، الذي وضحّه في كتابه الصغير «نيتشه والمسيحية» في جمع أكبر عدد ممكن من النصوص وتفسيرها لبيان

---

(15) كارل ياسبرز: العقل والخبل في عصرنا، ص 76.

(16) كارل ياسبرز: إنسانية غوته، ص 254.

(17) كارل ياسبرز: المدخل الى الفلسفة، ص 170، 191.

(18) كارل ياسبرز: الإيمان الفلسفي، ص 148.

المسيحية الكامنة في النص بالرغم من المعنى الظاهر له، الذي يدل على عداء نيتشه لها. يلجأ ياسبرز الى التأويل واعتبار رفض المسيحية هو المعنى الظاهر للنص والدافع المسيحي هو المعنى الباطن له.

ويكثر ياسبرز من ذكر النصوص حتى يوحي بأنه لا يخشى من نيتشه شيئاً وبأنه يعرض أفكاره بنصوصه ـ بكل هدوء واطمئنان ـ ولا يحاول أن يخفي منها شيئاً. يبدأ ياسبرز بعرض أهم النصوص المعادية للمسيحية عند نيتشه عرضاً موضوعياً في أول كتابه الصغير كي يصدم القارىء ثم ينتهي في النهاية إلى أنه بالرغم من هذا العداء الظاهر المدعم بالنصوص فإن نيتشه قد أخذ هذا الموقف بدافع مسيحي أصيل!

يقول نيتشه مثلاً: «لو علمت أن لأحد اليوم اتجاهاً مائعاً بالنسبة للمسيحية فإني لن أعطيه مثقال ذرة من ثقتي، إذ أن الاتجاه الوحيد الصحيح في هذا الموضوع هو الرفض المطلق». ولكن ياسبرز يجعل من هذا النص كشفاً للمسيحية وإزاحة للنقاب عنها، وبالتالي يكون كشفاً عن الحقيقة. والمسيحية في جوهرها كشف عن الحقيقة إن لم تكن هي الحقيقة نفسها، ومن ثم لا يبعد نيتشه في هذا النص كثيراً عن المسيحية بل يتبع أحد الدوافع المسيحية الأصيلة ألا وهو البحث عن الحقيقة!

ويقضي على ما يقصده نيتشه بالفعل من المعنى الواضح للنص إذ يراه ياسبرز تكراراً لأفكار قديمة معروفة لفلاسفة سابقين مشهورين بعدائهم للمسيحية، فالمعنى الظاهر ليس بالجديد والمعنى الباطن فيه نصرة للمسيحية! بل انه يذكر نصاً آخر من إحدى رسائله يتحدث فيها نيتشه عن إيمانه بالمسيحية عندما كان

طفلاً ويأخذه ياسبرز دليلاً على تأييد نيتشه للمسيحية، كما يذكر نصاً آخر عن أثر المسيحية في تربية الشعوب الأوروبية ويجعله دليلاً على أن نيتشه من أنصار التربية الدينية! وفي الوقت نفسه الذي يعتبر فيه نيتشه القسس أقزاماً شريرة، «من جنس الطفيليات»، «من حلّت عليهم لعنة العالم»، «عناكب سامة»، «أمهر المنافقين نفاقاً»[19]. يذكر ياسبرز صفات أخرى لهم ذكرها نيتشه في سياق آخر حتى يخفف من حدة النصوص الأولى ويعارض بعضها البعض الآخر لكي يميع موقف نيتشه، فيذكر أن نيتشه يحتفي بعظمة نفوس القسيسين ويمدح هذه الأرواح النبيلة الطاهرة اللطيفة البسيطة الجادة، ويذكر أن نيتشه يعتبر نفسه من سلالة أكرم عنصر بشري لأن جديه كانا راعيين بروتستنتيين كما يذكر فضل المسيحية في تهذيب الأخلاق وتقويم الشخصية. يجمع ياسبرز كل هذه النصوص التي يذكرها نيتشه في هذا المعنى والتي ذكرها نيتشه على محمل السخرية والتهكم ويخرجها عن سياقها.

فإذا تحدث نيتشه عن الكنيسة واعتبرها العدو المميت لكل ما هو كريم على الأرض والداعية لأخلاق العبيد والرافضة لكل عظمة إنسانية وأنها لا تتعدى أن تكون مؤسسة من المرضى تقوم بتهريب العملات الزائفة[20]، فإن ياسبرز يذكر حديث نيتشه عنها أيضاً، بأنها وسيلة للسيطرة ترفع الناس الى أعلى درجات من الروحية تؤمن بقدرة الروح وتمنع الالتجاء الى العنف وبالتالي فهي مثل الدولة مؤسسة كريمة. وبعد أن يعارض ياسبرز نصوص نيتشه

(19) كارل ياسبرز: نيتشه والمسيحية، ص 9.
(20) المرجع السابق، ص 10.

بعضها بالبعض الآخر يحاول تفسير هذا المقصود بالالتجاء الى تاريخ حياة نيتشه وتربيته الدينية حتى يفرغ النصوص من معناها ويجعلها صدى لأزماته النفسية في الطفولة المبكرة، وبالتالي فهي لا تدل على فكر صائب يهدف الى تغيير شيء بقدر ما تدل على عقدة نفسية يجب حلها، أي أنه يرجع النصوص الى الوراء ويجعلها صادرة عن تاريخ نيتشه النفسي بدل أن يضعها الى الأمام ويجعلها حلاً لكثير من مشاكل العصر التي عبّر عنها نيتشه في مواقفه الفكرية والعقائدية .

وبالإضافة الى معارضة النصوص بعضها بالبعض الآخر يلجأ ياسبرز الى منهج التحليل النفسي ويتعامل مع نيتشه كمحلل نفسي يرى أن عداءه للمسيحية نشأ منذ الصغر عندما وجد أن المسيحيين ليسوا مسيحيين كاملين وأن هناك تعارضاً شديداً بين ما تتطلبه المسيحية وبين ما تتطلبه المادية الأوروبية، بين السلام المسيحي والنزعة الحربية الغربية، بين المسيحية والعداء الأوروبي، بين الإيثار المسيحي والأثرة الغربية، ولما نشأ الفيلسوف في طفولته على التسليم بالعقائد انتهى الى الشك والرفض واللاأدرية . والحقيقة أن عداء نيتشه للمسيحية لم يكن ارتباطاً منه بها أو استجابة كما يقول ياسبرز، بل رد فعل عليها. لم يكن موقف نيتشه منها موقف المتجاوز لها على ما يقول ياسبرز، بل موقف الرافض لها .

ويفسر ياسبرز قول نيتشه «لم نعد مسيحيين» بأن نيتشه أصدر هذا الحكم لأننا نريد أن نصبح أكثر مسيحية مما نحن عليه الآن، ولأننا أكثر تطلباً للتقوى وأقوى نزوعاً نحو الخير مما نراه الآن. ويفسر رفض القيم الخلقية المتوارثة فيما وراء الخير والشر بأنه

طلب خلقية أقوى مستشهداً بقول نيتشه: «نريد أن نكون ورثة الأخلاق بعد أن نقضي على الأخلاق»، أي أن ياسبرز يستعمل الحجة المنطقية النفسية المشهورة بأن الرافض للشيء مؤمن به لأنه يتحدث ويفكر فيه. فالرافض لله مؤمن بالله، الذي ليس كمثله شيء، وبذلك يكون الملحدون هم المشتاقون حقاً الى الله على حد قول أحد كبار الصوفية(*)، ولكن الذي يتبع هذا المنهج لا بد أن ينتهي الى أن الإلحاد هو الإيمان الحقيقي لأنه هو الإيمان الخالص من كل مظاهر الوثنية، التي تشوب إيمان العوام. أما ياسبرز فلا ينتهي إلى هذه النتيجة ويجعل من إرادة القوة ديناً مسيحياً!

إن عداء نيتشه للمسيحية ومعركته ضدها قد ولّد توتراً روحياً على ما يقول ياسبرز، ولكن هذا القلق ليس مسيحياً كفعل بل كرد فعل، وبهذا المعنى تظل المسيحية «شوكة في الجسد» على ما يقول كيركغارد تؤرق الفكر الأوروبي وتدفعه لمناهضتها ورفضها والعمل ضدها، وبهذا المنهج يمكن إعادة تاريخ الفكر الأوروبي كله (بدء الفلسفة الحديثة ونشأة العلم وخروج موجات الإلحاد) على أنه رد فعل على المسيحية لا على أنه فعل له وأثر من آثاره على ما يقول ياسبرز.

يحاول ياسبرز تفسير نيتشه تفسيراً مسيحياً على مراحل ثلاث أضعها في صيغة تساؤلات ثلاثة:

(*) أنظر مقالنا «أونامو والمسيحية المعاصرة»، مجلة الفكر العربي، العدد 47، كانون الثاني/يناير، سنة 1969.

أولاً: هل قضى تفسير نيتشه لتاريخ المسيحية على المسيحية كاتجاه نفسي؟

يعرض ياسبرز تاريخ المسيحية كما يفسره نيتشه بطريقة تراجعية أي أنه يحلل أزمة العصر الحالي ثم يرد هذه الأزمة الى المسيحية ثم يحاول وضع تاريخ عام للمسيحية مبيناً نشأتها وتطورها.

تتلخص أزمة العصر الحاضر عند نيتشه ـ كما يتصورها ياسبرز ـ في انهيار الحضارة والمدنية إذ لم يبق منهما إلا مجرد الخبر السطحي الذي لا جذور له، وفقدان الفن لجوهره وتعويض ذلك في التصنيع والتعمية وتحوّل الحياة إلى «كأن»، أي فقدان الشيء نفسه والالتجاء الى المثل وضياع اليقين والوقوع في الشك، كما يبدو انهيار العصر في الملل والهروب منه في السكر والغربة والضجيج والكذب الروحي والجدب النفسي. كل إنسان يتحدث ولا أحد يسمع، الكل يبعثر كلماته، خيانة لكل شيء، روح تبحث عن الفائدة، ينخر فيها العدم وتظهر آثاره في الآلية، في آلية العمل وسيادة الدهماء. «إن الله قد مات» هذا هو الجديد الذي أتى به نيتشه والذي لم يفهمه الأوروبيون حتى الآن، لم يقل نيتشه «لا يوجد إله» أو «لا أعتقد في وجود» لأنها قضية تتعلق بالوجود لا مجرد حكم نفسي. لقد مات الله عند نيتشه بسبب المسيحية التي قضت في الإنسان على أهم مكاسبه الأولى: تراجيديا الحياة التي عرفها الطبيعيون الأوائل السابقون على سقراط والتي وضعت المسيحية بدلها الأوهام: الله، نظام العالم الخلقي، الخلود، الخطيئة، الفضل الإلهي، الفداء... الخ. حتى تأتي لحظة تحول فيها النية الصادقة التي تتطلبها المسيحية الى اشمئزاز من كذب

نيتشه وجذور ما بعد الحداثة

وبطلان كل تفسير مسيحي للعالم، عندئذ ينخر العدم في عالم المسيحية الوهمي، فالعدمية هي النتيجة المنطقية لكل القيم والمثل.

يعرض ياسبرز نيتشه وموقفه من المسيحية على هذا النحو عرضاً موضوعياً ولكنه لا يقصد به كيف ينخر العدم في الوجود بسبب التصور الديني للعالم، بل يقصد به كيف تستحيل الحياة الى الجحيم بسبب إنكار وجود الله. يجعل نيتشه وجود المسيحية علة العدمية بينما يجعل ياسبرز غياب المسيحية علة العدمية!

1 ـ إن تاريخ المسيحية في ألفي عام هو إذاً تاريخ مأساة طويلة تدل على انحراف المسيحية عن سيرتها الأولى، وتاريخ المسيحية هو تاريخ مأساة الانحراف. والمسيح نفسه ليس مسؤولاً عن هذا الانحراف ولا شأن له بما حدث باسمه في التاريخ. المسيح مجرد نموذج من البشر له تفسيره من الناحية النفسية، فقد قدم المسيح طريقة جديدة في الحياة ولم يعط معرفة جديدة، أي أنه دعا الى تحول ذاتي لا الى عقيدة جديدة، تتلخص هذه الحياة الجديدة في البحث عن أي ضغط خارجي. وكل ما قاله المسيح في ذلك كان مجرد رموز، فالسعادة هي الوقعة الأولى تند عن الصياغة ولا تكون إلا حياة معاشة أقرب الى الغريزة منها الى الصياغة العقلية. كل ما يقوله السعيد يكون رمزاً وكل ما يفعله يجانب به العالم لأنه لا يقاوم ولا يرفض بل يسلم بكل شيء، وهذا هو ما أطلق عليه المسيح لفظ «الحب». وما أن يفقد العالم واقعيته حتى يفقد الموت واقعيته أيضاً، ويصبح مجرد قنطرة الى عالم آخر، بل يحمي وجوده على الإطلاق لأن الحياة الزمنية لا وجود لها عندما يعيش الإنسان في الخلود. وقد أكد المسيح ذلك

بموته وبموقفه من القضاء وبموقفه من الصليب. لم يقاوم ولم يدافع عن نفسه بل صلى وتألم وأحب من ناصبوه والعداء. ويسمي نيتشه هذا الموقف «الموقف الفيزيولوجي» لأن مناصبة العداء بالعداء فيها قضاء على الذات، أما اتخاذ موقف الحب من العداء ففيه محافظة على الذات وإبقاء عليها، وهو الموقف الذي يختلط فيه الجليل والمميت الصبياني، وهو موقف بعيد كل البعد عن البطولة أو العبقرية كما يدعي البعض بل هو أقرب الى موقف «الأبله» في رواية دستويفسكي.

يرى نيتشه أن موقف الانهيار هذا موقف صادق بلا نفاق أو مداراة يصدر عن غريزة تدفع نحو العدم، ولكنه موقف نفسي لا تاريخي لأنه تستحيل معرفة مسيح التاريخ كما قال النقاد من قبل «روبنسون مثلاً» ولا يمكننا إلا معرفة مسيح الدعوة. يرى نيتشه أن صورة المسيح في الأناجيل صورة مضطربة متناقضة، فهو يعظ على الجبل وعلى البحيرات وفي المرعى، ويشبه تجليه ما حدث لبوذا، وهو في الوقت نفسه مناهض متعصب، عدو لدود للاهوتيين والقسس. فالصورة الأولى ــ المسيح الطيب ــ أقرب الى المسيح الحقيقي، أما الصورة الثانية فهي إضافة من التاريخ ومن الجماعة المسيحية الأولى، فالمخلص لا يكون متعصباً أبداً، صورة للمسيح التاريخي، كما أننا لا نستطيع أن نعتبر الأساطير التي ينسجها الشعب حول الأولياء والقديسين مصادر تاريخية عنهم. لا تُعطي الأناجيل إلاّ مسيح الدعوة، أي المسيح كما فهمته الجماعة المسيحية الأولى أي مسيحاً نفسياً يضع مسيحية لا تصح إلاّ في الحياة الخاصة وتفترض مجتمعاً مغلقاً منعزلاً لا شأن له بالسياسة. مسيحية لا تليق إلاّ بالأديرة.

لم يحاول ياسبرز تطوير هذه الملاحظات التي أبداها نيتشه ومقارنتها بنتائج علم النقد الحديث وبالدراسات المقارنة عن نشأة المسيحية، خاصة وأنه على دراية بالموضوع كما وضّح في رده على بولتمان بشأن منهجه في القضاء على الأساطير في تفسير الكتب المقدسة، بل ينتهي الى هذه النتيجة إجابة على السؤال الأول المطروح وهو أن قضاء نيتشه على مسيح التاريخ لم يقض عل المسيح كنموذج للحياة وبذلك تظل المسيحية ممكنة كعقيدة وتصور، ويكون كبار الصوفية مثل فرنسوا الأسيسي وكبار المؤمنين من أمثال باسكال، يكون هؤلاء على حق عندما يتحدثون عن الإيمان المسيحي وعن الطريق المسيحي الى الله. وبالرغم من قضاء نيتشه على العقائد واعتبارها انحرافاً عن المسيحية الأولى، تظل المسيحية ـ في رأي ياسبرز ـ ممكنة باعتبارها دافعاً روحياً قلبياً خالصاً وهو ما قاله كانط من قبل(*).

2 ـ يرى نيتشه أن المسيحية قد انحرفت عن المسيح، ولم يكن في التاريخ مسيحي إلاّ شخص واحد وهو المسيح وقد مات على الصليب!

وكل ما ألصق به بعد ذلك كان نتيجة للمصادفة التاريخية المحضة أو لدوافع ومآرب شخصية. المسيح هو المسيحي الوحيد أما الجماعة المسيحية الأولى فهي عدوة للمسيح، ونيتشه نفسه هو عدو للمسيحية وعدو للمسيح بالرغم من إخلاصه وصدقه، وعدو للجماعة المسيحية الأولى ابتداء من الحواريين حتى آباء الكنيسة.

(*) أنظر مقالنا عن «الدين في حدود العقل وحده لكانط»، مجلة تراث الإنسانية، المجلد السابع، العدد الثاني، آب/أغسطس، سنة 1969.

ليس المسيح مصدراً للمسيحية بل نواة لها استغلتها المسيحية لنسج مجموعة من العقائد التاريخية الصرفة التي حتمتها الظروف والحوادث. لقد انهارت المسيحية بعد المسيح وانهار الغرب بعد تغلغل المسيحية فيه. ويبدو الانحراف عند نيتشه في تحويل المسيحية من قاعدة للحياة الى اعتقاد، مع أن المسيح مثل بوذا رجل عمل لا رجل عقيدة، ثم تحويل الاعتقاد الى عقيدة أي واقعة مغلقة يختلط فيها الهوى والظن والحوادث التاريخية في ثوب رمزي مثل أسطورة الفداء التي نسجت حول بعض الألفاظ مثل «الآن والى الأبد» «أو» «هنا في كل مكان»، ومثل إثبات المعجزات حول بعض الرموز النفسية كشفاء المرضى، وأسطورة الخلود حول تأكيد المسيح لفناء كل ما هو شخصي وفردي، أو إقامة كنيسة تدعو لله وتبشر بملكوته وجناته أو بابنٍ له يكون الشخص الثاني في التثليث، كل ذلك مجموعة من الرموز الفاضحة حولت المسيحية الى نقيضها، فعبد الناس الشيطان بدل الإله. لقد انحرفت المسيحية عندما تحولت من مجرد إيمان قلبي فردي الى عقائد تاريخية هي في الحقيقة رموز تدل على هذه الحقائق الروحية البسيطة. فالإيمان يعني الشعور، والله الإنسان بمعنى أن التفسير الوحيد لله هو محو الإنسان وبالتالي الاعتراف بالإنسان كواقعة مكتفية بذاتها أو كحقيقة أولية، وبالتالي يكون الالتصاق بالرموز انحرافاً للبشرية: «ألم تضل الإنسانية طريقها لمدة ألفي عام بهذا الوهم؟».

كان يمكن لياسبرز ابتداء من هذا التحليل التاريخي للمسيحية، الذي قام به نيتشه، تتبع تاريخ المسيحية وكيف أنها أصبحت رومانية مقنّعة، فأصبح القيصر هو البابا، والمعبد هو الكنيسة

وأصبحت الطقوس قداساً كما أصبح قارون من الحقائق التي تعترف بها جميع الطوائف المسيحية وجميع الاتجاهات اللاهوتية محافظة كانت أم متحررة. ولكن ياسبرز يصور نظريات نيتشه في نشأة المسيحية وتطورها وانحرافها على أنها إسقاط من أزمة نفسية لديه على التاريخ، وبالتالي يقضي على صدقيتها وموضوعيتها ويجعلها مجرد هوى أو جنون مع أن نظريات نيتشه ـ وإن كانت قائمة على الحدس السريع ونفاذ البصيرة ـ لا تفرق كثيراً عن نظريات دارسي تاريخ المسيحية خاصة في القرن التاسع عشر، الذين تتبعوا نشأة المسيحية وتطورها في خط موازٍ لنشأة العقيدة وتطورها، وكلاهما في خط موازٍ ثالث لنشأة النص الديني نفسه وتطوره مع إثبات انحراف المسيحية التاريخية عن المسيحية الأولى واختلاف العقائد الكنسية المتأخرة عن الدعوات الخلقية الأولى منذ نشأتها وفي تطورها حتى القرن الرابع حين بدأ ظهور الأناجيل الأربعة في مجموعات متسقة مرتبة عن «أقوال المسيح وأعماله» كما يذكر مؤرخو المسيحية الأوائل من أمثال بابياس والقديس ارينيه وأوزب السيراي.

3 ـ وينشأ الانحراف التاريخي ـ على ما يقول نيتشه ـ من الشعور بالحقد الذي يتولد عند الفاشلين والمضطهدين وهو الشعور الذي درسه ماكس شيلر بعد ذلك بالتفصيل. ويعني به نيتشه الناشىء عن العجز عن إرادة القوة، وقد يكون خالقاً للقيم والمثل. فالعاطفة الخلقية تدل على رغبة في الاستعلاء، والعدالة تدل على رغبة مكبوتة للانتقام، والمثل العليا قد تشير الى معركة كامنة ضد من يحتلون المناصب العالية. فهذه الدوافع التي تظهر في مظهر روحي عال تحتوي على انحرافات شديدة. وقد يدل

هادىء الطبع على ثورة وقسوة. كما كان كبار السفاحين يخافون من منظر الدماء. وكثيراً ما كان يتم ذبح الخصوم باسم الله والحق والعدل، وقد يكون المؤمن قاسي الطبع لأنه يطمئن الى شرعية أفعاله، وهذا يفسر لنا كيف أصبح الإيمان المسيحي فيما بعد إيماناً أبيقورياً وكيف حولت المسيحية عدوة الوثنية الى وثنية صديقة للمسيحية. وكما ولدت الوثنية اليونانية من قبل اتجاهات معادية لها عند سقراط وأفلاطون كانت المسيحية وليداً طبيعياً لظروف العصر القديم، وأخذت لحسابها كل الأسرار القديمة والرغبات في الخلاص وأفكار التضحية واتجاهات الزهد، وفلسفات العالم الآخر، كما احتوت على عبادة مترا (Mithra) وكانت المسيحية رد فعل على اليهودية فهي ظاهرة يهودية. آثر اليهود اختيار الوجود على العدم وانقلبت الآية في المسيحية التي تحتم فيها أخذ العدم وترك الوجود كرد فعل على الاختيار الأول، وكان الثمن تزييف كل شيء من قيم وأخلاق. وبالتالي خلقت غريزة الحقد عالماً جديداً تصبح الاستجابة فيه للحياة شراً. ويفسر نيتشه اليهودية كما يفسر المسيحية بغريزة الحقد. فيرى أن اليهودية قد أدانت القوة والسيطرة في الأمور الدنيوية ولذة الحياة مما أضطر اليهود الى إنكار الوقائع والتنصل من تاريخهم الماضي المليء بالحروب والمغامرات، لذلك تسرب حب الحياة الى اليهود من ممرات سرية داخلية، وبهذا المعنى تصبح المسيحية هي اليهودية في أبعد حدودها. لقد أصبحت اليهودية مسيحية وقضت على آخر صورة لها وهي الشعب المختار.

ومع هذا الانحراف التاريخي ينشأ التعويض الخلقي عن العجز

وتنشأ الأخلاق المثالية لتغطية هذا العجز فنجدها تصور المسيح ميلاداً وصلباً رغبة في الانتقام! ومع أن تفسير نيتشه يصدق على المسيحية أكثر من صدقه على اليهودية لأن اليهودية تختلف عن المسيحية في جوهرها، إذ لم تكن ديانة روحية أبداً، ولم تدع التوراة الى الروح المجرد الطاهر كما هو الحال في المسيحية، بل كانت دعوة الى القوى والارتباط بالأرض وهو ما اتضح في تاريخ بني إسرائيل القديم، مع أن تفسير نيتشه قد يصدق على المسيحية إلاّ أن ياسبرز لا يرفضه ككل لأنه يسمح بإرجاع كل مظهر من مظاهر الحياة الأوروبية الى مسيحية مقلوبة، أي الى أحد أوجه المسيحية وهو ما يريد إثباته.

4 ـ وقد استمرت المسيحية في تطورها تغزو النفوس المتوسطة التي انحرفت منذ اللحظة الأولى: تقنعها وتظل في صراع معها حتى تنشأ التشكلات الكاذبة للمثل المسيحية تؤثر في الشعور الأوروبي بالرغم من رفضه لها، ويعتبر نيتشه فرقة الجزويت أيضاً من هذه التشكلات الكاذبة، فالدخول في العالم وهو ما يميز الجزويت هو رد فعل على الخروج عنه وهو ما تتطلبه المسيحية.

ويتضح هذا التشكيل الكاذب أيضاً في وسائل نشر المسيحية، التي تخلت عن الحقيقة وفضلت الأثر والفاعلية. فإذا كانت الأمانة العقلية تنقصها كما هو واضح في العقائد فإنها تلجأ الى عدم الصدق للتأثير في الناس ولإثارة انفعالاتهم حتى أصبحت الوسائل المتبعة وسائل غواية أكثر منها وسائل لنشر الدعوة، إذ أنها ترفض كل ما يمكن أن يثير المقاومة مثل العقل والفلسفة والحكمة والشك، وتصر إصراراً عنيداً على أن العقيدة من عند

الله وأنه لا مجال إذاً للنقد والفحص بل للتسليم والاعتقاد وبث روح التعصب والغرور لدى الفقراء وتصفهم بأنهم «حس الأرض وملحها» ـ على ما يقول الإنجيل ـ وتتعامل مع المتناقضات وكل ما يثير الغربة والدهشة وتمجد الاضطهاد وخدمة الآخرين.

والعجب أن الأقوياء قد تمثلوا أيضاً هذه القيم لأنها تصلح لكل مظاهر الجبن ولكل مظاهر الغرور على السواء، يجد فيها الضعيف التعويض والسكينة ويجد فيها القوي الغلبة والسلطان، يصارعها الضعيف إذا أرادت الإبقاء على حالته ويصارعها القوي إن أرادت الحد من قوته.

وفضلاً عن الجزويت، ظهرت التشكيلات الكاذبة في بعض الاتجاهات المعاصرة، مثل الليبرالية والاشتراكية والديموقراطية، كرد فعل على المسيحية وللقضاء عليها في الوقت نفسه. فهي صور للمسيحية المنهارة بعد أن خارت قواها وفرزت أشكالاً أخرى تعيش من خلالها بطريقة الالتواء والمداراة، وكذلك الفلسفة والأخلاق وكل مثل العصر الحديث في المساواة ـ إنها قيم مسيحية مقنعة: مساعدة الضعيف من حيث هو موجود بيولوجي بصرف النظر عن غبائه أو ذكائه، ورفض استعمال العنف ـ كلها انحرافات أصيلة من اليهودية والمسيحية في عصورها القديمة، تظل هذه المثل على النفاق بعيدة عن الواقع فإذا انهدمت انكشفت العدمية كأساس لكل شيء. فالعدمية نتيجة للمسيحية التي انحرفت منذ نشأتها لا لمسيحية المسيح.

ومن مظاهر التشكل الكاذب أيضاً عقيدة الموت السعيد (Euthanasia)، التي تعتنقها البورجوازية التي تود أن تموت في

سعادة وهناء ورضا وسكينة بعد أن تدفع الزكاة عن كل ما كنزته فجعلت في كل عقار مصلى في الدور الأرضي وهي تعتقد أنها في السماء ستنال خلوداً فردياً متميزاً كما كانت متميزة على الأرض.

لذلك يجب رفض كل الأشكال الكاذبة من أخلاق وفلسفة مثالية باعتبارها معادية للحياة، وعلى أساس هذا الرفض يقوم التصور الجديد للحياة.

وأخيراً، تساعدنا المسيحية على فهم تناقضات العصر: القوة والعجز، الانهيار والصعود، السيد والعبد، القسيس والعلماني، الوجود والعدم وهي التناقضات الموجودة أيضاً في فترات أخرى من التاريخ في الإسلام وفي المانوية، ولكن التناقضات في المسيحية هدامة لا بناءة فقد قضت على الإمبراطورية الرومانية، وحدّت من انتشار الإسلام وجاء لوثر فأضاع مكاسب عصر النهضة وهو العصر الذي نهض فيه الإنسان الحقيقي. لقد أرادت المسيحية كغيرها من ظواهر التاريخ خلق الإنسان المتفوق، فهي إذاً، حلقة في تاريخ الإنسانية العام. ولما كان العصر الحاضر هو عصر العدمية تستطيع المسيحية أن تكون له بمثابة الخطر أو العون.

ويوافق ياسبرز على هذا العرض الذي يقوم به نيتشه لتاريخ المسيحية ولكنه يؤوله لحسابه ويقول: إن هذا العرض ولو أنه يقضي على تاريخ المسيحية إلاّ أنه لا يقضي على المسيحية ذاتها، التي تظل مهمازاً حضارياً للغرب وسبباً من أسباب توتره النفسي وكفاها بذلك فعلاً!

ثانياً: هل هناك دوافع مسيحية في تصورات نيتشه للتاريخ وللإنسان وللعلم؟

على الرغم من قضاء نيتشه على العقائد بصراحة ووضوح فإن ياسبرز يحاول إثبات أن نيتشه قد اتبع في ذلك دوافع مسيحية أصيلة، ويرى وضوح هذه الدوافع في نظرة نيتشه للتاريخ العام وفكرته عن الإنسان كموجود ناقص وتصوره للعلم باعتباره إرادة لا حدود لها للمعرفة وهو التصور الذي كان أحد أسباب عدائه للمسيحية.

1 ـ يرى ياسبرز أن تصور نيتشه للعود الأبدي هو نفسه النظرية المسيحية المشهورة عن الخطيئة والفداء، وإن هذه النظرة الشاملة للتاريخ صارت ممكنة بفضل النظرة الشاملة المقبلة التي تعطيها المسيحية. يرى نيتشه أن التاريخ يعيد نفسه وأن ما يحدث في عصر يحدث في كل العصور، وأن هناك عوداً مستمراً للأشياء حيث توجد علاقة ثابتة بين الخلود والزمان وكأن الأشياء كانت على حالتها هذه منذ الأزل وستكون كذلك الى الأبد، وهذا ما يفسر لنا تكرار الظواهر والمواقف. وهذا التصور لا يعني بالضرورة التصور المسيحي للخطيئة والفداء، فقد كان هذا التصور السائد لدى القدماء في فلسفاتهم للتاريخ كما هو الحال عند اليونان والرومان في التصور الدائري لحركة التاريخ، فهو تصور موجود قبل المسيحية ثم تسرب الى المسيحية في تصورها للكون بحركتيه، حركة الهبوط وحركة الصعود، الهبوط الذي تمثله الخطيئة والصعود الذي يمثله الفداء. وهو التصور الأفلوطيني للكون، بحركتي الذهاب (Aller) والإياب (Retour) على ما يقول

برجسون شارحاً أفلوطين. وهو التصور الذي خلده أوغسطين في
مدينة الله وصراع مدينة الأرض التي تمثل الهبوط والطرد والخطيئة
مع مدينة السماء التي تمثل الرفع والخلاص والفداء عن طريق
الأنبياء حيث يتم الفعل على يد المسيح. هذا التصور ليس
مسيحياً بالضرورة بل هو التصور القديم للتاريخ قبل المسيحية
وبعدها، وهو التصور الذي ساد الحضارة الإسلامية والذي خلده
ابن خلدون أيضاً في تصوره لدورات التاريخ من البداوة الى
الحضارة ثم البداوة من جديد. لم ينشأ تصور التاريخ كسهم يرمز
الى التقدم إلاّ في العصور الحديثة، ابتداء من فلسفات التاريخ في
القرن الثامن عشر عند كوندرسيه وفيكو وتورجو وفي القرن التاسع
عشر عند هيغل وكورنو. كان التصور القديم للحضارة هو الكهف
على ما يقول شبنغلر وهو التصور الذي ساد قبل المسيحية
وبعدها، وقد تبنى نيتشه هذا التصور نظراً لعدميته، لا لأنه يتبع
دوافع مسيحية أصيلة على ما يقول ياسبرز، الذي يعتبر أيضاً فلسفة
التاريخ في العصور الحديثة عند هردر وكانط وفخته وهيغل
وماركس تصورات مسيحية تصدر عن دوافع مسيحية أصيلة، مع
أن التصور المسيحي للتاريخ يتلخص في حركتي اللعنة والغفران،
أي في حركتي الصدور والرجوع لا في تصور السهم الذي يرمز
للتقدم والذي يعتبر مكسباً أصيلاً من مكاسب العصور الحديثة.
ومع أن التصور التراجيدي للحياة ليس تصوراً مسيحياً صرفاً ـ فقد
عرفه الشعراء اليونانيون من قبل كما عرفته الأساطير اليونانية
وبعض الفلسفات مثل فلسفة أفلاطون وعرفه الرومانسيون في
عواطفهم وانفعالاتهم والمعاصرون في إحساسهم بالقلق والتوتر
(أونامونو مثلاً) خاصة نيتشه بعد قلبه للقيم وانتهائه للعدمية ـ فإن

ياسبرز يرى أن هذا التصور التراجيدي للحياة تصور مسيحي محض يتبع دوافع مسيحية كامنة... مع أن نيتشه نفسه يعتبر التصور التراجيدي للحياة سابقاً على المسيحية وموجوداً في العصر التراجيدي في الفلسفة اليونانية قبل سقراط ثم انهارت الفلسفة اليونانية بعد ذلك، وقد ساعدت المسيحية على هذا الانهيار. ولا يترك ياسبرز نيتشه حتى يجعله مسيحياً لا فرق بينه وبين أوغسطين أو باسكال. فسواء كان نيتشه من أنصار النظرة الشاملة للتاريخ فهو مسيحي لأن المسيحية تعطينا أيضاً هذه النظرة، وإن كان من أنصار النظرة الفردية للتاريخ فهو مسيحي كذلك لأن المسيحية تعترف أيضاً بالزمان الفردي وبالحياة الزمنية المحددة بالميلاد والوفاة. فإذا لم يكتف نيتشه بالنظرة الكلية الشاملة للتاريخ وأراد أن يوجهه أيضاً واكتفت المسيحية بإنقاذ الفرد وحده واعتبار التاريخ أحد المعطيات الموجودة سلفاً والتي لا يمكن توجيهها فإن نيتشه يكون أيضاً مسيحياً ـ في نظر ياسبرز ـ مع أن نيتشه قد أستبدل بالله الخالق، الإنسان الخالق وجعل الإنسان دون الله خالقاً للتاريخ ومسيراً لمجراه. وعندما يشعر ياسبرز بتعارض تصور نيتشه والمسيحية للتاريخ فإنه يدافع عن التصور المسيحي باعتباره الأصل الذي خرج منه تصور نيتشه حتى وإن كان معارضاً له، فإذا كان لنيتشه نظرة شاملة الى التاريخ العام فإن ياسبرز يرى أن هذه النظرة مستحيلة لأن المسيحية تضعنا في «الكل» (Tout) دون أن نعرفه وكل معرفة للكل تكون مجرد افتراض، فإذا كان تصور نيتشه للتاريخ مسيحياً من حيث رد الفعل فإن تصور ياسبرز له مسيحي من حيث الفعل لأن «الشامل» (L'Englobant) من حيث هو اتصال الذات بالموضوع أقرب الى الواقع والتجربة. وبالتالي

فهو تصور مسيحي لا يغلف الحياة في النظرة الشاملة للتاريخ كما يفعل نيتشه. وإذا كان نيتشه من أنصار توجيه السلوك للتاريخ العام فإن ياسبرز يرى أنه من المستحيل السلوك طبقاً لخطط شاملة تضم التاريخ الإنساني كله، لأنه يقتضي المعرفة به وهذا مستحيل، إذ لا يتم السلوك إلا في زمان ومكان معينين، أي في موقف محدد كما لا تتم المعرفة إلا من باطن النفس لا من التاريخ.

2 – يرى ياسبرز أن تصور نيتشه للإنسان على أنه موجود ناقص ومهشم وساقط، هو نفس التصور المسيحي للخطيئة الأولى ولكن هذا التصور موجود أيضاً عند الفلاسفة الوجوديين المعاصرين الذين يرفضون المسيحية، فالإنسان عند هايدغر وجود للموت ينخر فيه العدم من خلال الثرثرة وحب الاستطلاع والاشتباه والسقوط والهذيان، والإنسان عند سارتر دودة في ثمرة كما هو عند نيتشه «مرض الأرض» هش، يتسرب اليه العدم من خلال النفي وسوء النية والشك والتساؤل. صحيح أن الخطيئة الأولى عند كيركغارد هي مصدر لأفكاره عن القلق ولكنها عند نيتشه وسارتر وهايدغر شعور بالعدم وهو شعور ناشيء من روح العصر لا من تراث الماضي. يفسر ياسبرز هذا الإنسان الناقص، الذي لا يريد أن يعلو على ذاته بأنه العلو الديني المعروف السجين فيه، وفرق بين العلو الديني والتعالي الفلسفي (ويدل لفظ Transcendance عليهما معاً). فالعلو الديني هو إثبات موجود مفارق للعالم خارج عنه، وهو وقوع في التصور الأفلاطوني لله، وكان رفضه أساساً رد فعل على هذا التصور الأفلاطوني الديني وإيماناً بالحلول وبالطبيعة. أما التعالي الفلسفي وهو ما يقصده الفلاسفة المعاصرون فيعني أن تتعالى الذات على نفسها وبالتالي

تتعالى على الموضوع لأن الذات ليست موضوعاً، وهو رد فعل الموضوعية التي أرادت تحويل الذات العارفة الى موضوع للمعرفة، ولكن ياسبرز يفسر التعالي الفلسفي على أنه العلو الديني ولا يبقي من اللفظ إلاّ وظيفته الدينية. وهكذا يضع ياسبرز الله وراء نيتشه في تفسيره للتاريخ، وفي داخله في تفسيره لفلسفته، ومن فوقه في تصوره للإنسان سواء أراد ذلك نيتشه أم لم يرد، وبالتالي يصبح الإنسان المتفوق عند نيتشه ـ على حد قول ياسبرز ـ إنساناً يتطلع نحو الكمال، والله هو الكامل الحق!

3 ـ يرى ياسبرز أن رغبة نيتشه في العلم وفي الحقيقة مطلب مسيحي أصيل مع أن نيتشه يرى أن المسيحية عدو للعلم، إذ أنها لا تركز على الواقع الذي يصدر العلم عنه، ويرى أن الإيمان المسيحي معارض للعالم خاصة لعلمي التفسير والطب اللذين يمكن بواسطتهما القضاء على كل الخرافات في النصوص الدينية: التفسير لأنه يبين نشأة النص وتطوره وأنه يعبر عن معتقدات الجماعة المسيحية الأولى ولا يحتوي على أي كلام للمسيح، والطب لأنه يبين أسباب الشفاء التي يظنها المسيحيون معجزات. ومع ذلك يصر ياسبرز على أن رغبة نيتشه العارمة نحو العلم دافع مسيحي أصيل لأن المسيحية بحث عن الحقيقة والعلم كذلك!

يريد نيتشه الحقيقة نفسها دون أغلفة من الرواة أو من التاريخ، ويستعمل لذلك مناهج النقد الحديث ولكن ياسبرز يرى أن هذه الإرادة نابعة من الأخلاق المسيحية التي نمت على العلم والمعرفة، لذلك ظهر العلم الحديث بشموله ووحدته في الغرب وحده، في وطن المسيحية، أما العلم اليوناني ـ في رأي ياسبرز ـ فكان علماً خاصاً ينقصه التفكير المنهجي لإقامة علم شامل كما

هو واضح في طب أبقراط، أو نظرات عامة كما هو واضح في العلوم الرياضية عند إقليدس وأرخميدس. لأن اليونانيين تنقصهم الدوافع الروحية والبواعث الخلقية! ظل العالم لديهم مغلقاً وظل هذا التصور عند أرسطو وديموقريطس وتوما الأكويني وديكارت، ولكن التصور الحديث للعلم ـ أيضاً في رأي ياسبرز ـ يرى في العالم مجموعة كبيرة من الخبرات نتيجة لتصور المسيحية لخلق العالم حتى استطاعت عقلانيته أن تواجه كل ما هو لا عقلاني وأصبح أساس العلم هو خالقه! ولما كان الله خالقاً للعالم ومسؤولاً عنه نشأت نظريات العدل الإلهي تحث على البحث وتثير العواطف وتثير السكينة والطمأنينة ودعاة صبر أيوب.

وهكذا يفسر ياسبرز العلم الحديث عن أنه بحث عن الله وعن تدبر في العالم المخلوق! مع أن العلم الحديث لم ينشأ إلاّ بعد أن انفصل عن اللاهوت وأعطى للعالم استقلاله وللطبيعة كفايتها الذاتية. ينتهز ياسبرز فرصة هجوم نيتشه على العلم اليوناني النظري وتفضيله التراجيديا فيهاجم العلم اليوناني أيضاً المنفصل عن الله ويفضل العلم الحديث ويفسره تفسيراً إلهياً. كما أن تصور نيتشه لإرادة الحياة باعتبارها باعثاً على العلم ليس تصوراً للعلم الحديث كما يظن ياسبرز بل تصور فلسفي محض يقوم على أساس حيوي وبيولوجي ولا شأن له بتصور العلم، كما أن وظيفة نظريات العدل الإلهي هي تبرير الشر في العالم كما هو الحال عند ليبنتز وإثبات طيبة الله المطلقة وليس الحث على البحث وإثارة العواطف، وإلا لما ثار سارتر على برنشفيغ آخر ممثلي المثالية والتفاؤل الألماني في فرنسا في القرن العشرين. يتصور ياسبرز العلم الحديث قائماً على أفكار ثلاث: فكرة الخلق وصورة

الألوهية ومطلب الحقيقة! وتظهر هذه الأفكار كدوافع باطنية تحرك العلم حتى ولو اهتز بالإيمان التقليدي كما حدث إبان عصر النهضة. لقد استطاع اليونانيون تأسيس العلم بقدر ما سمحت لهم الحرية الطبيعية، ولكن الغرب استطاع تأسيس العلم ـ في رأي ياسبرز ـ بدافع لا نهائي وهو البحث عن الحقيقة كدافع مسيحي أصيل وهو العلم الذي يأخذ «الشامل» موضوعاً له يغوص فيه الموضوع والذات معاً. تصور ياسبرز للعلم هو التصور اللاهوتي الذي يجعل العلم وسيلة لكشف الذات الباطنة حتى يجد الله قابعاً فيها، أي أنه علم الأخلاق لا علم الطبيعة أو علوم التصوف التي تؤدي الى الله ولا علم الأصول الذي يشرِّعُ للواقع كما هو الحال عند المسلمين. يريد ياسبرز القضاء على أهم مكاسب عصر النهضة والعصور الحديثة وهو تصور العلم الطبيعي وتأسيسه على العقل والتجربة. يمكن القول إن العلم الغربي هو بحث عن العقلانية والتنظير بعد أن أضاعها اللاهوت، وهو كشف للواقع بعد أن غلفه اللاهوت برموزه وعقائده، وأن الفلسفة الغربية كشف للعقل النظري وقدرته على الإدراك واتخاذ نظرة حلولية للطبيعة ورفض كل علو وتجاوز، ولكن العلم الحديث يرفض تسمية مكاسبه بالمسميات الدينية القديمة وإلا وقعنا في التصور اللاهوتي للعالم (Théologisme)، ويرفض اعتبار قوته دافعاً دينياً كافياً ولا يرضى إلا بمفاهيمه الجديدة العقلانية الشاملة المفتوحة. يريد ياسبرز بدل أن يفتح العالم عينيه على الطبيعة، أن يقيم وجوداً يدرس أعماق الذات، وبدل أن يكشف قوانين الطبيعة، أن يضع قواعد للسلوك في الحياة. يتهم ياسبرز العلم بأنه قد ألغى الله من حسابه حتى يظل العالم بلا خالق ولا يكون أمام الإنسانية حينئذ

إلا احتمالات ثلاثة: الولاء للبحث العلمي وللعالم المكتفي بذاته دون أن يكون له أي أساس خارجي، أو عدم احتمال هذا العالم والرغبة في البحث عن الحقيقة والحصول على سند يقيني، وهذا الاحتمال الثالث هو الذي يعمل ياسبرز على تحقيقه ويراه في التصور المسيحي العام!

ثالثاً: هل فلسفة نيتشه مسيحية؟

عرض ياسبرز فلسفة نيتشه بطريقتين: طريقة النفي التي يرفض فيها نيتشه كل أخلاق وكل حقيقة، فنقد الأخلاق مستوى رفيع من الأخلاقية، وانتحار الأخلاق مطلب خلقي أسمى، والشك في كل حقيقة فعل صادق، وطريقة الإثبات وهي في رأي ياسبرز طريق نيتشه الصحيح الذي يضع فيه تصوراً جديداً للعالم لا يبعد كثيراً عن التصور المسيحي. يحاول ياسبرز عرض هذا التصور في عدة نقاط موضوعية ومنهجية يفسرها تفسيراً مسيحياً خالصاً وينتهي إلى أن نيتشه، بالرغم من عدائه الظاهر للمسيحية، فإنه يتبع في الحقيقة في كل ما يقوله دوافع مسيحية أصيلة، استعمل هذه الدوافع للصراع مع المسيحية ثم رفض كل العناصر الإيجابية التي توصل إليها لمعارضة المسيحية، وأهم هذه النقاط هي:

1 ـ يرى ياسبرز أن المسيح هو نيتشه وأن نيتشه هو المسيح ولما كان نيتشه هو ديونيزيوس هو المسيح، كان المسيح مخلصاً لقواعد السلوك في الحياة وكذلك كان نيتشه. كلاهما لم يرد أن يكون بطلاً، وكلاهما قضى على الأخلاق وجعل الله فيما وراء الخير والشر، وكلاهما بحث عن السعادة، فوجدها نيتشه في العود الأبدي أي في إنكار الغائية التي يؤمن بها المسيح. ومع ما

262

يبدو من عداوة ديونيزيوس للمسيح ونيتشه معاً، فإن نيتشه في نهاية
حياته وفي إحدى نوبات جنونه كان يسمي نفسه «ديونيزيوس
المصلوب». والحقيقة أن التعارض بين نيتشه والمسيح، وبين
ديونيزيوس والمسيح أكبر من أن يستطيع ياسبرز إلغاءه، فموت
المسيح على الصليب يرمز الى نهاية الحياة ويكون اتهاماً لها، أما
تقطيع ديونيزيوس إرباً فإنه يرمز الى الحياة المتجددة بلا انقطاع
ويشير الى عنصر الدراما في الحياة الإنسانية. وبمنهج ياسبرز هذا
يستطيع كل فرد أن يكون هو المسيح سواء كان معه أو ضده.

2 ـ يرى ياسبرز أن نيتشه ينتهي من صراعه مع المسيح الى
الاتحاد به وهو خصمه بالرغم من صيحة نيتشه «امحقوا هذا
الوضيع»! ومن ثم لا يبقى خصماً له ويصير نيتشه وخصمه شخصاً
واحداً! وبهذا المعنى يكون الماء ناراً والملاك شيطاناً.

3 ـ بعد أن يعرض نيتشه مجموعة الأشياء المتعارضة ينتهي إما
برفضها وإما بالتوفيق بينها وجمع المتناقضات في شيء واحد وهو
ما يتصف به المسيح مثل: الله والإنسان، الإدانة والبراءة، الموت
والبعث، قيصر والمسيح! ويرى العصر الحاضر أن هذا الاتحاد
يتم لحساب الإنسان والبراءة والموت وقيصر.

4 ـ يرى ياسبرز أن نيتشه في الوقت نفسه فيلسوف التطرف
وفيلسوف الوسط المناسب. هو من أنصار التطرف لأن التعارض
يؤدي الى التطرف الذي يحتاج إليه الضعفاء، ولذلك كان الله
«فرضاً متطرفاً للغاية يلجأ إليه الضعفاء». أما أنصار الوسط فهم لا
يحتاجون الى شيء من عقائد الإيمان ولا يحتاج رافضة الأخلاق
الى أي كذب أو تمسح بالأخلاق والدين. وهكذا يقضي ياسبرز
على دعوة نيتشه ويجعله من أنصار أنصاف الحلول والسلام

والسكينة، وبالتالي يمكن تقبل المسيحية باعتبارها حلاً وسطاً تضع الله والإنسان معاً في حسابها.

5 ـ بعد أن جعل ياسبرز نيتشه من أنصار الاعتدال نسب اليه مذهباً شاملاً يجمع كل شيء ولا يفضل المسيحية على العدمية أو العدمية على المسيحية، ويحتج لذلك بأن عمله لم يتم نظراً لمرضه وموته المبكر. وفكر نيتشه هو الحركة نفسها أي الفكر الذي لا ينتهي الى نتيجة ما، يتجول في كل مطلق. يفسر ياسبرز نيتشه على هذا النحو ليبرر عدم وضع نيتشه لقيم ومثل جديدة وليخفف من قلبه للقيم والانتهاء الى العدمية.

6 ـ يفرق ياسبرز بين فلسفة نيتشه الظاهرة، التي هي أقرب الى التحليل النفسي الذي يهدف الى إزاحة الأقنعة، وبين فلسفته الباطنة التي يمكن التعرف إليها بعد جمع العبارات المتناثرة حول موضوع واحد حتى ولو كانت متعارضة، للتعرف إلى طريقة التفكير ووضع المشاكل؛ ومن ثم يتضح أن عداء نيتشه للمسيحية ليس كعداء غيره بل يقوم على دوافع فلسفية قوية. لذلك لا يجب الوقوف على نظريات نيتشه الواحدة بعد الأخرى بل يجب التعرف الى مسار فكره. يطالب ياسبرز بعدم الالتفات الى نقد نيتشه للمسيحية ويكفينا لذلك مسار فكره العام، وعلى هذا النحو يكون نيتشه أقرب الى الدفاع عن المسيحية من الهجوم عليها!

7 ـ تعترض الدراسة على هذا النحو صعوبتان: الأولى العبارات المتناثرة التي قد تحتوي إحداها على بيان إيمان نيتشه بالمسيحية، والثانية أعماله الفلسفية التي تعبر عن مرضه وعن انفعالاته الحادة، ومن ثم يمكن الشك في جديتها وأصالتها النظرية وبذلك يصعب الخروج منها برأي واحد لنيتشه من هذا

الخضم المتناثر. ولكن كيركغارد وباسكال وأوغسطين فلاسفة من نفس الطابع وأمكن الوصول الى نظريات متسقة لهم وليس نيتشه بدعاً بينهم.

8 ـ لا يعتبر ياسبرز نيتشه نموذجاً للفلاسفة بل استثناء وبالتالي فكل ما يقوله يكون فريداً شاذاً عجيباً غريباً لا يتفق عليه الجميع ولا يصدر عن عاقل! وهؤلاء الفرادى يجرون العالم معهم الى كارثة على ما يقول ياسبرز! فنيتشه لديه مغامر يعرض نفسه للأخطار دون حماية كافية، ودوامة لا تهدأ مثل فاغنر، ولا يريد إلاّ التوتر مثل دستويفسكي ولوثر. فبعد أن جعل ياسبرز نيتشه شاذاً عن القاعدة يذكر له نظراء ليخفي غرضه وهو التشكيك في شخصه كفيلسوف وفي أعماله ككاتب وفي آرائه كمفكر وفي آثاره كنبي للعصر.

9 ـ يذكر ياسبرز أنه مثل نيتشه وله مثل تجاربه ولكنه ليس من أتباعه، أي أنه يريد أن يقاسم نيتشه في الثناء عليه من أنصاره ثم يتجنب الهجوم عليه من أعدائه.

10 ـ كل من يعكف على نيتشه لا بد أن تكون لديه الثقة الكافية بنفسه وأن تكون له الحرية التي يستطيع بها مقاومة إغرائه لأن نيتشه يوقع في الغواية وتصيب اللعنة من يقرؤه: «لا أريد أن أكون نوراً لأناس اليوم، ولا أريد منهم أن يسموني نوراً بل أريد أن أفقأ أعينهم، بريق حكمتي يفقؤها». وهكذا يحذر ياسبرز القراء من نيتشه الذي جعله مسيحياً رغماً عن أنفه حتى لا يقعوا في غوايته وحتى يحافظوا على إيمانهم بالتراث القديم بكل ما فيه من عقائد وقيم متوارثة. لم يكن غرض ياسبرز من تفسير نيتشه مسيحياً دفاعاً عنه وإرجاعاً له إلى حظيرة المسيحية بل دفاع عن

المسيحية التاريخية ضد هجمات نيتشه عليها مع أن نيتشه لم يبغ إلا تصفية الإيمان مرة واحدة والى الأبد بعد أن حاولت الفلسفة الحديثة إصلاحه مع الإبقاء عليه.

ولا يسعنا أخيراً إلا أن نقول أن الفرق بين موقف نيتشه وياسبرز من المسيحية هو الفرق بين الصراحة والنفاق.

نيتشه وعلم اللاهوت

د. مراد وهبه

في كتابه المعنون «تاريخ الفكر اللاهوتي» يقول عالم اللاهوت الألماني بول تليخ «إن فريدريك نيتشه هو من أعظم المفكرين الذين أثروا أخيراً في تطور علم اللاهوت وذلك بسبب هجومه على المسيحية»[1]. وهذا النص يعني أن ثمة نقطة التقاء بين نيتشه وعلم اللاهوت.

والسؤال إذاً: أين تقع نقطة الالتقاء؟

- إنها تقع بالضرورة عند مفهوم الله بحكم أن علم اللاهوت محوره الله في علاقته مع العالم ومع الإنسان.

والسؤال: ما هي مكانة الله في فلسفة نيتشه؟

في كتابه المعنون «هكذا تكلم زرادشت» يقول نيتشه: «أيها الإنسان الأعلى، تعلم مني. في السوق لا أحد يؤمن بالإنسان، الأعلى. إذا أردت أن تتكلم هناك فاذهب، ولكن الغوغاء تغمز

---

(1) Paul Tillich, *A history of Theological Thought*, Touchstone Book, 1967, p. 302.

وتقول: نحن جميعاً متساوون... أيها الإنسان الأعلى ـ هكذا تغمز الغوغاء ـ لي ثمة إنسان أعلى. فالإنسان هو الإنسان. وأمام الله نحن متساوون... أمام الله! ولكن الآن الله قد مات... دعونا نرفض أن نكون متساوين أمام الغوغاء»[2].

في هذا النص ثمة مفهومان ينفي أحدهما الآخر وهما الله والإنسان الأعلى، بمعنى أن الإنسان الأعلى لا يتحقق إلا إذا كان الله قد مات. وهنا ثمة سؤال لا بد أن يثار: من هو هذا الإله الذي قد مات عند نيتشه؟

نجيب عن هذا السؤال من تاريخ الفلسفة. ففي العصر اليوناني القديم اتهم سقراط بأنه ينكر الآلهة وبأنه يتجول في الأسواق لكي يحث الغوغاء على قبول هذا الإنكار فحكم عليه بالإعدام. وحقيقة الأمر أن سقراط كان ينكر آلهة معينة ويبحث عن بديل لها. وبفضل هذا الإعدام ـ وعلى الرغم منه ـ اتخذ الفلاسفة مساراً لولبياً يتسم بحركة ديالكتيكية تترجم بين السلب والإيجاب. فمفهوم الله عند أفلاطون ليس واضحاً؛ فهو تارة الموجود الكامل أو المعقول في مقابل العالم المحسوس على نحو ما هو وارد في محاورة «فيدون». وفي «المأدبة» يوحد أفلاطون بين الواحد ومثال الخير أو بين الواحد والجمال ذاته. أما أرسطو فالله عنده هو المحرك الأول وهو لا بد أن يكون واحداً، ومع ذلك يقول الى جانب المحرك الأول بعقول أزلية أبدية مثل الله، وبأن هناك عقول صرفة مثله تماماً. ولكن على الرغم مما يبدو من غموض في مفهوم الله عند أفلاطون أو أرسطو إلا أنهما متفقان على أن الله

---

(2) Nietzsche, F.: *Thus Spoke Zarathustra,* Penguin, 1961, p. 297.

مفارق، وقد أصبح هذا المفهوم عند الله أنه مفارق هو السائد عند الفلاسفة الذين يؤمنون به باستثناء مذهب وحدة الوجود الذي ينكر هذا العلو لأنه يوحد بين الله والطبيعة كما هو الحال عند سبينوزا.

وقد اتخذ أصحاب مفهوم الإله المفارق مسارات متعددة في البرهنة على وجوده حتى جاء كانط وانتقد علم اللاهوت، الذي يدور على التسليم بإله مفارق ويبرهن على وجوده، وحصر كانط هذه البراهين في ثلاثة: البرهان الأنطولوجي والبرهان الطبيعي والبرهان الطبيعي الإلهي. والبرهانان الثاني والثالث يعتمدان على البرهان الأول فإذا ثبت أنه فاسد لزم أن البرهانين الآخرين فاسدان. ويبرهن كانط على فساد الأول بدعوى أنه يعتمد على تعريف الله بأنه الموجود الحاصل على جميع الكمالات. والوجود من الكمالات لأنه لو كان الكامل غير موجود لكان ناقصاً وهذا خُلف. ونفيُ كانط لهذا البرهان الأنطولوجي مردود الى سببين: السبب الأول أن الوجود ليس كمالاً من الكمالات لأنه لا يضيف شيئاً الى معنى الله. والسبب الثاني أن هذا الوجود هو وجود ذهني وليس وجوداً عينياً، والانتقال مباشرة من الوجود الذهني الى الوجود العيني لا يتم بالحدس العقلي. والعقل الإنساني ليس حاصلاً على هذا النوع من الحدس، ومن ثم فهو انتقال غير مشروع. وتأسيساً على ذلك ينتفي نظرياً وجود إله مفارق.

وأغلب الظن أن هذا النفي النظري لإله مفارق هو الممهد لموته على نحو ما يرى نيتشه. ودليلنا على ذلك مسألتان: المسألة الأولى أن ثمة علاقة تضادٍ بين نيتشه وعلم اللاهوت الكلاسيكي الذي يعتمد إلهاً مفارقاً كعلة غائية. ويرى نيتشه أنه ليس من حقنا أن نبحث في طبيعة الوجود لكي نصل الى العلة الأولى، أي ليس

من حقنا الاستناد الى البرهان الطبيعي لإثبات وجود إله مفارق.
أما مفهوم الغاية فهو من اختراعنا لأنه ليس ثمة غاية في
الواقع[3]. أما المسألة الثانية فتدور على ما حدث لعلم اللاهوت
من تطور الستينيات من القرن الماضي، أو على وجه التحديد بعد
موت نيتشه بحوالى ستين عاماً. ففي آذار/مارس عام 1963 صدر
كتاب للأسقف وولوش جون روبنسون عنوانه «لنكن أمناء الى الله»
يقع في 141 صفحة من القطع الصغير. وصدرت منه تسع طبعات
في ذلك العام منها أربع طبعات في شهر آذار/مارس. وصدرت
منه 350,000 نسخة. وقبل صدوره بأسبوع نشر روبنسون مقالاً
في جريدة «Observer» تحت عنوان «إن صورتنا عن الله يجب أن
تزول» أما الكتاب فيدور كله حول الدليل على ضرورة زوال مفهوم
الإله المفارق أو الإله الذي هو «هناك» أو الموجود الذي هو فوق
لأن هذا الإله قد مات.

وفي عام 1966 أصدر توماس ألتيزر كتابه الضخم المعنون
«إنجيل الإلحاد المسيحي» جاء فيه: «إن الله قد مات في زماننا»
وفي تاريخنا، وفي وجودنا، وأن نيتشه قد اقتضى هذا المفهوم في
القرن التاسع عشر، وبقي على اللاهوتيين في القرن العشرين
التبشير بهذا الحدث وسط الجماهير على الإطلاق، والجماهير
المسيحية على التخصيص. ذلك أن المفهوم التقليدي عن الله من
حيث هو مستقل عن العالم المخلوق ليس إلا مؤقتاً من أساليب
التفكير، وإسقاطاً للاغتراب الذي يعاني منه الإنسان مع ذاته وقد

---

(3) Geoffrey Clive, *The Philosophy of Nietzsche,* Mentor, 1965, p. 425.

جاء الأوان للتحرر منه. وإننا في حاجة الى إيمان جديد ينبع من تصورنا أن الله متطور وفي حركة دائمة. وإن هذا الإيمان الجديد ينفي المفهوم الكلاسيكي عن الله.

وفي عام 1966 نشر وليم هاملتون كتاباً مع توماس ألتيزر عنوانه «اللاهوت الراديكالي وموت الله»؛ ويرى هاملتون ـ على الضد من ألتيزر ـ أن المسألة ليست مسألة تحديد موت الله عند فترة معينة في التاريخ وإنما المسألة تقف عند حد أن «موت الله هو حدث تاريخي ثقافي تم في أوروبا وأميركا في القرنين الأخيرين» وما على الإنسان إلا التكيف مع هذا الحدث، وقبول الموت التاريخي الثقافي لله لأنه لم يعد صالحاً لتحريره من القلق واليأس. ومع ذلك فإن هاملتون لم يفقد الثقة في عودة الله بشرط أن يؤدي دوراً جديداً. وهو في ذلك قريب الصلة بدافع صمويل بيكت في روايته المشهورة والغامضة المعنونة «في انتظار غودو» ومن ثم تصبح حركة موت الله مزدوجة بمعنى أن تكون مسيحياً تعادل أن تكون منتبهاً الى العالم ومبتعداً عن الدين، ولكن مع انتظار غودو في إطار يلائم هذا العصر التكنولوجي. ويعتقد هاملتون أن هذه الرؤية الجديدة تعبر عن مرحلة ما بعد عقدة أوديب وهي عقدة نشأت بسبب قتل الأب.

يبقى بعد ذلك بول فان بورن الذي يسير في اتجاه لاهوت موت الله، ولكن استناداً الى التحليل اللغوي وذلك في كتابه المعنون «المعنى العلماني للإنجيل» فهذا القس البروتستانتي يرى أن القضية التي تقول إن «الله موجود» هي بلا معنى في ضوء مبدأ التحقيق الذي يشترط مطابقة القضية للمعطيات الحسية لكي يكون

لها معنى. ومن ثم فهو يذهب الى أبعد مما ذهب إليه نيتشه، إذ إن لفظ «الله» لم نعد في حاجة إليه لأنه بلا معنى.

هذا موجز لعلاقة نيتشه بحركة لاهوت موت الله وهي حركة تميزت عن الحركات اللاهوتية الأخرى بأنها حاولت أن تكون جماهيرية، ولهذا كانت منتجاتها رخيصة الثمن. ومع ذلك فإنها لم تستمر إذ توقفت عند السبعينيات من القرن الماضي مع بزوغ الأصولية المسيحية كحركة جماهيرية.

وفي ضوء هذه النتيجة نثير هذا السؤل العمدة: ما العلاقة بين الجماهير والنخبة؟

نيتشه مجاوزة الميتافيزيقا
وجينالوجيا القيم

أحمد عبد الحليم عطية

تمهيد

تنطلق هذه الدراسة التي نقدمها عن جينالوجيا القيم في فلسفة
نيتشه من فرضية أساسية هي أن فلسفة نيتشه بأكملها محاولة من
أجل إعادة تقويم القيم، أو قلب القيم (Trans-valuation) وذلك
بالسعي إلى تجاوز الميتافيزيقا في مواجهة العدمية الأوروبية التي
أراد نيتشه التغلب عليها انطلاقاً من الجينالوجيا؛ وأن هذه
الفلسفة ذات تأثير كبير في كثير من التيارات الفلسفية الحالية،
خاصة ما بعد الحداثة، حيث يمكننا أن نقول: إنه رغم تعدد
وتنوع القضايا التي شغل بها الفيلسوف ـ إرادة القوة والعود
الأبدي والعدمية ـ والتي كانت محور كتابات الباحثين في فلسفته
وهي الموضوعات المشغولة بنقد الغرب والسعي الى تجاوز وقلب
الأفلاطونية ونقد العقل والمعرفة والفن والتأويل، ما هي في

الأساس إلا قلب للميتافيزيقا الغربية واستبدال مشكلة الوجود بمشكلة القيمة. «إن النقد الجذري للفكر الميتافيزيقي بأكمله ـ فيما يرى نيتشه ـ لا يتحقق إلا بكشف حقيقته التي تكمن في أنه مجرد أخلاق»[1]. معنى ذلك أن أساس الميتافيزيقا والبحث الأنطولوجي هو الأخلاق والقيم.

يذكر لنا كارل لوفيت (K. Lowitt) وهو يتابع فكر القرن التاسع عشر في كتابه «من هيغل الى نيتشه» (Von Hegel zu Nietzsche) أنهما (هيغل ونيتشه) يمثلان الحدين اللذين تحرك بينهما الحدث الأصلي لتاريخ الفكر الألماني في القرن التاسع عشر؛ هيغل يبدو بعيداً جداً عنا بينما يبدو نيتشه قريباً منا؛ هيغل يمثل الاكتمال ونيتشه البداية الجديدة[2]. ويميز لوفيت حقبتين أو تيارين فلسفيين متمايزين: الأول، ويمثله هيغل الذي اكتملت الفلسفة في كتاباته، التي حددت الحداثة الأوروبية والثاني يمثله نيتشه، الذي سعى الى تجاوز الميتافيزيقا منبئاً بهما بعد الحداثة عبر نقده، الذي يوجهه للعدمية الأوروبية. يتناول لوفيت «محاولة نيتشه للتغلب على العدمية» ويرى أنه فيلسوف زماننا. وزماننا عنده تعني ثلاثة أشياء هي: أن نيتشه هو كقدر أوروبي أول فيلسوف لعصرنا، وأنه كفيلسوف في عصرنا، عصري وغير عصري بالقدر نفسه، وأنه كواحد من أواخر محبي «الحكمة» هو واحد من أواخر محبي

---

(1) عبد الرازق الدوّاي: موت الإنسان في الخطاب الفلسفي المعاصر، دار الطليعة، بيروت، 1992، ص 34.

(2) كارل لوفيت: من هيغل الى نيتشه، التفجر الثوري في فكر القرن التاسع عشر، ترجمة ميشيل كيلو، منشورات وزارة الثقافة السورية، دمشق، 1998، ص 8، ص 231.

«الخلود» أيضاً. ويرى أن تأثير نيتشه لم يقتصر على الفلسفة بما هي كذلك، وإنما يخترق مجمل الحياة الروحية والسياسية وهو يقترب في قوله: إن نيتشه فيلسوف عصري وغير عصري من هايدغر في قراءته لنيتشه باعتباره آخر الميتافيزيقيين العظام، الذي سعى الى تقويض الميتافيزيقا ومجاوزتها وظل في الوقت نفسه ميتافيزيقياً[3]. إن هيغل ــ وما زال الكلام للوفيت ــ يمثل الماضي التاريخي في الفكر الفلسفي الغربي، وصفحته الأشد إشراقاً، بينما نيتشه يمثل حاضره ومستقبله. والحقيقة ــ فيما يرى لوفيت ــ أن فلسفة نيتشه هي محاولة من أجل تحويل البحث في الوجود الى البحث في القيمة والتقويم.

أولاً: نيتشه والفكر الفلسفي المعاصر

لقد استقطبت فلسفة نيتشه الجدل الجاري اليوم بين الفلاسفة المعاصرين حول العقلانية واللاعقلانية[4]، الحداثة وما بعد الحداثة، حيث يضعه هابرماس في مفترق طرق ما بعد الحداثة وكذلك جياني فاتيمو في نهاية الحداثة: «الفلسفات العدمية والتفسيرية في ثقافة ما بعد الحداثة»[5]. ومقابل ذلك يجعله

---

(3) المصدر السابق، ص 215.

(4) هاشم صالح: «الصراع بين العقلانية واللاعقلانية في الفكر الأوروبي، مشكلة نيتشه، مجلة الوحدة، العدد 89، ص 227 وما بعدها.

(5) هابرماس: القول الفلسفي في الحداثة، ترجمة فاطمة الجيوشي، منشورات وزارة الثقافة السورية، دمشق، 1995، الولوج الى ما بعد الحداثة نيتشه مفترق الطرق، الفصل الرابع، ص 137 ــ 170، وجياني

البعض ضد النزعة الإنسانية وممثلاً لـ «فلسفة موت الإنسان»⁽⁶⁾. وقد مارست فلسفته تأثيرها الكبير في من تشغل كتاباتهم الصدارة في عالم الفلسفة اليوم من الفلاسفة الفرنسيين من تيار ما بعد الحداثة أمثال: فوكو وديلوز ودريدا. وميشيل فوكو (M. Foucault) الذي خصص أكثر من دراسة عن نيتشه يؤكد أن التعرف الى نيتشه وهايدغر كان أكبر تجربة فلسفية عاشها في حياته... وأن نيتشه هو الذي غلب على توجهه الفلسفي. ومن دراساته عنه، «نيتشه الجنيالوجيا والتاريخ» و «نيتشه فرويد وماركس»⁽⁷⁾.

1 ـ ويقر جيل دولوز (G. Deleuze) وهو من الذين استوعبوا نيتشه وكتب عنه كتابين هما: «نيتشه» و «نيتشه والفلسفة»، بأن

= فاتيمو: نهاية الحداثة الفلسفات العدمية والتفسيرية في ثقافة ما بعد الحداثة، ترجمة فاطمة الجيوشي، وزارة الثقافة السورية، دمشق، 1998، ص 184 ـ 191.

(6) ينتقد عبد الرزاق الدواي: في الفصل الذي خصصه لـ «نيتشه ونقد النزعة الإنسانية كأخلاق وميتافيزيقا»، في فلسفة موت الإنسان في الخطاب الفلسفي المعاصر، دار الطليعة، بيروت، 1992، ص 9.

(7) يؤكد فوكو أن التعرف إلى نيتشه وهايدغر كان أكبر تجربة فلسفية عاشها في حياته، يقول: يعتبر هايدغر بالنسبة إليّ الفيلسوف الأساسي. وقد تحددت معالم مساري الفلسفي كلها من خلال قراءتي له.. ولكنني اعترف بأن نيتشه هو الذي تغلب في نهاية المطاف علي توجهي الفلسفي Les Nouvelles littéraires, 28 juin 1984 وكتب فوكو عن نيتشه عدة دراسات هي: «يتشه الجينالوجيا والتاريخ» و «نيتشه، فرويد، وماركس» في كتابه جينالوجيـا المعرفة. انظر ترجمة أحمد السطاتي وعبد السلام بنعبد العالي، دار توبقال، الدار البيضاء 1988.

استلهام نيتشه حاضر بالفعل لدى فوكو. ويخبرنا أنا هناك ثلاثة لقاءات جمعت بين فوكو ونيتشه: اللقاء الأول يتعلق بمفهوم القوة، فالسلطة عند فوكو كالقوة (Puissance) عند نيتشه، لا تختزل في علاقة عنف، أما اللقاء الثاني فيتعلق بأطروحة «موت الإنسان»، والتي تعني موت شكل محدد من تصورات الإنسان، اتخذ صورته القصوى في النزعة الإنسانية كإرث ميتافيزيقي لتجربة الحداثة وفكر الأنوار. أما اللقاء الثالث بين فوكو ونيتشه فقد تحدد في علاقة الحياة بالإبداع والخلق وجعلها موضوعاً للفن، وهو ما يحيل إليه التطور الأخير لفلسفة فوكو والمرادف لبعد الذاتية كعملية مقاومة للسلطة والمعرفة المتداولة وكعملية خلق وانفتاح ذاتي مستشرف للممكن، وهو ما سماه نتشه بابتكار إمكانات جديدة للحياة للتعبير عن إرادة القوة كإرادة الفن[8]. وهذه النقطة الأخيرة هي ما شُغل بها فاتيمو في كتابه المشار إليه، الذي يوضح اهتمامه بنيتشه. وقد اهتم به كذلك كل من: جاك دريدا من جانب وفلاسفة مدرسة فرانكفورت، دعاة الحداثة والعقلانية والتنوير والإنسانية والتقدم من جانب آخر.

2 ـ ويمكن مراجعة ما كتبه هابرماس في «القول الفلسفي في الحداثة» وأيضاً دراسته «حول نظرية المعرفة عند نيتشه» حيث يرى أن الشكل الضمني لفلسفته، التي هي ليست منهجية في عرضها فحسب بل ابتعدت عمداً عن عملية البرهنة ولا تخضع بالتالي إلا للحكم الوجيهة المقنعة، يفسح مجالاً واسعاً يتجاوز المألوف أمام

---

(8) مصطفى لعريصة: «دولوز قارئاً فوكو»، مجلة مدارات فلسفية، الجمعية الفلسفية المغربية، العدد الثاني، ص 71 ـ 72.

شتى التأويلات»[9]، وقد أفرد محسن الخوني دراسة عالج فيها أثر نيتشه في هابرماس وفلاسفة فرانكفورت في العدد الذي خصصته مجلة الدراسات الفلسفية التونسية عنه.

والحقيقة أن هابرماس الذي يمثل الجيل الثاني في مدرسة فرانفكورت كانت له دراسته وتعليقاته على أعمال الجيل الأول للمدرسة. والجديد الذي أتى به في هذا الشأن هو تقسيمه لتطور المدرسة الى مرحلتين: الأولى وتمتد من نشأة المدرسة وحتى الحرب العالمية الثانية، وهي مرحلة تمثيل المدرسة لتيار الماركسية الغربية. أما المرحلة الثانية فتبدأ من الحرب العالمية الثانية وتكشف عن تخلي المدرسة عن كثير من مبادئها الماركسية ومشروعها في النظرية النقدية الذي كان صورة معدلة عن المادية التاريخية وميلها نحو التشاؤم والعدمية متأثرة في ذلك بنيتشه. وتشخيص هابرماس هذا للتطور الفكري للمدرسة يهدف ـ كما يخبرنا أشرف منصور ـ إلى توضيح التأثير النيتشوي فيها بعد الحرب العالمية الثانية، وذلك في مقابل اقتصار معظم المعلقين على التأثيرات الماركسية في المدرسة. يريد هابرماس إثبات أن نيتشه هو الشخصية الأساسية المؤثرة، وتأثيره يفوق تأثير شوبنهاور في هوركهايمر، وكيركغارد في أدورنو، وهايدغر في ماركيوز[10]. وجد هابرماس نفسه في بداية حياته مهتماً بمن يهولون من الآثار

---

(9) هابرماس: القول الفلسفي في الحداثة، ترجمة فاطمة الجيوشي، وزارة الثقافة السورية، دمشق، ص 237.

(10) أشرف منصور: «التأثير النيتشوي على مدرسة فرانكفورت»، أوراق فلسفية، العدد الأول ص 67 وما بعدها.

السلبية للحداثة، وذلك هو الذي جذبه نحو قراءة أعمال الجيل الأول من مدرسة فرانكفورت. ففي شبابه كان مركزاً على التراث الماركسي. وبذلك قرأ مؤلفات لوكاش وهوركهايمر وأدورنو وماركيوز على أنها ماركسية. وسوف يكتشف هابرماس بعد ذلك أن هذه الشخصيات لا تدين لماركس بقدر ما تدين لنيتشه، وأن أعمالهم أقرب الى النقد الراديكالي النيتشوي للحداثة والتنوير من المادية التاريخية بمعناها الماركسي الدقيق.

تأثير نيتشه في مدرسة فرانكفورت، كما يخبرنا منصور، يسير في ثلاثة اتجاهات: الاتجاه الأول نقد الحداثة والتنوير، والاتجاه الثاني نقد العقل الذي يتحول لدى المدرسة الى نقد العقل الأدائي، والاتجاه الثالث هو التحول نحو الفن، خاصة لدى ماركيوز وأدورنو، باعتباره سبيلاً للخلاص والميل نحو صياغة نظرية في الاستطيقا تكون بديلاً لمشروع النظرية النقدية الذي تخلت عنه المدرسة. هذه الخصائص الثلاث التي ميزت المدرسة بعد الحرب العالمية الثانية تظهر التأثير النيتشوي بوضوح وغياب التأثير الماركسي [11].

3 ـ كان بيير زيما في «التفكيكية دراسة نقدية» يرى أن هايدغر في مرحلة أولى ينتسب الى نيتشه، إذ يلاحظ أن نيتشه كان أول من كشف أساس الميتافيزيقا، حيث إن إرادة القوة تفترض وفقاً لهايدغر إرادة الإرادة، وإن كان نيتشه لا يتوصل الى انتزاع نفسه من الميتافيزيقا... وخلافاً لنيتشه، الذي يتجه نحو العالم المحسوس، يقترح هايدغر تجاوزاً للميتافيزيقا على المستوى

_____

(11) الموضع السابق.

279

الأنطولوجي، مقابل ذلك يرى جادامر في دراسته «هايدغر وتاريخ الفلسفة»، أن دخول نيتشه جاء متأخراً في أفق هايدغر وذلك بعد «الوجود والزمان»، كما أنه من الخطأ أن نعزو الى هايدغر تعاطفاً مصطنعاً مع نيتشه. وهو يرى أن التصفية الفعلية لفكر المعنى (Sense)، الذي يمثله النقد النيتشوي للشعور، يجب أن يفهم انطلاقاً من الميتافيزيقا وكأنه عدم وجودها... إن القرب بين مذهب إرادة القوة ومذهب عودة ذات النفس الأبدية لم يكن في الحقيقة غير التعبير الأكثر أصالة عن نسيان الوجود، الذي يشمل بالنسبة إليه تاريخ الميتافيزيقا. وإن أغلى أمانيه أن يدرج نيتشه في تاريخ نسيان الوجود، كما أنه يسلك هذا الدرب بالمقلوب؛ وهذا أمر تشهد عليه العروض الكبيرة حول الموضوع الذي أضافه الى الجزء الثاني من كتابه عن نيتشه[12].

(12) أفاض فلاسفة الوجودية في تناول فلسفة نيتشه واستلهامها وتقديم قراءات متنوعة حولها خاصة ياسبرز في كتابه: نيتشه مدخل الى فهم فلسفته، الذي أصدره عام 1936. وهايدغر الذي تعد قراءته أساس فلسفات ما بعد الحداثة، والذي حلل فلسفة نيتشه في دراسات متعددة أولها «كلمة نيتشه عن موت الله»، 1944، والتي نشرت في كتاب المتاهات، 1950، و «من هو زرادشت نيشته» في محاضرات ومقالات فولجن، 1954، وكتابه عن نيتشه في جزءين، 1961، (أنظر مؤلفات هايدغر، في عبد الغفار مكاوي: نداء الحقيقة ودراسات أخرى، ترجمة ودراسة، القاهرة، 1977). وقد قدمت سعاد حرب عرضاً تفصيلياً للجزء الأول من كتاب هايدغر عن نيتشه، الذي يتناول فيه إرادة القوة بما هي فن، عودة الشبيه الأبدية، إرادة القوة بما هي معرفة، مجلة العرب والفكر العالمي: «هايدغر قارئاً نيتشه» العدد السابع، صيف 1989.

4 ـ وقد تتبع ستيبان أوديف التأثير النيتشوي من منطلق ماركسي على فلاسفة العصر الحديث خاصة الوجوديين في كتابه النقدي «على دروب زارادشت»[13]، كما كانت فلسفة نيتشه في الوقت نفسه موضع نقد في كتابات كثير من الماركسيين وغيرهم من نقاد نيتشه. يرى لوكاش في كتابه «تحطيم العقل» أن نيتشه يحتل موقفاً فريداً في تاريخ اللاعقلانية الحديثة، ويرجع ذلك الى الحالة التاريخية التي ظهر فيها، والى مواهبه الشخصية الخارجة عن المألوف، وأن هذا النفوذ، الذي يحظى به نيتشه ما كان يمكن أن يوجد أبداً لو لم يكن نيتشه مفكراً أصيلاً وموهوباً بشكل مرموق[14]. ويوضح لنا هابرماس توجه المفسرين في الكثير من

---

(13) هذا موقف الناقد الماركسي ستيبان أوديف في كتابه «على دروب زرادشت».

(14) لوكاش: تحطيم العقل (ص 97) ويرى أن المركز الذي تنتظم حوله أفكار نيتشه هو الهجوم على الاشتراكية ص 96، 97، 105، 106، 107، 114. وفي جينالوجيا الأخلاق يظهر ذلك بوضوح في حديثه عن «الشعب»، «العبيد» أو «العوام» أو أيضاً «القطيع» لوكاش تحطيم العقل، ترجمة الياس مرقص، دار الحقيقة، بيروت، د. ت. ص 105. ونجد في كتاب موجز تاريخ الفلسفة، الذي ألفه جماعة من الأساتذة السوفييت أن «فلسفة نيتشه بعيدة عن الاتساق وجد متناقضة ولكنها برغم افتقارها الى الترابط المنطقي، واحدة في جوهرها ونزعتها هدفها. فمذهب نيتشه مشبع بالذعر من الاشتراكية المقبلة وبكراهية الشعب وازدرائه وبالسعي بأي ثمن لتفادي الهلاك المحتوم للمجتمع البورجوازي. ترجمة توفيق سلوم، دار الفارابي، بيروت، 1989 (ص 524).

الأحيان لاستخدام نيتشه مرآة لفلسفتهم الخاصة، وهكذا يصور كلاجس لدى نيتشه تناقضاً بين الحياة والروح في كتابه «إنجازات نيتشه النفسية» 1924 ويستقي بويملر منه فلسفة قوة معاصرة في كتابه «نيتشه الفيلسوف والسياسي» 1931 وحتى لوفيت، الذي يظل شديد التمسك بأعمال نيتشه الفلسفية يستخدم أيضاً نظرية العود الأبدي لعرض هبوطه الخاص من قمة الفكر الحديث، أي الفكر التاريخي، الى وادي الرؤية الكونية للعالم السائد في الأزمنة القديمة في كتابه «فلسفة العود الأبدي للشبيه لدى نيتشه» 1934. يضيف هابرماس أنه وبعد الحرب العالمية الثانية وجدت المناقشات حول نيتشه صدى لها في الولايات المتحدة والمجر(15)، فيؤكد ولتر كوفمان في كتابه «نيتشه: الفيلسوف والسيكولوجي، والمعادي للمسيح» الترابط بين تعاليم نيتشه الفلسفية ونقد الدين، وبالتالي تقاليد الأزمنة الحديثة التنويرية. إذ يعتبره الفيلسوف الذي يعبّر لأول مرة بوضوح إبان العهد الإمبريالي عن تيار اللاعقلانية»(16).

وفي الكتاب الجماعي «لماذا نحن لسنا نتشويين» تحرير لوك فيري (L. ferry) وآلان رينوت (A. renault) الذي صدر بالفرنسية وترجمه الى الإنكليزية روبرت دو لوازا ـ مطبعة جامعة شيكاغو 1997 ـ يوضح أندريه كونت ـ سبونفيل أحد المشاركين فيه أن

---

(15) هابرماس: حول نظرية المعرفة عند نيتشه. مجلة الفكر العربي المعاصر، العدد 58 ـ 59 ص 74.

(16) W. Kaufmann, *Nietzsche: Philosopher, Psychologist, Antichrist,* 4 edition, Princeton New Jersey 1974, 1.

هناك عدة نقاط يتفق فيها مع نيتشه مثل: نقده للمثالية والدين وحرية الاختيار أو ماديته شبه الكاملة أو رفضه للعدمية... لكن هناك نقاط أخرى خلافية أقل عدداً وأكثر أهمية وحسماً وهي التي تمنعني من أن أكون نيتشوياً يذكر منها: الأخلاقية واللاعقلانية وإحلال الفن محل الدين.

5 ـ ويقدم لنا عدد كبير من الباحثين نيتشه باعتباره عالماً متعمقاً في السيكولوجي، مشيرين الى دوره في التحليل النفسي والعلاقة بينه وبين فرويد. يقول الدكتور عبد الغفار مكاوي الذي خص هذه المسألة بدراسة موسعة: تنطق كتابات الفيلسوف بخبرته بالنفس وتعمقه في طبقاتها ومتاهاتها المظلمة؟ إن المطلع على هذه الكتابات ابتداءً من «ميلاد التراجيديا من روح الموسيقى» حتى شذراته الأخيرة وخطاباته التي كتبها في ليل جنونه ووجهها الى قيصر والمسيح وبعض أصدقائه؛ كل هذه الكتابات تشهد «شهادة كافية على تحليلاته النافذة ونظراته الثاقبة، بل أنها لتشهد بأنه سبق مؤسس التحليل النفسي في هذا المضمار، وأنه راد طريق علم النفس التحليلي وعلم النفس الفردي وأثر فيها جميعاً بحدوسه وخواطره الملهمة تأثيراً مباشراً أو غير مباشر، وصل في بعض الأحيان إلى حد استباق النظريات كاللاوعي وما تحت الوعي وما وراءه، وكذلك اللاوعي الجمعي النماذج أو الأنماط الأولية، بل لقد بلغ حد التطابق في المصطلحات كما سنرى مثلاً مع كلمة الإعلاء التي تتكرر في كتبه»[17].

---

(17) د. عبد الغفار مكاوي: «نيتشه والتحليل النفسي»، أوراق فلسفية، العدد السادس، ص 318.

إن التحليل النفسي، الذي أسسه سيغموند فرويد، يندرج في إطار سلالة من قدم نفسه كأول «عالم نفس» للأخلاق، أي فريدريك نيتشه؟! مما أدى كما يعتقد بول لوران أسون إلى نشوء نوع من «النيتشويه ـ الفرويدية» التي تزامنت مع موت نيتشه وبداية انتشار التحليل النفسي سواء داخل الحركة التحليلية من أوتّو غروس (Otto Gross) الى أوتّو رانك (Otto Rank) أو من جانب الاختبار «الأدبي» للفرويدية عند توماس مان (T. Mann). ورغم ذلك، فإنه ليس من قبيل الصدفة وبمناسبة مؤتمر فايمار Wiemar سنة 1911 أن توجهت بعثة مؤلفة من جونز (Jones) وزخ (Sachs) الى أرشيف نيتشه لتقدم لأخت الفيلسوف إليزابيت فوريستر ـ نيتشه، التي نصبت نفسها قيماً على تدبير أعماله، «التشابهات بين أفكار فرويد ومثيلاتها عند أخيها»[18].

6 ـ وترى عطيات أبو السعود في «نيتشه والنزعة الأنثوية» أن نيتشه ـ من وجهة نظرها ـ يعد من أكثر الفلاسفة الذين ارتبط اسمهم بهذه النزعة وأكثرهم تأثيراً فيها، سواء أكان هذا التأثير إيجابياً أم سلبياً. حيث إن بعض المؤيدين للنزعة الأنثوية يزعمون أن نيتشه هو سلفهم الأكبر.

«إن كتابات نيتشه تفيد الى حد كبير أنصار النزعة الأنثوية على الرغم من سمعته ككاره للنساء. وعلى الرغم أيضاً من تعارض

---

(18) بول لوران أسون: «فرويد ونيتشه»، ترجمة مصطفى لمزوق وعبد الرحيم سعيد، مجلة مدارات فلسفية، المغرب العدد 8 شتاء 2003، ص 79. وأنظر أيضاً في هذا السياق دراسة سعاد حرب، «فرويد ونيتشه»، أوراق فلسفية، العدد 6، ص 343 ـ 350.

مواقفه الأساسية مع مبادىء هذه النزعة، إلا أنهم يعتبرونه جداً لهم، لأن تقويمه للعلاقة بين الرجال والنساء فتح الطريق لتفكير جديد عن الجنس، كما أثارت فلسفته أفكاراً أساسية جعلت منه سلفاً لهذه النزعة، منها: نقد السلطة الأبوية الذكورية، حيث يميل أصحاب النزعة الأنثوية خاصة في القرن التاسع عشر وأوائل القرن العشرين الى فلسفة نيتشه التي تقوم بنقد جينالوجي للمؤسسات الأبوية وقيمها، لكن النزعة الأنثوية اهتمت بمنهجه في القراءة الاجتماعية والتاريخية للقيم؛ إعادة تقويم الجسد. وبالإضافة الى ذلك فقد استعاد نيتشه في تاريخ الفلسفة العناصر اللاعقلانية في محاولته وضع ما يمكن أن نطلق عليه اسم الفلسفة الديونيزية. كما أن إعادة تقويمه للغريزة والعواطف الجسدية كان بمثابة إعادة تقويم للنساء في الثقافة الغربية»[19].

7 ـ واشتد الجدل حول فلسفة نيتشه في الثقافة والفكر العربي منذ تناول فرح انطون فلسفته في مجلة «الجامعة»، «فمبادئه تحتوي الكثير من الحقائق الضرورية للحياة وعلى أبناء الشرق أن يطلعوا عليها ليشددوا نفوسهم بها». وقام بتعريب بعض فصول كتاب «زارا توسترا». وفي رده على نقولا معلوف، الذي طلب عدم حذف شيء من كتابة نيتشه خاصة المسائل الدينية، أكد الاهتمام بالموضوعات المتصلة بالمباحث الاجتماعية والفلسفية[20]. وشغل سلامة موسى بالكتابة عن نيتشه، حيث كتب «موسى وابن

---

(19) د. عطيات أبو السعود: «نيتشه والنزعة الأنثوية»، مجلة فصول، العدد 65 خريف وشتاء 2004، ص 36 وما بعدها.

(20) فرح أنطون: مجلة الجامعة، الجزء الثالث، السنة السادسة نيسان/ أبريل 1908.

الإنسان» عام 1909، كما أصدر «مقدمة السوبرمان» 1927 وكتب في هؤلاء علموني «نيتشه فتنة الشباب». وأول كتاب بالعربية أثناء الحرب العالمية صدر في مصر هو الذي قدمه مرقس فرج بشارة[21]. وتوالت العروض والترجمات لفلسفة نيتشه، إلا أن الجدل الهام حول فلسفته وأفكاره وعلاقتها بالدين والعلم وأهميتها بالنسبة للشرق هو ما أثارته ترجمة فليكس فارس لـ «هكذا تكلم زرادشت»، حيث قام بالرد عليه الناقد الدكتور إسماعيل أدهم بمناقشة الترجمة وفهم فارس لفلسفة نيتشه أو تأويله للدين. ويرى «أن الغرب كيّف الدين على حسب طبيعته حتى يقبله، وهذا التكيف هو ـ في الواقع ـ خلع الثوب الغيبي عن الدين وجعله إنسانياً»[22]. ثم يأتي جهد عبد الرحمن بدوي في تقديم نيتشه للقارىء العربي 1939 وهو عمل كان له تأثير كبير في المثقفين العرب والساسة من رجال ثورة تموز/يوليو في مصر خاصة أحمد عبد العزيز وعبد الناصر والسادات[23]. وقد أشارت سعاد حرب

---

(21) مرقس فرج بشارة: «كتاب نيتشه»، مجلة إبداع، العدد 9 أيلول/سبتمبر 2001.

(22) فرح أنطون، المرجع السابق.

(23) وقد استخدم عبد الرحمن بدوي فلسفة نيتشه للتعبير عن توجهه الوجودي من جانب وتأسيس فلسفة عربية وجودية، أنظر مقدمة كتاب نيتشه مكتبة النهضة المصرية القاهرة 1965 وكذلك دراستنا عن «نيتشه/ بدوي» في الكتاب التذكاري عن بدوي الذي أصدرته دار المدى الإسلامي، بيروت 2001. وانظر دراسة بول طبر: «نيتشه، ما بعد الحداثة، والمثقفون العرب»، مجلة الفكر العربي المعاصر، العدد 114 ـ 115 صيف 2000، ص 139 وما بعدها.

الى اهتمام أنطون سعادة زعيم الحزب القومي السوري الاجتماعي بفلسفته. وتوالت الدراسات عنه في أجيال تالية خاصة لدى فؤاد زكريا في كتابه النقدي عنه ثم لدى سعاد حرب من لبنان وصفاء جعفر من مصر وجمال مفرج من الجزائر. ونور الدين الشابي[24] من تونس ومحمد أندلسي من المغرب[25]. غير أن ما ترجم من دراسات عنه إضافة الى ما خصته به مجلتا «أوراق فلسفية والمجلة الفلسفية التونسية» من إعداد خاصة.

وإذا كانت القراءات المعاصرة لدى فلاسفة ما بعد الحداثة: فوكو ودولوز ودريدا تنطلق من نيتشه، ومن القراءة الهايدغرية لفلسفته التي تجعل منه آخر الميتافيزقيين الكبار في الغرب، فإن هايدغر نفسه، الذي يمكن أن نعده نيتشوياً في مرحلة من مراحل تفكيره[26] قد أكد، وهذا ما يهمنا في هذا السياق، تغلغل القيم في فلسفة نيتشه.

---

(24) نور الدين الشابي: نيتشه ونقد الحداثة، منشورات كلية الآداب والعلوم الإنسانية بالقيروان، دار المعرفة للنشر، 2005.

(25) محمد أندلسي: نيتشه وسياسة الفلسفة، دار توبقال، الدار البيضاء، 2006.

(26) زيما: التفكيكية، دراسة نقدية ترجمة أسامة الحاج، مجد، بيروت، 1996 ص 46، 47، جادامر: «هايدغر وتاريخ الفلسفة» ترجمة جورج أبي صالح، الفكر العربي المعاصر، العدد 58 ـ 59 تشرين الثاني/ نوفمبر 1988، ص 19 ـ 24.

ثانياً: نيتشه والنظرية العامة للقيمة

إن فكرة القيمة، التي نشأت في القرن التاسع عشر وترتبت على المفهوم الحديث للحقيقة، هي فيما يقول هايدغر آخر خلف للأجاثون (الخير) وأضعفه(27). يرى هايدغر أن كلمة «توأجاثون» تترجم بتعبير يبدو مفهوماً في ظاهره وهو «الخير» وأغلب من يستخدمون هذا التعبير يخطر على بالهم معنى «الخير الاجتماعي» الذي يوصف بهذه الصفة لأنه يتفق مع القانون الأخلاقي. ولكن هذا المعنى يحيد عن الفكر اليوناني، وإن كان تفسير أفلاطون نفسه للأجاثون بأنه مثال وهو الذي أوحى بالتفكير في «الخير» تفكيراً أخلاقياً كما جعل المتأخرين يسيئون تقديره فيجعلونه «قيمة». وبقدر ما تتغلغل «القيمة» والتفسير من خلال «القيم» في ميتافيزيقا نيتشه على هذه الصورة المطلقة، التي عبّر عنها بعبارته المعروفة «قلب جميع القيم» بقدر ما يمكننا أن نعد نيتشه نفسه، الذي غابت عنه كل معرفة بالأصل الميتافيزيقي «للقيمة» أشد الأفلاطونيين تطرفاً عبر تاريخ الميتافيزيقا الغربية. والسبب في هذا أن نيتشه قد اعتبر أن القيمة هي الشرط الذي وضعته «الحياة نفسها» لإمكان الحياة، وبهذا فهم ماهية «الأجاثون» فهماً بعيداً عن كل تحيز أو حكم مسبق وقع فيه أولئك الذين يلهثون وراء المسخ الذي يسمونه القيم الصادقة في ذاتها»(28). ويستشهد

---

(27) أنظر هايدغر: نداء الحقيقة ومقالات أخرى دراسة وترجمة د. عبد الغفار مكاوي، دار الثقافة للطباعة والنشر، القاهرة، 1977، ص 337.
(28) الموضع السابق، ص 338.

هايدغر بخاطرة دونها نيتشه عام 1885 في «إرادة القوة» وهي الحكمة رقم 493 والتي يقول فيها: «إن الحقيقة هي ذلك النوع من الخطأ الذي لا يستطيع نوع معين من الكائنات الحية أن يعيش بدونه. إن قيمة الحياة هي الشيء الحاسم في نهاية الأمر»[29] وهي كما سنجد مصدر القيم.

وهذا الاهتمام الذي يضع فلسفة نيتشه في بؤرة الفكر المعاصر هو ما يدفعنا الى الوقوف أمام فلسفة القيم كما قدمها لنا، وذلك يتم من وجهة نظري على مستويين: الأول بيان ما قدمه نيتشه من كتابات متعددة تدور كلها حول انقلاب القيم، والمستوى الثاني تناول القضايا المختلفة التي عرض لها باعتبارها تعبيراً عن القيم بالمعنى الواسع، الذي يرادف البحث في الوجود.

لقد سعى نيتشه ـ فيما يرى دولوز ـ الى خلق مشكلة القيم والتقويم وهو الذي وجه الفلاسفة الى تأسيس الأكسيولوجيا. فالقيم في نظر عدد كبير من الباحثين هي محور فلسفة نيتشه، بل أنه حوّل مشكلة الوجود بأسرها الى مشكلة قيمة. ويكفي من أجل التدليل على أثر كتابات نيتشه في نشأة نظرية القيمة المعاصرة أن نذكر بعض أقوال فلاسفة القيم المعاصرين عنه.

ونستشهد خاصة بإيربان (W.M. Urban) الذي توقف أمام نيتشه في عدد كبير من دراساته موضحاً أثرها، يقول في «نظرية القيمة»: «إن أكبر إسهام في هذا المجال كان دراسات إعادة تقويم القيم، والاهتمام العام الذي أثاره نيتشه في كتابه «جينالوجيا الأخلاق» وجد صدى علمياً في دراسة ظواهر وأسباب وقوانين تحول

---

(29) الموضع السابق، ص 350.

القيمة. فهو يرجع القيمة الى الحياة، حيث يفترض أن الحياة واستمرارها قيمة»[30]. وهذا الكتاب ـ كما يقول ـ لا يعرض لنا فقط اقتراحاً بشأن إعادة تقويم القيم، ولكنه يشير الى مشكلة القيم خاصة، على أساس أنها الوظيفة المميزة للفلسفة في المستقبل... وليس من المبالغة أن نشير فيما يرى ايربان الى التأثير المباشر وغير المباشر الذي قدمه نيتشه لتطور الإكسيولوجية الحديثة[31]. وهذا ناتج من وجهة نظره الى التحول من المذهب العقلي الى المذهب الإرادي والنظام النشط للروح الإنساني، كما نجد في نداء نيتشه إعادة تقويم القيم[32]. ويخبرنا ايربان في دراسته «الميتافيزيقا والقيمة» التي هي أشبه ما تكون بسيرة حياة فلسفية، أن أعظم مغامرة روحية في حياته كانت تلك الليلة التي قرأ فيها أثناء دراسته في ألمانيا كتاب نيتشه «جينالوجيا الأخلاق». يقول: «مع بزوغ ضوء الصباح وجدت نفسي أتفحص حطام معتقداتي، وأنا في حالة مزاجية غريبة، حالة ساورني فيها إحساس بأن هناك مهمة عظيمة ينبغي عليّ القيام بها»[33].

يقوم عمل نيتشه على إدخال مفهومي المعنى والقيمة إلى

---

(30) W.M. Urban, «Theory of Value». Encyclopedia Britannica.

(31) W.M. Urban, «Axiology», in D.D. Runes (ed) Twentieth Century Philosophy, Philosophical Library.

(32) W.M. Urban, «What is Function of the General Theory of Value» the philosophical Review, vol XXL, 1908.

(33) W.M. Urban, «Metaphysics and Value». in *Contemporary American Philosophy* (ed.) G.P. Adams and W.P. Montague, Macmillan co., New York 1930, vol 2, p. 359.

الفلسفة، إنه يريد أن يتجاوز الميتافيزيقا الغربية كلها بتحويلها الى جينالوجيا، وهو لم يخف يوماً أن فلسفة المعنى والقيم يجب أن تكون نقدية. وأحد الحوافز الرئيسية لعمل نيتشه فيما يقول دولوز هو كون كانط لم يقم بالنقد الحقيقي، لأنه لم يعرف أن يطرح مشكلته باصطلاحات القيم؛ بينما فلسفة نيتشه، كما نقرأ في أول صفحات كتاب دولوز «نيتشه والفلسفة» تنطلق من الواقعة التالية: «إن فلسفة القيم كما يؤسسها ويصورها هي الانجاز الحقيقي للنقد»[34]. ينبغي أن نضع نقد نيتشه موضع التساؤل، ما يمثل في نظر نيتشه نفسه قراراً أساسياً لا يستلزم أي إعادة فكرية، وفكرة أساسية يعمل انطلاقاً منها. إن نيتشه نفسه يقفز من فوق المشكلة الأنطولوجية في القيمة ـ كما يقول أوجين فنك ـ ويقيم مساءلته وإشكاليته على الخلفية غير الواضحة لظاهرة القيمة، ولا يمكن أن نفهم في أي منحى فلسفي يتجه في مقولاته ومفاهيمه الموجهة للنقد الثقافي والسيكولوجي والجمالي، لا يمكن أن نفهم كل ذلك إلا إذا أوضحنا قناعة نيتشه الجوهرية وتفسيره للوجود على أنه قيمة»[35].

يستتبع مفهوم القيمة في رأي دولوز قلباً نقدياً، فمن جهة تظهر القيم أو تعطى كمبادىء تفترض تقويماً ما قيماً، تقدر، انطلاقاً من الظاهرات؛ لكن من جهة أخرى، وبصورة أشد عمقاً، يظهر أن

(34) Gilles Deleuze, *Nietzsche et la philosophy.*

نقلاً عن الترجمة العربية لأسامة الحاج، المؤسسة الجامعية للدراسات والنشر، بيروت 1993 ص 5.

(35) أوجين فنك: فلسفة نيتشه، الياس بديوي، دمشق 1974 ص 13.

القيم هي التي تفترض تقويمات، «وجهات نظر، تقديرات» تشتق
منها قيمتها. والمشكلة النقدية هي قيمة القيم، التقويم الذي تنشأ
منه قيمتها، أي مشكلة خلقها[36]. ويعرض كريستيان ديكام، ما
أسماه الإنقلاب النيتشوي في دراسته «فلسفة القيم» موضحاً الدور
الذي لعبه فرويد وماركس ونيتشه في الفكر الحديث وأثر فلسفة
نيتشه في نظرية القيم[37].

ثالثاً: كتابات نيتشه في القيم

سنتناول في الفقرات التالية أعمال نيتشه في القيم، وسنتابع
تحليلاته وكيفية إنجازه للمهمة التي نهض بها والتي حددناها في
إعادة تقويم كل القيم، وكيف تطورت هذه المهمة في مؤلفاته
المختلفة. يمكن القول إن كتابات نيتشه جميعها، حتى وإن كانت
لا تحمل في عناوينها مصطلحات القيمة والأخلاق، فهي تدور في
إطارها وربما في تفاصيل بنيتها الداخلية حول القيم. فالمعادلة
الأساسية «الوجود = القيمة» إنما تشكل ـ فيما يقول فنك (Eugen
Fink) ـ العنصر النوعي في فلسفته ولا يمكننا حذفه دون أن
نحذف نيتشه بكامله معه، فهو لديه مبدأ إجرائي أساسي. إن نيتشه
لا ينظر الى الميتافيزيقا من وجهة نظر أنطولوجية، بل من وجهة
نظر أخلاقية. وهو كما يؤكد فنك لا يتفحص التصورات
الأنطولوجية بل يعتبرها فقط بمثابة أعراض تشير الى نزعات من

---

(36) جيل دولوز: المصدر السابق، نفس الموضع.

(37) كريستيان ديكام: «فلسفة»، ترجمة علي مقلد، مجلة العرب والفكر
العالمي، العدد 9، ص 83 ـ 97.

الحياة، إنه لا يطرح مشكلة الوجود على الأقل بالطريقة التي بحثت بها طوال قرون، فمشكلة الوجود تستوعبها مشكلة القيمة[38].

وإذا كان هناك من يقسم حياة نيتشه وأعماله الى مراحل زمانية متعددة مقابل من يرفض هذا التقسيم، باعتبار أن آخر أعمال الفيلسوف ليس بالضرورة أكثرها نضجاً وجراءة، فإننا سنتابع تحليل أعماله وفقاً لتقديمه لها في كتابه «هذا هو الإنسان». (Ecco Home)، لبيان حضور الاهتمام بالقيم في هذه الأعمال حتى وإن كانت لا تحمل في عناوينها مصطلح القيمة. ويحدد لنا نيتشه مهمته في الفقرة الثانية من تصديره لهذا الكتاب، ويقدمها لنا عن طريق السلب، فهو يرفض أن يقيم أوثاناً جديدة، وآخر ما يعد به هو أن يحسّن البشرية، فمهمته هي تحطيم الأوثان. ويفسر لنا ما يقصده بالأوثان، إنها المثل الزائفة التي نخلقها بديلاً عن الواقع. وما تقدمه المثل من قيم عليا ليست بالضرورة على النقيض والضد من قيم الحياة والإنسان[39].

ونستطيع الوقوف على ما أنجزه من مهمته بتحديد توجهاته في كتبه المختلفة كما يعرضها لنا في «هذا هو الإنسان». وهو يرى أن الأخلاقية (Morality) قد زيفت كل شيء نفسياً حين حولت الحب الى «غيرية». بينما يرى أن كل تسوية للحب للحياة الجنسية

---

(38) أوجين فنك: فلسفة نيتشه، إلياس بديوي، دمشق 1974 ص 13 ـ 17.
(39) Nietzsche: Ecce Homo préface 19، وأنظر أيضاً الترجمة العربية ص 10.

هو جريمة ضد الحياة[40]، ويؤكد لنا الأساس الذي يقيم عليه الأخلاقية، وهو الحياة. يظهر ذلك في أول مؤلفاته «ميلاد التراجيديا» (The Birth of tragedy) فتأكيد قيمة هو أكثر الحقائق ثباتاً في العالم والحقيقة[41]. ومن هنا يبرز العنصر الديونيزي ويعلن عنه مقابل العنصر الأبولوني. يقول في الفقرة الرابعة بزهو المنتصر «دعوني أؤكد نجاحي على ما تم خلال الأعوام الألفين التي عارضت الطبيعة وحطت من قدر الإنسانية، إن تأكيد الحياة، هو الذي ينهض برفعة البشرية وتهيئة حياة خصبة مليئة بالوفرة»[42].

وسوف نتناول على التوالي تحليلات نيتشه للقيم كما ظهرت في «إنساني، إنساني للغاية»، و«ما وراء الخير والشر» و «جينالوجيا الأخلاق»، والصورة التي ظهرت عليها في «إرادة القوة»، بل أن كتبه الأخرى تعرض بشكل غير مباشر آراءه الأخلاقية، فهو في «مولد التراجيديا» 1872 يرى أن المأساة الإغريقية تحد بطولي لقوى الموت وإقبال على الحياة، و «كتاب فجر» أو خواطر في الأوهام الخلقية، يقدم إنساناً حفر في الأرض وسار في الظلام ثم صعد الى النور، الى فجره الخاص. هبط الى الأعماق ليهدم أسس البناء الخلقي القائم ويهدم الثقة بهذه الأسس: (الفضيلة، حب القريب، احتقار الجسد، كل ما هو مسيحي، وكل القيم السائدة) وذلك من أجل أخلاق جديدة. ويتخذ في «العلم المرح»

---

(40) Ibid., p. 852. الترجمة العربية، ص 63: 65.

(41) *Ibid.*, p. 867.

(42) *Ibid.*, p. 870.

الموقف ذاته الذي اتخذه في «فجر» ضد الأخلاق السائدة[43].
وكان كتاب «هكذا تكلم زرادشت» دفاعاً عن الحياة، الجسد، في
وجه النفس والأخلاق التقليدية، والميتافيزيقا، لقد اختار نيتشه
زرادشت كمحطم للأخلاق القديمة باسم قيم جديدة مختلفة
كلياً[44].

يُظهر لنا نيتشه في «إنساني إنساني للغاية» 1878 كثيراً من
القضايا المتعلقة بالأخلاق والقيم، التي سنجدها فيما بعد أكثر
تفصيلاً وعمقاً في كتاباته اللاحقة خاصة «ما وراء الخير والشر»
و «جينالوجيا الأخلاق»، ويتكون الكتاب الأول من «إنساني
إنساني للغاية» من تسعة فصول تدور حول الأخلاق بالمعنى
الواسع.

ويهمنا أن نتوقف عند القضايا الأخلاقية والقيمية كما ظهرت
للمرة الأولى في هذا العمل، وكيف تطورت في أعماله اللاحقة،
خاصة أن نيتشه يشير إليه مرات عديدة في الدراسة الأولى من
«جينالوجيا الأخلاق»، باعتبار أن ما جاء في هذا الأخير توسيعاً
لبعض ما جاء في إنساني. وأول ما نود الإشارة إليه في هذا
السياق هو إحساس نيتشه القوي بصواب أفكاره وتقديمها وكأنها
قدرية وبثقة مستقبلية. وهو يرى أن البشر سيتقبلون هذه الأفكار
في البداية بنوع من الريبة لكن سرعان ما تغويهم إعادة النظر في

---

(43) أنظر تحليل يوحنا قمير لمؤلفات نيتشه في كتابه: نيتشه نبي المتفوق،
منشورات دار الشرق، بيروت، 1986.

(44) بانكو لافرين: نيتشه، جورج حجا، المؤسسة العربية للدراسات والنشر،
بيروت، ص 128.

تقويم الأشياء. «سيخرج المرء بنوع من الرعب والريبة بخصوص الأخلاق، بل يتم تشجيعه على أن يدافع ولو مرة واحدة عن أسوأ الأشياء»[45]. والمقصود أسوأ الأشياء في عرف الأخلاق السائدة؛ التي يثور عليها نيتشه وينأى بنفسه بعيداً عنها لذا فهو ـ كما يقول ـ «لاأخلاقي» (A. moralist) وهي عبارة علينا أن نقف أمامها طويلاً. فهو لاأخلاقي بالمعنى المتعارف عليه للأخلاق السائدة، لأنه يتحدث ضدها، خارج عنها، إنه يقف «بمعزل عن الخير والشر»[46] يتساءل عن إمكانية قلب القيم؟ «ألا يمكن قلب كل القيم؟ والخير ألا يكون هو الشر؟ ألا يحتمل أن يكون كل شيءٍ خطأً؟»[47]. إن الخير والشر عبارات فقدت كل معناها وعلينا أن نعيد النظر فيها. فليس العالم أو وقائعه المختلفة خيّرة أو شريرة.

إنه هنا يبدو مثل فتجنشتاين يرى أن القيم والفضائل ذاتية، ونحن الذين نخلع عليها معناها. إن العالم بداهة لا يبدو خيّراً ولا شريراً، لا يبدو أنه هو الأفضل أو الأسوأ، وأن المفاهيم «خيّر» و «شرير» لا معنى لها إلا بالنسبة للإنسان، بل أكثر من ذلك، إنهما ربما لا يكونان مبررين؛ هذا إذا أخذنا بعين الاعتبار الطريقة التي يتم بها استعمالهما عادة. وسواء كان ذلك قدحاً أو تمجيداً فإنه يجب علينا التخلص من هذا التصور للعالم. ونستطيع أن نجد في رسالة فتجنشتاين المنطقية الفلسفية موقفاً مشابهاً،

---

(45) نيتشه: إنسان مفرط في إنسانيته، محمد الناجي، أفريقيا الشرق، 1998، ص 9.

(46) المصدر السابق، ص 10.

(47) المصدر السابق، ص 12.

حيث يرى في القضية (641) أنه ليس في العالم قيمة وإن وجدت فهي كانت غير ذات قيمة. . . ويضيف، أن معنى العالم ينبغي أن يكون خارج العالم[48]، ومن هنا يلحق أولافسون نيتشه ويقربه من الفلسفة التحليلية المعاصرة. يقول: «بالنسبة لنا إذا استعرضنا الفلسفة التحليلية المعاصرة فإننا نجد نيتشه ليس فقط باعث ثورة على الأخلاق بل في الميتا ـ أخلاق»[49].

إن نيتشه الذي عده البعض فيلسوف الحياة، لتأكيده قيمة الحياة يؤكد لنا أهمية إعادة النظر في قيمة الحياة، ليس فقط من منطلق منطقي بل من خلال الميول الإنسانية والرغبة والمنفعة والذاتية: (إن قيمة الحياة ترتكز بالنسبة للإنسان العادي على كونه يولي نفسه أهمية أكبر من التي يوليها للناس[50]. فالذاتية أو لنقل الأنانية هي أساس تحديد الأخلاق. وترتيب المنافع «الأنانية مقولة أساسية في أخلاق نيتشه وهي أقرب الى الدفاع عن النفس. فإذا كنا نقبل أخلاقية الدفاع عن النفس فمن الواجب علينا أن نقبل كذلك كل تمظهرات الأنانية؛ فنحن نفعل الشر كي نضمن بقاءنا وحمايتنا. نسلم بأن الإساءة عن قصد، أخلاقية حين يتعلق الأمر بوجودنا أو أمننا»[51]. إن تأكيد المنفعة يتضح لدى نيتشه بحيث يقرب البعض

---

(48) فتجنشتاين: رسالة منطقية فلسفية، د. عزمي إسلام، الأنجلو المصرية، القاهرة 1968.

(49) F.A, Olafson, *Nietzsche, Kant and Existentialism,* p. 196.

(50) نيتشه: هذا هو الإنسان ص 36.

(51) المصدر نفسه ص 68. ونجد نيتشه في تناوله الأخلاق وترتيب المنافع يجعل المنفعة أساس الأخلاق، المصدر السابق ص 44 ويؤكد عليها في الفقرة 94 عن المراحل التاريخية الثلاث من حياة الأخلاق. يقول:

بينه وبين وليم جيمس كما فعل فريدريك أولافسون (F.A. Olafson) في دراسته «نيتشه كانط والوجودية» حيث يرى أننا يمكن أن نفهم المغزى الحقيقي لإسهام نيتشه في الأخلاق في محتوى نظريته العامة في الحقيقة وتطبيقاتها في مجال القيم. ويرى أنه مثل العديد من البراغماتيين يعتقد أن جميع معارفنا وكل نماذج تجربتنا التصورية تتضمن عنصراً تقويمياً ويربط بينه وبين جيمس، «ففي الوقت الذي يحاول فيه نيتشه إعادة تفسير الفكرة العامة للحقيقة بهذه الروح البراغماتية فإنه يتعرف إلى فرق أساسي بين تأسيس حقيقة القضايا الفعلية والأفعال الإرادية عن طريق غايتها»(52).

لقد أدرك نيتشه في هذه الفترة بعد تعرفه إلى أعمال بول ري (Paul Ree) ـ الذي يشيد به(53) ـ أولوية الدراسة النفسية للأخلاق، وضرورة البحث عن أصل الأحاسيس الأخلاقية» وهو ما سنجده أيضاً في «جينالوجيا الأخلاق». إن نيتشه يتحول الى

= «العلامة الأولى على كون الحيوان قد صار إنساناً هي حين لا تعود أفعاله ترتبط برغد عيش مؤقت بل دائم حين يتوجه الإنسان نحو المنفعة» ص 61 ـ 62.

(52) F.A. Olafson: *Ibid.*, p. 194-195. in *Nietzsche,* A Collection of Critical Essays,N.Y., 1973, p. 196.

(53) يصفه نيتشه في إنساني إنساني للغاية، بأنه ممن يشبهون الرماة الذين يسددون بدقة، ويصيبون الهدف في الظلمة، في ظلمة الطبع الإنساني، وبراعتهم تستدعي الإندهاش. ص 40 وهو أحد المفكرين الجريئين والهادئين، بفضل تحليلاته القاطعة والحاسمة للسلوك الإنساني ص 41 أنظر نيتشه: إنساني مفرط في إنسانيته، ترجمة محمد الناجي، دار أفريقيا الشرق، الدار البيضاء 1998.

البحث التاريخي، ويفصل في تاريخ الأحاسيس الأخلاقية. وفي فقرة هامة يتناول «ازدواجية ما قبل تاريخ الخير والشر»، «فللخير والشر تاريخ في روح الأعراق والطبقات المهيمنة؛ الخيّر ينتمي الى «الخيّرين» الى جماعة لديها إحساس بالتضامن، لأن كل أفرادها يرتبطون فيما بينهم بروح الثأر، والشرير ينتمي الى «الأشرار» من ليني العريكة والعاجزين الذين لا يعرفون للتضامن معنى، الخيّرون طبقة والأشرار ركام. الخيّر والشرير مرادفان للنبيل والحقير، للعبد والسيد»[54].

ويتنال المراحل التاريخية الثلاث من حياة الأخلاقية التي سيفيض في تفاصيلها في كتابه «بمعزل عن الخير والشر». وهذا ينقلنا الى ما قدمه نيتشه في هذا العمل، الذي يؤسس ويمهد الطريق الى تجاوز الأخلاقية السائدة والنظر اليها بمعزل عما تعارف عليه الناس من أجل تأسيس قيم جديدة، هنا يقلب نيتشه أو يدعو الى قلب القيم، وهذا هو موضوع الفقرة التالية.

يميز نيتشه في «ما وراء الخير والشر» بين ثلاث مراحل في تطور الأخلاق. الأولى، وهي الفترة الأطول في التاريخ البشري، والتي استنبطت قيمة الفعل من النتائج المترتبة عليه وليس من الفعل في ذاته، ويسمي هذه المرحلة ما قبل الأخلاق. ثم تحول إضفاء الخير لا على نتائج الفعل بل على نسبه، نتيجة سيادة القيم الأرستقراطية والإيمان بـ «النسب»، الأصل (descent) وذلك في المرحلة الثالثة التي يطلق عليها، المرحلة الأخلاقية نتيجة إدراك «الأنا»، «الذات»، ومن هنا علينا إعادة تأكيد الذات، فهي

---

(54) نيتشه: إنساني مفرط في إنسانيته، ص 45 ـ 46.

المنوطة بعملية قلب القيم، وتحويل أساسها وذلك ما يطلق عليه نيتشه خارج، أو ما وراء الأخلاق[55].

إن ما يهدف إليه من تأكيد الذات وتحقيق «إرادة القوة» يظهر في إعادة نظر جذرية للقيم وتحويلها من قيم العامة أو العبيد الى قيم السادة. ونظراً لهيمنة قيم العامة في المجتمعات، وهي الأخلاق السائدة، فإن قيم القوة والنبالة والاستعلاء تعد خطراً، ولاأخلاقية، ونيتشه هو الذي يطالب بأخلاق القوة ويعد ـ كما يصف نفسه ـ لاأخلاقياً وهو وصف مضلل للقارىء، الذي يتوقف عند المعنى السائد للأخلاق، وقد يكون متناقضاً حيث يصدر عن فيلسوف دارت أعماله جميعها حول الأخلاق. إن معنى اللاأخلاقية ليس ضد الأخلاق (السائدة) التي يمكن أن نصف من يتبعها بالأخلاقي. ومن لا يتبعها ـ وإن كان يؤمن بها ويخضع لها ـ باللاأخلاقي، بل أن المقصود باللاأخلاقي هنا هو من يقف خارج هذه الأخلاق السائدة أخلاق العبيد والضعف، بمعزل عن الخير والشر المتعارف عليهما.

إن ما يرفضه نيتشه في أخلاق عصره والتي ترجع الى الأفلاطونية والى سقراط، والتي دعمتها المسيحية هي أخلاق العبيد والقطيع، (Hard animal morality) لأنها ليست الأخلاق بالألف واللام، إنها نمط واحد من الأخلاق الإنسانية من الممكن أن توجد معها والى جوارها وخلفها أشكال أخلاقية عديدة، وهذا ما يبحث عنه نيتشه ويندب نفسه للقيام به وهو إيجاد السوبر

Nietzsche, F.: *Beyond Good and Evil,* trans. by Marianne Cowan, (55)
p. 37-38.

أخلاق، التي تقاوم الأخلاق السائدة وترفضها وتتجاوزها[56] وذلك مقابل الديموقراطية الحالية التي هي وريثة المسيحية، وهي صورة من صور تداني الإنسان. يدعو نيتشه السادة الأقوياء المتميزين الى أن يتجهوا بالأخلاق وجهة جديدة ويعيدوا تقويم القيم.

يرى شاخت أن التسمية «لاأخلاقي» ليست دقيقة تماماً حين يصف بها نيتشه نفسه، فهي تشير الى تبسيط وتشويه حقيقة موقفه من هذه القضايا. فمفهوم الأخلاق بالنسبة إليه كان يعني معاني متعددة؛ وهو حين يصف أخلاق أوروبا بأنها أخلاق القطيع كان يبيّن أنها نوع واحد من الأخلاق الإنسانية وهناك العديد من الأنواع الأخرى. لقد كان يبحث في الأشكال التاريخية للأخلاق والمعنى العام للأخلاق، وفي الأخلاق باعتبارها قضية الإنسان القادرة على تحقيق إنسانية أمثل[57]. لقد كان يؤكد أنه لا توجد أخلاق مطلقة، وأن الحكم الأخلاقي يعتبر وهماً، وأنه لا توجد حقائق أخلاقية ثابتة. والقضية الرئيسية بالنسبة له عدم وجود ظواهر أو وقائع أخلاقية ولكن يوجد فقط تفسير أخلاقي لتلك الظواهر. يؤمن نيتشه بضرورة الأخلاق ودورها، لذا عدل عن رأيه، وقرر أنه توجد حقائق أخلاقية وأنها تخرج عن أن تكون «كذبة ضارة» و «خداعاً خطراً» وأكسبها شرعيتها وأهميتها في ضوء فلسفته الأنثروبولوجية ونظرية القيمة[58].

---

(56) Nietzsche, F.: *Beyond...* p. 112-113.

(57) Richard, Schacht, *Nietzsche,* p. 417-418.

(58) *Ibid.,* p. 419.

ويرى أن المطالبة بأخلاق واحدة للجميع يعني الإضرار بالإنسان الأعلى تحديداً. إن ثمة تراتبية بين إنسان وإنسان يؤكدها نيتشه وبالتالي بين أخلاق وأخلاق[59]. يرفض نيتشه أخلاق القطيع ويقصر حق خلق القيم على السادة «خلق القيم هو من حق السادة»[60] وذلك تبعاً لنظرية أخلاق السادة والعبيد، التي يعرضها لنا في فقرة طويلة في «ما وراء الخير والشر».

يقول: «أثناء تجوالي بين أنواع الأخلاق التي سادت اليوم على الأرض، ولا تزال، عثرت على سمات معينة ارتبط بعضها ببعض وظهرت بصورة منظمة حتى ظهر لي في النهاية نوعان أساسيان بينهما فارق جوهري هما: أخلاق السادة وأخلاق العبيد. فقد ظهر التمييز بين القيم الأخلاقية عن جنس قوي غالب أدرك تميزه عن الجنس المغلوب، أو عن العبيد المغلوبين؛ يحدد الجنس الأقوى الغالب مفهوم «الخير»، فالنبلاء هم من يحددون القيمة، إنهم خالقو القيم، القيم التي تمجد الذات وجوهرها والشعور بالتدفق والامتلاء»[61]. إن تمييز نيتشه بين أخلاق السادة وأخلاق العبيد وانتصاره للأولى، أخلاق القوة على الثانية، هو أساس دعوته الى إعادة قلب (= تقويم) القيم. هذا القلب أو الانقلاب ثورة في مجال الأخلاق والقيم. ومن هنا تميز كاترين بارسونز في دراستها «نيتشه والتغيير الأخلاقي» بين: الإصلاح الخلقي والثورة الأخلاقية. الأول وظيفته المحافظة على الأخلاق المتعارف عليها والثانية رفض هذه الأخلاق والتمرد عليها بخلق وإبداع قيم

---

(59) Nietzsche, F.: *Beyond...*, p. 155.

(60) *Ibid.*, p. 207.

(61) *Ibid.*, p. 202.

جديدة، وأنه، بين مختلف الفلاسفة يقف نيتشه بمفرده باحثاً عن التغيير الذي يمثل ثورة أخلاقية تنصب على التقاليد الراسخة للأخلاق من أجل إبداع أخلاق جديدة(62). لذا يلجأ نيتشه الى الجينالوجيا للبحث في منشأ الأحكام الأخلاقية وكيف تحدد معنى «الخير» و «الشر» وهو العمل التأسيسي للقيم عند صاحب إرادة القوة.

رابعاً: جينالوجيا الأخلاق

يقدم لنا نيتشه في كتابه «جينالوجيا الأخلاق» 1887 سيرة حياة أفكاره، التي تتعلق بأصل الأحكام الخلقية المسبقة. ويرجعها الى تلك الفقرات في «إنساني، إنساني للغاية» 1876 ـ 1877، حيث وجدت أول تعبير عنها، بينما يعود التفكير فيها الى فترة أسبق من ذلك. وهذا الامتداد الزمني والتفكير الدائم يوضح أنها تصدر عن إرادة أساسية للمعرفة. صدر عنها انشغاله المبكر، والذي يدور حول سؤال: ما هو الأصل الذي علينا أن ننسب له أفكارنا حول الخير والشر؟ وقد جعله موقفه النقدي من كانط، الذي يحضر حضوراً سلبياً دائماً في تفكير نيتشه الأخلاقي(63) الداعي الى اللاأخلاقية، يميز بين الحكم اللاهوتي المسبق والحكم الأخلاقي

(62) Kathryn Pyne Parsons, «Nietzsche and moral change», in A Collection of Critical Essays, p. 169.

(63) يوضح لنا دولوز في تحليله لبنية جينالوجيا الأخلاق، أن نيتشه أراد في هذا الكتاب إعادة كتابة نقد العقل الخالص، أن نيتشه، الذي يثق بالنقد وجد أن كانط أخطأ، وهو (نيتشه) لا يثق بأحد غيره للقيام بالنقد الحقيقي وربما يعارض في الجينالوجيا كتب كانط الأخلاقية، جيل

المسبق، أي أن يتوقف عن البحث عن أصل الشر في ما وراء هذا العالم. إلا أن تعمقه في الدراسة التاريخية الفيلولوجية واهتمامه الكبير بالمسائل النفسية، حوّل هذه الإشكالية الى الآتي: «في أي شروط عمد الإنسان الى إيجاد مقياسي الخير والشر بهدف استعمالها في حياته، وما هي قيمة هذين المقياسين؟ وهل نتج عنهما تطور أم عرقلة تطور البشرية؟ هل هما تعبير عن مظاهر البؤس والفقر الروحي والانحطاط؟ أم عن السعادة والقوة والثقة بالمستقبل والحياة؟ وظلت الأجوبة ـ كما يخبرنا نيتشه ـ على هذه الأسئلة تولد أسئلة جديدة، تزداد وتتسع حتى يتحدد تفكيره وتتضح معالم فلسفته في الأخلاق والقيم»(64).

لقد كان كتاب بول ري «في أصل المشاعر الأخلاقية» الذي أشاد به نيتشه في مواضع عديدة من «إنساني، إنساني للغاية» هو الذي حرك بعنف تفكيره، ويرجعنا الى ما كتبه من شذرات في كتابه السابق حول هذه القضايا مثل: «حول الأصل المزدوج للخير والشر»، أي اختلاف هذين المفهومين وفقاً لنشأتهما عن الأسياد

= دولوز: نيتشه والفلسفة ترجمة أسامة الحاج، ص 113، وفي سياق آخر يقارن أولافسون F. Olafson بين نيتشه وكانط في ربطهما الأخلاق بالإرادة وإن كان نيتشه يختلف في فهمه لهذه الإرادة عن كانط ولديه رؤية مخالفة حول كيفية إدراك الإرادة قيمها المميزة. إن الإرادة الحقة عند نيتشه ليست هي التي تهتم بتوافق الإرادات الفردية، لكنها تلك التي تتعلق بالإبداع.

F. Olafson, «Nietzsche, Kant and Existentialism», P. 197-198.

(64) Nietzsche, F.: *Pn the genealogy of morals,* trans. by W. Kaufmann, p. 624.

أو عن العبيد[65](*). والحقيقة أن الباحث المتعمق لفلسفة نيتشه الأخلاقية يدرك أن قضية نيتشه وتفكيره يتجاوز ما طرحه من تساؤلات وافتراضات حول أصل الأخلاق، لقد كان انشغاله وتفكيره يتعلق «بقيمة الأخلاق».

إن نيتشه هنا يفكر من خلال وضد شوبنهاور، خاصة فيما يتعلق بـ «قيمة الشفقة» التي رأى فيها نيتشه، الإرادة التي تنقلب على الحياة، وهي ضرب من البوذية الجديدة، التي تتجه نحو العدمية. ويقوده هذا التفكير الذي يمتزج فيه الشك والخشية الى إعادة النظر في الأخلاق السائدة وتجاوزها. يقول: «إننا في حاجة الى نقد القيم الأخلاقية، وإعادة طرح قيمة هذه القيم للبحث، لمعرفة الشروط التي ولدتها ونشأت فيها وتشوهت»[66]. لقد كان نيتشه يسعى، من خلال، ما طرحه من مشكلات حول نظرة بول ري «في أصل المشاعر الأخلاقية» الى تعبيد اتجاه نحو تاريخ حقيقي للأخلاق؛ يحل شيفرة النص الهيروغليفي الطويل الذي يتحدث عن ماضي الأخلاق البشرية.

يستدعي نيتشه معرفته الفيلولوجية لتحديد معنى لفظة «خيّر» في

---

(65) راجع نيتشه «إنساني...» صفحات 45 الأصل المزدوج للخير والشر، وص 88 عن الزهد والقداسة المسيحيين، وص 61، 62 حول المراحل التاريخية الثلاث من حياة الأخلاقية، أخلاق النضج الفردية، الأخلاق والأخلاقي.

(*) الشذرة 45، قيمة الأخلاق الزهدية واصلها، الشذرة 136 ما بعدها ثم حول أخلاقية العادات، الشذرة 99، 96 والمجلد الثاني، الشذرة 89، 92.

(66) Nietzsche, F.: *Genealogy...*, p. 628.

اللغات المختلفة. فهي تنتج عن التميز والنبل وتتولد عنهما، فهي تعني المتميز من حيث خلقه. إنها ترتبط بالأرستقراطية، يرجع نيتشه لفظة (gut) خير الألمانية ويقارنها ببعض الكلمات الشبيهة بها الى (der guttliche)، الإلهي أو الفرد الذي ينسب (من نسب) الآلهة، ومرادفه (Goth) اسم لفئة من النبلاء. ويقترح نيتشه في نهاية دراسته الخير والشر في «جينالوجيا الأخلاق» وضع الأسس والشروط التمهيدية من أجل تحديد قيمة القيم، بدراسة تطور المفاهيم الأخلاقية عن طريق الإفادة من جهود الفيلولوجيا والطب وعلم النفس. «وعلى كل هذه العلوم من الآن أن تبدأ بتمهيد الظروف التي تخدم الفيلسوف، أن تفهم هذه المهمة بمعنى مشكلة القيمة، أي تراتبية القيم»[67]. فبالنسبة الى نيتشه ليس هناك في العالم بأسره قضية تستحق أن يوليها المرء اهتمامه الجدي بقدر ما تستحق هذه القضية[68].

ينتقد نيتشه في المقالة الأولى من «الجينالوجيا» عن الخير والشر، اتجاه النفسانيين الإنكليز في البحث عن أصل الأخلاق بسبب افتقادهم الحس التاريخي، وإذا كان هؤلاء يرون أن الخير ينتج من الحكم على الفعل غير الأناني من قبل من يعود عليهم هذا الفعل وينتفعون به، ثم نسي هذا الأصل وأصبح يطلق الحكم «خيّر» على الأفعال الإيثارية غير الأنانية؛ فإن نيتشه يرى مقابل ذلك أن الحكم على فعل بأنه خيّر لم يصدر عن هؤلاء الذين وقع

---

(67) *Genealogy*, p. 460, P. 667.

(68) *Ibid*, p. 629. قارن الفقرة السادسة عشرة في الترجمة العربية ص 48 ــ 49.

عليهم فعل الخير، المتلقين له، بل عن من صدر عنهم؛ وهم البشر الأقوياء ذوو المنزلة السامية والأرقى، وهم أنفسهم الذين اعتبروا ذواتهم أخياراً وحكموا على أفعالهم بأنها خيرة. فأسسوا بذلك تقدير هذه الأفعال وأعطوا لأنفسهم حق خلق القيم وتحديدها، انطلاقاً من هذا الشعور بامتيازهم عن الآخرين. هذا الشعور بالتفوق والاختلاف ـ كما يؤكد نيتشه ـ هو أصل التميز بين الخير والشر[69].

علينا هنا، أن نتوقف لنشير الى أن الأحكام الأخلاقية والتقويمات المختلفة وتسميات الخير والشر، ترجع الى إطلاق أحكام حول الأفعال التي تسلكها الطبقات المهيمنة، فهي ترجع الى اللغة. واللغة عند نيتشه في أصلها فعل من أفعال السلطة صادر عمن لهم الغلبة والسيطرة. «فتسمية الشيء هي تملكه»، فإذا كان هذا صحيحاً، فإن التضاد بين الأناني والمنزّه في الحكم على الأفعال يظهر في فترات تداني التقويمات الأرستقراطية. حيث تسود أحكام العامة وتسيطر كما في أوروبا الحالية التي تساوي بين أخلاقي وغير أناني. ومن ثم يظهر التقابل بين أخلاق القوة وأخلاق الضعف، أخلاق السادة وأخلاق العبيد أخلاق الأرستقراطية المقاتلة وأخلاق الكهنة، والتقويم سجال بينهما.

تقوم أحكام القيمة لدى الأرستقراطية المقاتلة اعتماداً على البنية البدنية والصحة الموفورة والحيوية الناتجة من الاستعداد للحرب، بينما تقوم التقويمات عند الكهنة على شروط أساسية مختلفة،

---

(69) *Ibid*. p. 634. وهذا ما يتكرر في ما وراء الخير والشر بصورة دائمة. خاصة في تناول قيم السادة والعبيد.

تدور حول كراهية الحرب بسبب العجز، الذي يولده لديهم الحقد[70] ويمثل هؤلاء اليهود ـ الذين يقتضي موقف نيتشه منهم دراسة خاصة ـ هذا الشعب الكهنوتي الذي ظل في صراع دائم مع أعدائه حتى تم له إجراء تغيير جذري على جميع القيم. يقول نيتشه: لا يقارن ما بذل من جهود ضد النبلاء، الأقوياء، السادة بما فعله اليهود، إنهم من تجرؤوا بطريقة منطقية على قلب معادلة القيم الأرستقراطية رأساً على عقب (خيّر، نبيل، قوي، جميل، سعيد، محبوب الى الله). وانطلاقاً مما يحملونه من كراهية الحقد والعجز، أكدوا هذا القلب للقيم، «إن المساكين وهم الطيبون والفقراء والعجزة والصغار والمحتاجون هم وحدهم أصحاب التقوى، وبالمقابل فإن النبلاء الأقوياء الطغاة الجشعين سيظلون الى الأبد منبوذين ملعونين»[71].

إن نيتشه يؤكد القول بأن تمرد العبيد في الأخلاق قد بدأ مع اليهود، «بينما نجد أن كل أخلاق أرستقراطية تولد من تأكيد لذاتها، نجد أن أخلاق العبيد توجد رفضاً لكل ما لا يشكل جزءاً من ذاتها، لما هو مختلف عنها «لا أنا» ما هذا الرفض؟ هذا القلب للتقويم، إنه ينتمي في جوهره الى الحقد»[72]. هنا إذاً، أصل مزدوج، أصلان لمفهوم الخير، حسب نشأتهما: الأول لدى النبلاء، الأرستقراطية، المقاتلة، والثاني لدى الكهنة الذين قلبوا

---

(70)   Ibid, p. 634.

(71)   Ibid, p. 634-644.

(72)   Ibid, p. 647. وأيضاً الترجمة العربية «أصل الأخلاق وفصلها»، والذي اعتمدنا عليه في هذا التناول، ص 32، 33.

معناه، وبدأ ذلك بدافع العجز والحقد لدى اليهود الذين غيروا دلالة الفضائل وحولوا معنى القيم. يقول في «ما وراء الخير والشر»: إن اليهود، الشعب الذي «ولد للعبودية» حققوا معجزة قلب القيم (reversal of values)، التي قدمت خطراً جديداً للحياة على الأرض. لقد أذاب (melted) أنبياؤهم أفكار «غني»، «شرير» «عنيف» و «حسي» الى فكرة واحدة وحولوا «العالم» الى معنى العار (shameful) وفي عملية قلب القيم هذه وفي جانب منها استعمل لفظ فقير بمعنى مقدس (holy) وصديق. باليهود يبدأ تمرد العبيد في الأخلاق»[73]. وذلك على النحو الذي يذكره نيتشه: «فالعجز الذي لا يلجأ الى الثأر يتحول عن طريق الكذب الى صلاح وخيرية، والجبن الى «تواضع» والانقياد لمن يبغضون «طاعة» والرضى «صبراً» بل فضل «العجز عن الانتقام» يتحول الى رغبة عنه بل الى صفح عن الإساءة»[74].

لقد ظهر التعارض بين قيم: الخير والشر وتحدد في هذا التقابل بين روما ضد ياهودا (Roma against Judaea) وياهودا ضد روما. كان هناك شعور أن في اليهودي ما هو مضاد لطبيعة روما ويقع منها على طرفي نقيض، فهو كائن تستبد به الكراهية للجنس البشري[75]. لقد خص نيتشه روما بالقوة لمعرفة أي أخلاق تسود الآن. لقد انتصرت أخلاق القوة حتى ظهر الحقد اليهودي وإن عادت قيم السيادة والقوة والنبل مرة أخرى في عصر النهضة، لكن

---

(73)   Nietzsche, F.: *Beyond Good and Evil.*, p. 104.

(74)   Nietzsche, F.: *Genealogy,* p. 658.

(75)   *Ibid,* p. 633.

سرعان ما انتصرت ياهودا من جديد بفضل حركة الإصلاح ومع الثورة الفرنسية حين تهاوت آخر معاقل السادة النبلاء. لقد كان «جينالوجيا الأخلاق» متجهاً نيتشوياً قدمه مقابل الميتافيزيقا للبحث عن الأحكام المسبقة في ميدان الأخلاق. يقول في الفقرة السادسة من تمهيده للكتاب «إننا في حاجة الى نقد القيم الأخلاقية، ولذا فعلينا أولاً أن نضع قيمة القيم موضع سؤال أن نعرف شروط نشأتها والظروف التي ساعدت على ذلك»[76].

وتظهر في هذا السؤال الدراسة النفسية للأخلاق، التي ما فتىء نيتشه يؤكدها، وهناك العديد من الدراسات حول نيتشه وعلم النفس والتحليل النفسي مما دفع تلاميذ فرويد أن يتخذوا من التماثل والشبه بين فرويد ونيتشه موضوعاً لأحد مؤتمراتهم اعتماداً على أطروحات «جينالوجيا الأخلاق»[77].

وفي مقدمة «أفول الأصنام» يشير نيتشه الى إنجاز مهمته ويحدد لنا تاريخ 30 أيلول/سبتمبر 1888 باعتباره اليوم الأول الذي أنجز فيه الكتاب الأول من قلب جميع القيم[78]. ويؤكد أن الحياة هي أساس الأخلاق ومصدر القيم، أخلاق القوة بالطبع، بينما

---

(76) اعتمد عبد السلام بنعبد العالي على هذا النص لنيتشه ليجعل منه أول أسس الفكر المعاصر في كتابه الذي يحمل نفس العنوان، دار توبقال، الدار البيضاء، 1991، ص 9.

(77) فوكو: نيتشه الجينالوجيا والتاريخ في جينالوجيا المعرفة، ترجمة أحمد السطاتي وعبد السلام بنعبد العالي، دار توبقال، 1988، ص 45.

(78) نيتشه: أفول الأصنام. ترجمة حسان بورقية، محمد الناجي، دار أفريقيا الشرق، 1996، ص 7.

الأخلاق السائدة، أخلاق العبيد، فهي طبيعة مصادرة. ويرى أن «مهاجمة النزوات تعني مهاجمة الحياة»[79]. ويضع ذلك فيما يشبه القاعدة الذهبية، البديهية وهي «أن كل أخلاق سليمة تسودها غريزة من غرائز الحياة»[80]. يقول تحت عنوان «قضية سقراط»: «إن كل أخلاقية الفلاسفة الإغريق انطلاقاً من أفلاطون محددة بدوافع مرضية»[81]. وهذا ينطبق أيضاً على أخلاق المسيحية التي هي من وجهة نظره امتداد ووريثة للأخلاق الأفلاطونية، بل كل أخلاق الكمال بما فيها المسيحية تقوم على سوء فهم... «أن يرغم المرء على مقاومة غرائزه، تلك صيغة الانحطاط. فما دامت الحياة تسلك منحنى تصاعدياً، فالسعادة تساوي الغريزة»[82]. «إن المسيحية عنده ــ وهي امتداد لليهودية ــ قلب لكل القيم الآرية، انتصار لقيم المنبوذين، بشرى يبشر بها المتواضعون والفقراء، ثورة التعساء والمشبوهين، والمخفقين، العامة ضد الـ «نسب»، إنها انتقام المنبوذين الأبدي مقدماً، كدين المحبة»[83].

وقبل أن نسترسل في تحديد مفهوم القيم والأخلاق ومحاولة نيتشه لقلب القيم نتوقف عند دراسة فيليبا فوت (Philippa Foot) «نيتشه إعادة تقويم القيم»، التي تناقش موقفه من الأخلاق

---

(79) المصدر السابق، ص 36.

(80) المصدر السابق، ص 39.

(81) المصدر السابق، ص 23.

(82) المصدر السابق، ص 24.

(83) المصدر السابق، ص 62.

المسيحية وتنتقد هذا الموقف، حيث رفض نيتشه فضيلة التواضع والتعاطف مفضلاً حب الذات على الاهتمام بالآخرين[84]. إن إيجاد مقياس للأخلاق ورؤية القيم هي ما يهدف إليه نيتشه، وهذا ما يستدعي وجود مراقب محايد خارج نطاق أنواع الأخلاق المتعارف عليها. إن الأخلاق كما فهمت حتى الآن وكما قدمها شوبنهاور هي «نفي إرادة الحياة»، لذا يطالبنا نيتشه بتأكيده الحياة، ليس انطلاقاً من داخلها وإنما عبر رؤية عميقة لتاريخ الأحاسيس الأخلاقية. ونظرة من خارج أنماط الأخلاق المتعارف عليها «يلزم أن يكون المرء خارج الحياة. وفضلاً عن ذلك، أن يفهمها أكثر من أي كان، أكثر من الكثيرين من أولئك الذين عاشوها، لكي يكون له الحق فقط في أن يعرض لقضية قيمة الحياة: إننا هنا بإزاء الحياة كمصدر للقيم والتقويم، الحياة هي التي تقوم، عندما نتحدث عن القيم فإنما نتحدث بوحي من وجهة نظر الحياة نفسها: «أن الحياة هي التي تقوم» من خلالنا في كل مرة نضع فيها قيماً»[85]. إن الأخلاق في كونها تؤسس في المطلق وليس بالقياس الى الحياة أو مراعاة للحياة هي عند نيتشه خطأ جوهري. ويوضح لنا ذلك بقوله: «إن هذه «الطبيعة المضادة»، التي هي الأخلاق، ليست في حد ذاتها إلا حكم قيمة عن الحياة. ولكن عن أي حياة؟ عن أي نوع من الحياة؟ الجواب ـ وقد سبق أن قدمه لنا ـ الحياة الضعيفة المملة المذمومة»[86].

---

(84) Philippa Foot, «Nietzsche the Revaluation of Values», in *Nietzsche,* by Richardson Johson, Leiter Brian, p. 169-174.

(85) نيتشه: أفول الأوثان ص 41.

(86) المصدر السابق، ص 41.

خامساً: القيم وإرادة القوة

ربما يعد كتاب «إرادة القوة» (Der will zur macht) الذي يحمل عنواناً فرعياً هو محاولة في إعادة تقويم كل القيم، التعبير الكامل والأخير لفلسفة نيتشه ككل. والعمل كما نعلم، نشر بعد وفاته عام 1901 في الأعمال الكاملة، وهو تجميع قامت به إليزابيث فويرستر ـ نيتشه[87]. يرى فيه هايدغر متابعة نيتشه ومساءلته للفلسفة الغربية «إنه يستدعي الفكر الذي عاد في فلسفته الميتافيزيقية الى بداية الفكر الغربي، ويضع نفسه في مقدمة معارضة العدمية «فيلسوف ـ فنان» وإن الرؤية التي يقدمها ليست «جمالية إلا في ظاهرها» و «ميتافيزيقية» في أعمق مقصدها»[88]. وهذه الرؤية الميتافيزيقة هي محاولة إعادة تقويم كل القيم. وبالتالي فهو أي الكتاب ـ الذي يقدم لنا الصورة النهائية للقيم عند نيتشه ـ اعتمده كل من حاول تقديم فلسفة نيتشه سواء بشكل موجز مثل ماجل (Magill)[89]، أو بشكل موسع كما نجد لدى كوفمان الذي اهتم اهتماماً كبيراً بفلسفة نيتشه وترجم له أعمالاً متعددة وكتب عنه كتابه الضخم «نيتشه فيلسوفاً وسيكولوجياً ضد المسيح»[90] وتناوله حتى في كتبه التي لا تدور حول فيلسوف إرادة القوة[91].

---

(87) Nietzsche, F.: *The Will to Power,* trans. by W. Kaufmann, 1967.

(88) هابرماس: القول الفلسفي في الحداثة ص 161.

(89) Magill (editor), «Masterpieces of World Philosophy».

(90) W. Kaufmann, *Nietzsche: Philosopher, Psychologist, Antichrist,* 4 edition, Princeton New Jersey, 1974.

(91) وهو بالإضافة الى ترجماته المتعددة لمعظم كتب نيتشه، يذكره في سياق

وبنية العمل رباعية، يتكون من أربعة كتب داخل كل منها أقسام. الكتاب الأول العدمية (Nihilism) ويتناول العدمية وتاريخ العدمية الأوروبية. والثاني نقد القيم العليا الحالية ويتكون من أقسام ثلاثة هي: نقد الدين ونقد الأخلاق (Morality) ونقد الفلسفة. ويقدم الكتاب الثالث مبادىء التقويم الجديد في مجالات أربعة: إرادة القوة كمعرفة وإرادة القوة في الطبيعة وإرادة القوة كمجتمع وكفرد وإرادة القوة باعتبارها فناً. والكتاب الرابع ـ التأديب والتهذيب ـ ويتكون من أقسام ثلاثة هي: نظام التراتب، وديونيزيوس، والعود الأبدي[92].

وهو يؤكد فيه أن الوجود ليس إلا الحياة، وليست الحياة إلا إرادة، وليست الإرادة إلا إرادة القوة. إن الحياة لا تستطيع وفق نيتشه أن تحيا إلا على حساب حياة أخرى، لأن الحياة هي النمو، وهي الرغبة في الاقتناء، والزيادة فيه، وما دامت كذلك فهي إرادة سيطرة واستيلاء وتملك وتسلط وخضوع[93]. أنى توجهت فلن تجد غير إرادة القوة فهي الدافع الحقيقي في النفس،

= كتبه المختلفة بشكل مكثف حيث يخصص له أربعة أقسام في كتابه عن التراجيديا والفلسفة: نيتشه وموت التراجيديا، نيتشه ومرح سوفوكليس، يوروبيدس ونيتشه وسارتر، نيتشه في مواجهة شوبنهاور، كوفمان: التراجيديا والفلسفة، كامل يوسف، المؤسسة العربية للدراسات والنشر، بيروت 1993.

(92) Nietzsche, F.: *The Will to Power,* 1967.

(93) د. عبد الرحمن بدوي: نيتشه، ط 4 القاهرة مكتبة الأنجلو المصرية 1965 ص 217 ـ 218.

وهي العامل الجوهري في الجماعة والدولة(94). وإرادة القوة فيما يقول هي سر الوجود، فلنبن على أساسها إذن مستقبل الوجود(95). وهذا ما يتكرر عند قنصوة حيث التقويم هو الوجود، والحياة والوجود شيء واحد، لأن كليهما تقويم، الحياة تقويم وإرادة ولكنها إرادة قوة، لأن الحياة لا تستطيع أن تبقى إلا على حساب حياة أخرى، فالحياة هي النمو، وهي الرغبة في التملك، فالحياة إذاً، إرادة قوة أي إرادة تسلط واستيلاء، وتملك وإخضاع(96).

سادساً: نيتشه وتجاوز الميتافيزيقا

يكشف نيتشه أن المعقولية الفلسفية الحديثة، ـ انطو ـ تيولوجيا ـ أخلاقية. ومن هنا ضرورة كتابة تاريخ جديد للفلسفة الحديثة، للوقوف عند تقاطعها مع الميتافيزيقا واللاهوت والأخلاق، وعليه تصبح المفاهيم الكبرى للفلسفة الحديثة موضوع نقد جينالوجي:

---

(94) المصدر السابق، ص 226.

(95) المصدر السابق. ص 236.

(96) د. صلاح قنصوة: نظرية القيم في الفكر المعاصر، ط 2، دار التنوير، بيروت، 1984، ص 154 ـ 155 وهو يرى أن نيتشه بذلك يتجاوز كل من شوبنهاور وداروين. تجاوز شوبنهاور الذي وقف عند إرادة الحياة وتجاوز داروين الذي كانت الحياة عنده تنازعاً على البقاء، بينما هي عند نيتشه إرادة قوة تنزع الى السيادة والنمو والتوسع وهي أشد إيجابية من مجرد الرغبة في حفظ الحياة.

العقل ومقولاته، المعقولية، الذات، الذاتية، الحقيقة، الإنسان، الحرية، الإرادة. وهو نقد يسعى إلى:

ـ الكشف عن الوجه الأخلاقي للمعقولية الفلسفية الحديثة، وبيان طابعها العدمي ومعاداتها للحياة، وكشف زيف مفاهيمها الكبرى.

ـ الكشف عن الأصل اللاهوتي للمعقولية الفلسفية الحديثة، أي عن طبيعة القيم التي تسند مفاهيمها الكبرى، وطبيعة القوى التي تنتجها.

ـ الكشف عن الأصل اللاهوتي للمعقولية الفلسفية الحديثة ببيان تقاطعها مع المسيحية. لقد مات الإله لكن ظله ما زال حاضراً في الفلسفة الحديثة (97).

ويبين لنا نور الدين الشابي في كتابه «نيتشه ونقد الحداثة» الوجه الميتافيزيقي للمعقولية الفلسفية الحديثة يقول: يعتبر نيتشه أن الفلسفة قد كانت ولا تزال أنطولوجيا ميتافيزيقية. أي أنها تسعى الى أن تثبت الصفات التي تعمل على «الوجود» فتنظر إليه على أنه النموذج الأمثل والخير الأسمى. هذا ما يعنيه نيتشه عندما يصف هذه الأنطولوجيا بأنها «مثالية». ولما كانت تلك الأنطولوجيا تتحدث عن «وجود» متعال، فإنها أنطولوجيا ميتافيزيقية. ولكن بما أنه لا وجود إلا لهذا الواقع الحسي الذي تتشبث الميتافيزيقا بالتنقيص منه ووصفه بأنه مجرد «مظهر»، كانت الميتافيزيقا في نظر نيتشه مجرد وهم. لذا يمكننا أن نصفها بأنها كما يقول نيتشه في

---

(97) نور الدين الشابي: نيتشه ونقد الحداثة، دار المعرفة للنشر، تونس، 2005، ص 182.

«إنساني مفرط في إنسانيته»: «العلم الذي يبحث في أخطاء الإنسان الأساسية، ولكن باعتبارها حقائق أساسية». وفي اعتقاد نيتشه أن أساس «الفكر الميتافيزيقي» أنه فكر ثنائيات، يثق بالوعي وباللغة ويتسم كما كتب نور الدين الشابي بالسمات الثلاث التالية:

أ ـ السمة الأولى للميتافيزيقا أنها «فكر ثنائيات»، حيث تميز بين «العالم الظاهري» و «العالم الحقيقي»، وتفاضل بينهما بالانتصار «للعالم الحقيقي» (Die wahre Welt) «الماورائي» أو «العالم الآخر». إن «الوجود» الذي تتحدث عنه الميتافيزيقا وجود متعال يوافق عالماً آخر يتصف بكل الأوصاف التي يرتضيها الفكر ويتطلبها المطلق. إن سيكولوجية الميتافيزيقا هي التالية: ليس هذا العالم إلا مجرد مظهر، إذاً، هناك عالم حقيقي. هذا العالم نسبي، إذاً، هناك عالم مطلق. هذا العالم متناقض، إذاً هناك عالم لا يشوبه أدنى تناقض. هذا الواقع المتعالي في نظر الميتافيزيقيين هو الواقع، الثابت، الدائم، الخالد، الذي لا يعرف التغير والصيرورة ولا الصراع ولا الألم.

ثمة إذاً، توجه الى «عالم آخر» واتخاذه معياراً للحكم على عالمنا، لذا فإن «الفكر الميتافيزيقي» يثبت عالماً آخر غير عالم الحياة والطبيعة والتاريخ، وعلى هذا النحو يعتبر «الوجود» بما هو عمق، ثابتاً، ساكناً في مقابل صيرورة الأشياء. ومن ثم فهو «وجود» متعال. و «التعالي» سمة تحدد بدقة ماهية الميتافيزيقيا: إنها الفكر الذي يعتقد بوجود عالم آخر. لنقل إذاً، إن ما يحرك الميتافيزيقيا هو هاجس «بلوغ عالم غني بالمعنى وعميق»، وإرادة البحث عن الجذور. ولا شك أن الفيلسوف الميتافيزيقي قد يشعر بالعظمة لأنه «يستطيع النفاذ الى جوهر الأشياء» ويدرك عمقه.

ب ـ أما السمة الثانية للميتافيزيقا فتتعلق بثقتها بالوعي، حيث يعتبر الوعي «نواة الإنسان، أي الشيء الدائم، الأبدي، الأخير، الأكثر أصالة فيه». ويسمى هذا الجوهر «عقلاً» أو «نفساً» أو «جوهراً مفكراً». وهو، سبيل الى المعرفة الحقيقية، بما يحويه من «مبادىء» أو «أفكار» أو «مقولات» توصف أحياناً بأنها فطرية، وأحياناً أخرى بأنها «قبلية».

ج ـ أما السمة الثالثة للميتافيزيقا فهي ثقتها باللغة، فالفيلسوف الميتافيزيقي «يعتقد أنه بواسطة كلماته يعبر عن المعرفة السامية بالأشياء، وأن اللغة هي في الواقع المرحلة الأولى في طلب العلم». في تقدير نيتشه أن الهجمات التي تعرضت لها الميتافيزيقا خلال القرون الأخيرة، لم تكن لتقضي على الوهم الميتافيزيقي، إذ سرعان ما وقعت الاتجاهات المهاجمة للميتافيزيقا، في ذات الوهم، سواء أدركت ذلك أم لم تدركه. لذا يعتبر نيتشه أن خصائص المعقولية الفلسفية الحديثة هي ذاتها خصائص الميتافيزيقا التقليدية[98].

ويرى الشابي أن نيتشه لم يكن نهاية الميتافيزيقا بل أنه تجاوزاً لها. إنه يجعل من تجاوزها أمراً يستوجب جهد البشرية التي هي مطالبة بأن «تبذل أقصى مجهود في التفكير كي تنتصر على الميتافيزيقا».

يندرج سعي نيتشه الى تجاوز الميتافيزيقا ضمن نقده لعدمية العصور الحديثة التي لم تتمكن من القضاء على الميتافيزيقا بل

---

(98) المرجع السابق، ص 185.

تأسست عليها، بحيث يجوز القول «إن نيتشه هو أول من أعلن بطريقة جذرية إمكانية انتصار نهائي على الميتافيزيقا، إذ تكمن أسباب العدمية في نظره في كل ما حدد الى الآن ماهية الميتافيزيقا». وهو تجاوز يقتضي فضح أوهام الميتافيزيقا ومن بينها وهم «الوجود» الذي يرتد، في نهاية المطاف، الى مجرد تأويل «للصيرورة» من قبل إرادة نافية عدمية. بحيث لا يكون «الوجود» في تقدير نيتشه سوى العدم [99].

إن فلسفة نيتشه، حسب التأويل الهايدغري، هي إيذان بتمام المشروع الميتافيزيقي، واستيفاء كل إمكاناته. نيتشه هو آخر فيلسوف ميتافيزيقي، وهو الذي ساق التراث الميتافيزيقي الغربي الى ذروته، وتهيأ له إنجاز كل إمكانات هذا التراث. بهذه العبارة المقتضبة تجمل عادة قراءة هايدغر لفلسفة نيتشه. بيد أن الأمر، مع ذلك ـ كما كتب محمد الشيكر في كتابه «هايدغر وسؤال الحداثة» ـ ليس بهذه السهولة المفترضة، فنعت «ميتافيزيقي» الذي تحمله العبارة على فيلسوف إرادة القوة، ليس حكماً يلفظه هايدغر اعتباطاً أو يطلقه جزافاً. إن هذه العبارة تشير في عمقها الى دلالة أبعد غوراً مما يبعث عليه معناها الظاهر: إنها تشير، في الحقيقة، الى أن نيتشه، برغم رغبته الجسورة في الانفلات من قبضة الميتافيزيقا فإنه لم يستطع «أن يتحرر منها أبداً، بل ظل مشدوداً الى الخط الذي يرسمه تراثها» [100]. إنه يقوض قيمها، ويسفه

---

(99) المرجع السابق، ص 197 ـ 198.

(100) محمد الشيكر: هايدغر وسؤال، أفريقيا الشرق، الدار البيضاء، 2006، ص 75 ـ 76.

أوثانها، وينقضها في صميمها، لكنه يظل مثله مثل كل فكر
مناقض «مشدوداً الى ماهية ما يعارضه»، إذاً، يتعين، حسب
هايدغر، أن لا نحمل فكر نيتشه على ظاهره، أو نغتر بتحامله
المبرم على الميتافيزيقا.

إذا حملنا فكر نيتشه على ظاهره، فسيتبدى لنا بأنه يعصف
بالميتافيزيقا، وينقض شرعيتها، بل يطمح في إقامة «سيكولوجيا
للميتافيزيقا» تكشف افتراضاتها المسبقة، وتعالج أمراضها
ومعايبها. يعتبر هايدغر، بأن فيلسوف العود الأبدي، مفكر
ميتافيزيقي، وذلك بقدر ما أن الوجود قدر له أن يظل مسكوناً
بسؤال الكينونة، ووجود الموجود، وذلك عبر «قضيتيه»
الأساسيتين: أي إرادة القوة والعود الأبدي، بذلك فهايدغر يرتهن
نيتشه في دائرة الميتافيزيقا، ويلقي به بلا هوادة، في تاريخ الوجود
وأقداره. إن الفكر الميتافيزيقي هو في جوهره انطو ـ لوجيا، أي
«حقيقة الموجود بما هو موجود، وفي كليته، وليس ما يلقنه هذا
المفكر أو ذاك». فالحقيقة الميتافيزيقية هي انكشاف لوجود
الموجود، في ماهيته، وكيفية وجوده على نحو كلي [101].

وبالرغم من أن نيتشه في منظور هايدغر يعتبر آخر
الميتافيزيقيين، فإن له ما يميزه عنهم جميعاً لكونه أدرك «العدمية»
التي تسم الفكر الغربي في مختلف مباحثه الفلسفية والتاريخية
والعلمية والفنية، وعمل على نقد الأسس الميتافيزيقية التي تقوم
عليها. لقد حاول نقد الميتافيزيقا من أجل تحرير الفكر من

---

(101) انظر محمد الشيكر، ص 77.

العدمية في مختلف صورها بوصفها أساساً لكل ميتافيزيقا، وباعتبار هذه الأخيرة محكومة بما يميز العدمية في موقفها من الحياة وتفسيرها للعالم وللتاريخ. يرى نيتشه أن العدمية هي المبدأ الذي يحرك التاريخ الكوني. ويقوم هذا المبدأ على الحط من قدر الحياة الفعلية للبشر أو نفيها كلية، ويتم ذلك باسم عالم آخر ما فوق حسي. وبهذا تكون العدمية هي ما يحرك صيرورة التاريخ أو الميتافيزيقا أو الأخلاق، بوصفها تقوم على غريزة الانتقام كعنصر أساسي لطريقتنا في التفكير. لأجل نقد هذه الأسس الأخلاقية التي قامت عليها «العدمية» والتي افتقدت كل معنى وكل قيمة بالنسبة الى الإنسان اليوم، كان المشروع النقدي النيتشوي كما يقول محمد مطواع، ضد مختلف أشكال العدمية.

لخص دولوز نقد نيتشه للميتافيزيقا في أطروحات ثلاث أساسية، في «نيتشه والفلسفة». تفيد الأطروحة الأولى اعتبار الفكر مسألة ملكات. وهذا يعني أن الميتافيزيقا قد اعتقدت منذ بداية زمانها، أن الإمساك بالحقيقة هو التأمل النظري الخالص؛ ذلك الذي يقوم على أسس الفكر الذاتية.

وتتعلق الثانية بشروط إمكان الخطأ. ذلك أن الميتافيزيقا اعتقدت دائماً أن مصدر الخطأ أو الوهم والضلال ليس من صميم الفكر ذاته، وإنما مصدره من خارج الفكر.

وتقتضي الأطروحة الثالثة أن يكون الفكر مسألة منهاج. ذلك أن الميتافيزيقا ترى في الذات وما تتوفر عليه من ملكات عقلية، الأساس الذي يمكن من مجموع الأنشطة التفكيرية المؤسسة للمعرفة. وعليه، فالميتافيزيقا باعتقادها في أهمية المنهج ودوره

في بلوغ الحقيقة تتصور الفكر وكأنه مسألة قرار إرادي وحسن نية وتدبير منهجي [102].

مقابل ذلك يرى نيتشه أن مهمة الفكر الأساسية ليست محبة الحكمة والبحث عن الحقيقة وإنما الانشغال بالمعنى والقيمة، وأن مقولات الفكر ليست هي الصواب والخطأ وإنما هي النبيل والخسيس، هذا الذي يتحددو فقاً لقوى ويتوجه بموجب مفعولها. بهذا يكون نيتشه قد تجاوز أطروحات الميتافيزيقا بصدد ماهية الفكر ومسألة الحقيقة، ليذهب الى أن الحقيقة هي الكيفية التي بها تعين الخطابات المقبولة في عصره. من هنا يقول محمد مطواع، إن لمشروع نيتشه غاية محددة هي الدعوة الى هدم ميتافيزيقا قائمة من أجل إقامة ميتافيزيقا من شأنها أن تشفي العصر من مرض العدمية.

غير أن نيتشه يرى أن هذا العالم الذي وضعته الميتافيزيقا الغربية الى الآن يعيش حالة احتضاره، إذ إن مجمل القيم التي يقوم عليها آيلة الى الانهيار والخراب؛ لأجل ذلك يعدو الى خوض حرب ضد الميتافيزيقا الغربية من خلال فضح سائر القيم الآن ليتمكن الإنسان الأعلى من تعمير الكون ككل طبقاً للقيم الجديدة التي سيشرعها بإرادته.

من خلال الإشارات السابقة، يبدو أن ماهية الفكر في ميتافيزيقا نيتشه لم تخرج عن ما حددته الميتافيزيقا منذ أفلاطون. وهذا موقف هايدغر منه، فهو يرى أنه على الرغم مما قام به نيتشه من

---

(102) جيل دولوز: نيتشه والفلسفة، نقلاً عن محمد مطواع، ص 189- 190.

محاولة لتجاوز الميتافيزيقا، لم يتمكن من تجاوز الأساس الذي قامت عليه. إن نيتشه لم يخرج عن الأساس العام الذي اتخذته الميتافيزيقا عموماً أساساً لقول الحقيقة، أي الذات بوصفها ظاهرة معقدة تتحدد قيمتها بالاستناد الى صراع القوى وتراتبها. وإذاً، فعلى الرغم من كون أن ميتافيزيقا إرادة القوة حاولت تهديم ومجاوزة أساس الميتافيزيقا، فإنها ظلت غارقة في براثن الميتافيزيقا، لأن نيتشه يريد من جهة تهديم نظام من القيم، ومن جهة ثانية يريد التشريع لنظام جديد يقوم على إرادة القوة ومفهوم الإنسان الأعلى[103].

يتسم المشروع النيتشوي في الفلسفة بطابع نقدي واضح وصريح، يعتبر نقد الأخلاق العنوان الأساسي لمختلف مؤلفاته، والمهمة الرئيسية التي تتصدر نشاطه الفكري. مجهوده مكرس لفهم ما يطلق عليه ظاهرة الانحطاط أو الروح الإنكارية، التي يعتبرها علة مرض الغرب الحديث المتمثل في العدمية. وليست الجينالوجيا سوى محاولة لتفكيك الأقنعة الفكرية والسياسية للعدمية، وتشخيص أعراضها من حيث هي ظاهرة شاملة لمختلف مظاهر الثقافة الغربية الحديثة من دين وأخلاق وفن وفلسفة وعلم[104].

ونقطة انطلاق التفكير النيتشوي ـ كما كتب محمد أندلسي ـ هو الإشكال التالي: لماذا ظلت العدمية المحرك الرئيسي لتاريخ

---

(103) محمد مطواع: المرجع السابق، ص 197 ـ 198.

(104) محمد أندلسي: نيتشه وسياسة الفلسفة، دار توبقال للنشر، الدار البيضاء، 2006، ص 189.

الغرب؟ ولماذا ظل النموذج الارتكاسي الملهم للفكر والثقافة الغربيين؟ وكيف استطاعت القوى الارتكاسية أن تنتصر على القوى الفاعلة، وأن تحسم السلطة لصالحها عبر التاريخ؟ ويرى صاحب «نيتشه وسياسة الفلسفة» أن مشروع نيتشه الفلسفي برمته محاولة لفهم وحل هذا الإشكال. ولتحقيق ذلك لا بد أولاً من إقامة جينالوجيا للعدمية، من خلال مظاهرها الثلاث الأساسية التي هي: الحقد، والوعي الشقي، والمثل الأعلى الزهدي، الذي يعتبر تركيباً وتصعيداً لهما. ويهيىء هذا التحليل التاريخي والسيكولوجي للعدمية القيام بقلب شامل وجذري للمثل والقيم العليا للغرب، التي يدرجها نيتشه تحت مقولة الميتافيزيقا أو الأخلاق. من هنا نفهم الطابع النقدي للعمل الجينالوجي.

ما يميز النقد الجينالوجي عن النقد الميتافيزيقي السابق عليه، هو أنه لا ينطلق في نقده للنص من موقع الحقيقة، ولا من موقع الأخلاق، لأنه يروم أصلاً تفكيك الثنائيات الميتافيزيقية. ولدى نيتشه مدخلان للنقد. فهو من جهة يبين أن الحقائق الموضوعية مصدرها أخلاقي ويرجع الصروح الفلسفية الى أرضيتها الأخلاقية؛ ومن جهة أخرى، يبين أن هذا الاعتقاد الأخلاقي لا علاقة له بالأخلاق. النقد الأول يجعل الحقيقة في تناقض مع نفسها، بتبيان أنها تخون مبدأها الأعلى في الموضوعية لصالح الأخلاق؛ والنقد الثاني يضع الأخلاق في تناقض مع نفسها، بتبيان أنها تستجيب لغرائز الحقد والانتقام، التي تكذب مبادئها الأخلاقية، بينما يروم النقد الجينالوجي خلخلة خطاب الميتافيزيقا ليكشف عن آليات بنائه، ويفضح ألاعيبه وما يمارسه من كبت للجسد،

وحجب للأخلاق واللاهوت. ويحدد محمد أندلسي ثلاثة مظاهر للنقد الجينالوجي وثلاثة مستويات يشتغل عبرها هي:

المستوى السيميولوجي: حيث يتم التعامل مع النصوص والخطابات باعتبارها شبكة من العلامات والرموز، يتم تفكيك سننها وشيفراتها، بإرجاعها الى القوى التي تصدر عنها، أو تستعملها، أو تستحوذ عليها.

المستوى التيبولوجي: وهو نوع من النمذجة تقوّم القوى انطلاقاً من اعتبارها فاعلة أو منفعلة، توكيدية أو نافية، بعد أن يتم ترتيب تلك القوى وتنظيمها في نماذج، وهناك نموذجان من القوى: النموذج الارتكاسي والنموذج الفاعل.

المستوى الجينالوجي: وفيه يتم الصعود بتلك النماذج الى أصولها التفاضلية، وتحديد قيمتها. فتساءل عن كيف تظهر القيم وتختفي، وكيف تتناوب القوى على المعاني، وكيف يتأسس تاريخ المعنى والحقيقة. يسعى النقد الجينالوجي، بما هو نقد للميتافيزيقا من الداخل، الى تفكيك الإجراءات الكبرى للخطاب الميتافيزيقي (105).

وعلى نحو ما يقول صاحب «نيتشه وسياسة الفلسفة»:

1 ـ يقرأ نيتشه الميتافيزيقا، بما هي طريقة في التفكير والاستدلال، كخطاب يتأسس على وحدة العقل والمعنى والحقيقة. وهذه الوحدة تجد دعامتها في منطق الهوية والتطابق.

2 ـ أما الميتافيزيقا، من حيث هي أسلوب في القراءة وآليات في التأويل والتقويم؛ فقد أبرز النقد الجينالوجي أنها تقرأ العالم

---

(105)   محمد أندلسي، ص 109.

على غرار القراءة اللاهوتية له، «إنها تعطي لكتاب الطبيعة تأويلاً روحياً كذلك الذي كانت الكنيسة وعلماؤها يعطونه للكتاب المقدس». فخطاب الفلسفة بما هو ميتافيزيقا، يتعالى عن الوقائع والأحداث، ولا يتعامل معها إلا كشواهد وعلامات تنبىء بوجود المعاني البكر في النفس أو المفاهيم الخالصة في الذهن[106].

وإرادة القوة هي حقيقة فلسفة نيتشه، إن مصدر قلب القيم كما يؤكد إميل بريبه ليس التأمل والتحليل بل محض إثبات القوة ـ وهي محض وجود ـ أن يكون المرء ملزماً بتبرير ذاته[107]، إنها قوة الحياة كما يوضح ويصحح بريبه الفهم الخاطىء لها «فليس صحيحاً أن إرادة القوة لدى نيتشه عنوان للقوة الوحشية والمدمرة، فتأملات نيتشه الأخيرة كشفت له على ما يبدو، على العكس من ذلك، أن غزارة الحياة تتجلى في اختيار وفي تنظيم دقيق للعناصر التي تسيطر عليها»[108]. تتعدد تأويلات الأحكام الأخلاقية وتبقى في الأخير إرادة القوة، لا تشكل إرادة القوة أخذاً بل عطاء، ولا اشتهاء بل إبداع وتأكيد «إرادة القوة، إرادة (النعم، واللا) وشروط إمكانية الحياة، هي القيم»[109]... إن القيم هي شروط إمكانية الحياة؛ لقد بقي نيتشه يعين الوجود في كليته، ويفهمه من خلال «إرادة القوة» كما حاول بدوره ـ فيما يقول ناقده ـ صياغة

(106) المرجع نفسه، ص 194 ـ 195.
(107) اميل بريبه: تاريخ الفلسفة، الفلسفة الحديثة، جورج طرابيشي، دار الطليعة، بيروت، ص 131.
(108) المصدر السابق، ص 133 ـ 134.
(109) كريستيان ديكام: فلسفة القيم، سبق ذكره، ص 95.

تصورات أخرى عن الحياة، وعن العالم، وعن الحرية، وعن الحقيقة[110].

ليس صحيحاً إذاً، ما يزعمه بعض الباحثين من أن نيتشه لم يقدم في الواقع أي أخلاق إيجابية أو بالأحرى، إن أقواله في هذا المجال كانت متباينة بقدر ما هي متناقضة، ذلك لأن الحقيقة الأخلاقية كما يضيف هؤلاء أنفسهم تكمن في تجاوز مستمر للذات[111]، وهذا ما دفع ريمون رويه الى القول «إن ما نتحدث عنه في صدد نيتشه يبدو أنه خطأ كله. ذلك أن نيتشه يؤمن ـ على نحو ما ـ بالقيم فيما وراء الإنسان الأعلى. إنه يتكلم غالباً عن «إرادة القوة» كما لو أن الأمر يتناول ذروة الخير الميتافيزيقي، وإن إنسانه الأرستقراطي ليضحي بذاته في سبيل القيم العليا، وعلى هذا فإن نيتشه يقترب قرباً شديداً ـ عند رويه ـ من نزعة الواقعية القيمية[112]؛ وتظهر متابعة كتابات الباحثين في القيم، أنها نمت

---

(110) عبد الرازق الدواي: موت الإنسان في الخطاب الفلسفي المعاصر، دار الطليعة، 1992، ص 39.

(111) هذا هو موقف جوليفيه في كتابه المذاهب الوجودية من كيركيغارد الى سارتر، الذي يخصص الفصل الثاني منه لفلسفة نيتشه. الدار المصرية للتأليف والترجمة، القاهرة، 1966، ص 57. ويتابعه فؤاد كامل في الحكم في كتابه فلاسفة وجوديون، الدار القومية، مصر د. ت حيث يقول «الواقع أن نيتشه لم يضع أخلاقاً إيجابية جديدة ومع ذلك نستطيع أن نستخلص عنصراً إيجابياً واحداً وسط هذا الخليط العجيب من الأفكار، وهو أن الحقيقة الأخلاقية تكمن في علو الذات علواً مستمراً على نفسها ص 7.

(112) ريمون رويه: فلسفة القيم، عادل العوا، مطبعة جامعة دمشق، 1960، ص 200.

وازدهرت بعد نيتشه ولعلها لم تكن لتوجد لولا وجوده كما يرى عادل العوا، الذي يحدد لنا النقاط الرئيسية في فلسفة نيتشه في ثلاث مسائل رئيسية:

أولاً: إيمانه بتقدم مفهوم القيمة على سائر المفاهيم، وقد وجد أن الفكر يعرب عن هذا المفهوم بصراع جائر بين القيمة وبين الحقيقة، وأن هذا الصراع يحسم بانتصار القيمة وتفوقها.

ثانياً: إيمانه بأن الإرادة أصل القيمة، وأن الإرادة هي القدرة على السيطرة.

ثالثاً: ورب معترض يرى أن فردية القيمة تحرم القيم من كل معيار يرى أن ذات القيمة واحدة بالنسبة الى البشر أجمعين، بينما يرى أن الإرادة المتميزة بقيمة أعظم هي التي تتصف بأنها إرادة على وجه أعظم من اتصاف سواها[113].

وعلى هذا يمكننا القول: إن مهمة نيتشه مزدوجة، فهو لا يستطيع في سعيه لهدم القيم إلا افتراض أسس لقيم جديدة، ونستطيع أن نستشهد بتعليق لافيل على مذهب نيتشه الذي يقول فيه: الحق أن نفي نيتشه القيم الذائعة لا يستقيم إلا بتوافر شروط الاعتراف بوجود قيم صحيحة[114].

ــــــــــــــــــــ

(113) عادل العوا: القيمة الأخلاقية، مطبعة جامعة دمشق، ص 174 ـ 175.

(114) نقلاً عن عادل العوا: العمدة في فلسفة القيم، دار طلاس، دمشق، 1986، ص 129. وهذا موقف فؤاد زكريا، الذي يرى «أن نيتشه بقدر ما كان قاسياً في نقد الروح الأخلاقية لعصره، بل في نقد الروح الأخلاقية بوجه عام، كان الدافع الذي أدى به الى هذا النقد أخلاقياً في صميمه، ص 370.

سابعاً: مفهوم الجينالوجيا

ويقتضي الأمر في ختام تناول أفكار نيتشه في القيم وتحليل كتاباته في الأخلاق وتأويل الباحثين لفلسفته منا أن نقف مع نيتشه، الذي لم يفكر قط «إلا تبعاً لرؤية دمار كلي مقبل. وذلك لا ليشيد بها، بل ليتجنبها ويحولها الى نهضة وانبعاث»[115]. والأمر لا يتعلق كما يتبادر الى الذهن لأول وهلة أن نكون مع أو ضد نيتشه، فقد نصحنا هو ألا نتبع خطواته، بل يتعلق الأمر بالدور الذي نهض به في النظر للميتافيزيقا الغربية بشكل عام، وفي إعادة طرحه لمشكلة حقيقة القيمة أكثر من اهتمامه بقيمة الحقيقة. لقد ربط بين الجينالوجيا والنقد الكلي وإبداع القيم[116].

إذا كان كل حديث عن أسس الفكر وأصوله، لا بد وأن يطرح في البداية مسألة الأصل والأساس، فإن أهم موقف أعاد النظر في هذه المسألة هو الموقف الجينالوجي. فالمعنى الحرفي لكلمة جينالوجيا، هو دراسة النشأة والتكوين لإثبات النسب والوقوف عند الأصل. هذا ما يؤكده نيتشه في مقدمة كتابه الذي يحمل الكلمة عنواناً: «إن الأمر يتعلق هنا بتأملات حول أصل أحكامنا الأخلاقية المسبقة». إلا أن نيتشه كما يخبرنا بنعبد العالي يحاول بالضبط أن يتجاوز هذا المعنى، فهو يؤكد أنها «الميتافيزيقا ذاتها

---

(115) ألبير كامي: الإنسان المتمرد، نهاد رضا، دار عويدات، بيروت، 1983، ص 86.

(116) جيل دولوز: نيتشه والفلسفة، ص 7-5.

التي تظهر من جديد في التصور الذي يعتقد بأن أهم ما في الأشياء وأكثرها قيمة يكمن في بداياتها وأصولها. تنظر الميتافيزيقا الى الأصل كما لو كان موطن حقيقة الأشياء، فهو النقطة البعيدة التي تسبق كل معرفة إيجابية والتي تجعل المعارف ممكنة.

ويضيف بنعبد العالي، أن مرمى التاريخ الجينالوجي ليس هو استعادة جذور الهوية وإنما القضاء عليها. منذ البداية إذاً، تضع الجينالوجيا نفسها في مقابل الميتافيزيقا. إنها تاريخ مضاد للتاريخ الميتافيزيقي. فبينما يتوخى هذا إثبات الوحدات وإقامة الهويات والوقوف عند الماهيات الخالدة، ترمي تلك الى هدم الموحد وتقويض الهوية. فهي لا تأخذ على عاتقها رصد المنشأ الوحيد الذي صدرنا عنه، والموطن الأصلي الذي تعدنا الميتافيزيقا بالرجوع إليه، وإنما تسعى لإظهار الانفصالات التي تخترقنا. الجينالوجيا لا تقيم الأسس. إنها لا تؤسس، بل على العكس من ذلك إنها تقلق ما تعتقده الميتافيزيقا ساكناً وتفتت ما تظنه موحداً، وتظهر التنوع في ما يبدو منسجماً.

وهذا ما يشير إليه فوكو في دراسته «نيتشه الجينالوجيا والتاريخ» بقوله: «إن الميتافيزيقا إذ تضع الحاضر عند نقطة الأصل توهمنا بفعالية قدر غامض يسعى نحو الظهور. أما الجينالوجيا فهي تعيد بناء مختلف المنظومات الفاعلة: لا القوة المهيمنة لمعنى ما، بل التفاعل الخاضع للصدف بين عدة قوى». إن لم تكن الجينالوجيا إذاً، متابعة تاريخية وعرضاً لمختلف الأنساق الميتافيزيقية لتفنيدها، وإن لم تكن إثباتاً لمعنى أول صدرت عنه كل ميتافيزيقا، ولا

وقوفاً عند غاية ستنتهي عندها الميتافيزيقا، فذلك لأنها محاولة «لإعادة بناء مختلف المنظومات الفاعلة». إنها تأويل لتاريخ الميتافيزيقا وتقويض للتاريخ الميتافيزيقي، لكنها ليست بحثاً عن معنى أول، إنما هي إثبات للأولويات والأسبقيات التي أعطيت لمعنى على آخر. إنها وقوف عند الاختلافات والفوارق المولدة للمعاني[117].

كما يتضح من قوله بأن موضوع الكتاب «جينالوجيا الأخلاق» هو البحث عن أصل الأحكام المسبقة في ميدان الأخلاق، ثم عودته في الفقرة الخامسة من نفس العمل وقوله: «بأن الأمر يتعلق بالبحث عن قيمة الأخلاق». وفي الفقرة السادسة: «بأننا في حاجة الى نقد القيم الأخلاقية، ولذا فعلينا أولاً أن نضع قيمة القيم موضع سؤال، ومن أجل ذلك أن نعرف شروط نشأتها والظروف التي ساعدت على ذلك»، وفي الفقرة السابعة يواصل نيتشه: «إن مرماي أن أوجه الانتباه نحو تاريخ الأخلاق (...) وأقصد النص الهيروغليفي الذي يكون علينا تفحصه، والذي يشكل ماضي الأخلاق البشرية».

---

(117) اهتم الباحثون العرب خاصة في المغرب بتناول جينالوجيا نيتشه، نشير خاصة الى ما كتبه كل من عبد السلام بنعبد العالي: نحو تاريخ جينالوجي في كتابه ميثولوجيا الواقع، كذلك في الفصل الأول من أسس الفكر المعاصر، ص 25 وما بعدها، وكذلك عبد الرازق الدّواي في دراسته «الجينالوجيا وكتابة تاريخ الأفكار في كتابة التواريخ»، منشورات جامعة محمد الخامس، ص 57 ـ 75.

ونتوقف عند مصطلح «جينالوجيا» الذي اتخذه نيتشه عنواناً لكتابه ومنهجاً لدراسة القيم للتعرف إلى دلالته اللغوية واستخداماته المتعددة. فالمصطلح مشتق من اللاتينية (génealogia) المنحدرة من اليونانية (genealogos) والتي يعني مقطعها الأول (Genea) الأصل و (Logos) عـلـم. ويـدل الـفـعـل (Genealogein) عـلـى الأصـول وتعدادها. وقد أصبحت الجينالوجيا تدل بصفة عامة على سلسلة من الأسلاف تربطهم قرابة نسبية يفترض أنها تنحدر من أصل مشترك واحد.

ويميز الدوّاي في دراسته «الجينالوجيا وكتابة تاريخ الأفكار» بين حقول ثلاثة تستخدم فيها الجينالوجيا؛ فهي فرع من فروع علم التاريخ، تقوم مهمته الأساسية في ذكر وتعداد سلسلة أسلاف فرد من الأفراد أو أسرة من الأسر، وثانياً الاستخدام البيولوجي الذي شـاع مـنذ صـدور كتاب داروين أصـل الأنـواع، ثم الاستخدام الفلسفي الذي يحدد فيه شكلين مختلفين من الجينالوجيا:

الأول «جينالوجيا» تاريخية للأفكار تتميز باعتماد منظور زماني متسلل منطقياً وعقلانياً، وتمثلا لفلسفة الهيغلية نموذجاً بارزاً لها.

أما الشكل الثاني، وهو الذي يهمنا في هذا السياق، نجده لدى نيتشه في كتابه «جينالوجيا الأخلاق» 1887 والذي يعرض فيه منهجاً جديداً لفلسفة نقدية تهدف الى النظر في جميع القيم السائدة في الثقافة الغربية[118]، وهذه الطريقة الفريدة في كتابة

---

(118) عبد الرازق الدوّاي: «الجينالوجيا وكتابة تاريخ الأفكار» في محمد مفتاح وأحمد بو حسن (محرران)، كتابة التواريخ، منشورات كلية الآداب والعلوم الإنسانية، الرباط، ص 62 ـ 63.

تاريخ القيم والمفاهيم، طريقة تتابع مراحل نشأتها وتطور دلالاتها، لا من حيث تسلسلها المنطقي والعقلاني بل اعتماداً على مسلمة رئيسية مفادها أن القيم الأخلاقية والمعاني والأفكار ليست لها أصول ثابتة وشفافة ومتعالية توجد خارج المحيط الإنساني، وإن ما يكمن وراء إنتاجها وتطويرها في جميع العصور هو شروط واقعية ووجودية ترتبط بمصالح الحياة والمصالح الشخصية هي ما نجدها لدى نيتشه(119). يصفها الدوّاي بأنها قراءة الأفكار قراءة شكلانية وسيئة الظن، قراءة تمارس على الأفكار أسلوب التعرية والفضح. إنها لا تعني عند نيتشه تاريخاً لتعاقب المفاهيم والمنظومات الأخلاقية بل كشفاً لما يكمن خلفها من دوافع. إنها تؤول الأفكار كأنها علامات أو أعراض يتوجب على الباحث أن يميط اللثام عن حوافزها الخفية.

وتتلخص الفكرة الأساسية للجينالوجيا عند نيتشه في كتابه «إرادة القوة» بأن جميع الظواهر عبارة عن تأويلات، ولا توجد هناك، على الإطلاق أي ظاهرة في حد ذاتها، وقياساً على هذا المنظور الجديد تصير جميع الأفكار والحقائق والقيم الأخلاقية مجرد نواتج لتأويلات الفلاسفة. تلك التأويلات التي ليست لها أي حدود إلا تلك التي يضعها الفلاسفة أنفسهم(120)، معنى ذلك أنه ليست ثمة إلا إرادة القوة. فما يتستر وراء كل تأويل ووراء كل

---

(119)   المرجع السابق، ص 63.

(120)   المرجع نفسه، ص 64.

معنى ودلالة، وما يشكل «الماهية الصميمة» للوجود وللعالم
وللحياة هو في نهاية المطاف: إرادة القوة.

ويخلص صاحب «الجينالوجيا وكتابة تاريخ الأفكار» الى أن
تاريخ الأفكار والقيم ليس بالنسبة لـ «جينالوجيا» نيتشه سوى لعبة
لا تنتهي من التأويلات تتستر خلفها دائماً إرادات القوة التي
تفرضها. وما عالمنا البشري، الثقافي والفكري، بما فيه من
أحلام وأوهام وتناقضات إلا نتاجاً لهذا التناسخ للتأويلات
المتراكمة عبر العصور، والتي تخفي وراءها إرادة القوة.

والجينالوجيا ـ فيما يقول بنعبد العالي في «أسس الفكر
المعاصر» ـ ليست تاريخاً واقعياً يفصل عالم القيم عن الواقع،
إنما هي تحاول أن تربط معاني الواقع بالمنظورات أو التطلعات
التي تعطيها قيمه، وهي تدرك تلك التطلعات من حيث هي إرادات
قوة متفاضلة[121]. ونستطيع على ضوء تحليل نيتشه لنشأة الأخلاق
وأصل القيم والتمييز بين أخلاق السادة وأخلاق العبيد، التي
أرجع الأخيرة منها الى اليهود وما تميزوا به من حقد وكراهية أدى
بهم الى قلب القيم والفضائل، أن نتوقف أمام تأكيده وإشادته
بأخلاق السادة أخلاق القوة التي تعيد تقويم القيم من جديد
بتحري التاريخ، وهذا يقتضي منا جهداً ما أصعبه من جهد حيث
لن تتأتى جينالوجيا القيم والأخلاق والزهد والمعرفة ـ فيما يقول
فوكو ـ عن طريق البحث في الأصل والإهمال لكل مراحل

---

(121) عبد السلام بنعبد العالي: أسس الفكر المعاصر، ص 32.

التاريخ، بل من باب الوقوف الطويل عند البدايات، البدايات بكل تفاصيلها واتفاقاتها والاهتمام بقبحها وسخفها وانتظار بزوغ طلعتها من غير أقنعة[122]. فلا توجد كما يخبرنا نيتشه ظواهر أخلاقية في ذاتها، بل تفسير أخلاقي للظواهر. لقد كان نيتشه الذي ينعت نفسه أول اللاأخلاقيين، الأخلاقي الأول في تأسيسه للبحث في القيم، وجعلها المشكلة الفلسفية الأساسية.

---

(122) مشيل فوكو: نيتشه الجينالوجيا والتاريخ، ص 52. والدوّاي: المرجع السابق، ص 68 ـ 71.

مصادر ومراجع البحث

أولاً: مؤلفات نيتشه:

- *The Will to Power;* translated by W. Kaufmann, and R.J.
  Hollingdaie, Weidenfeld and Nicolson, London 1967.
- *Beyond Good and Evil,* translated by Marianne Cowan,
  Gateway Editions, Ltd, South Bend, Indiana 1955.

هناك مختارات من كتاب ما وراء الخير والشر ترجمت الى
العربية منها ترجمة د. محمد عضيمة: مختارات ما وراء الخير
والشر وكذلك ترجمة الدكتور جورج كتورة الفصل الأول،
مجلة العرب والفكر العالمي، العدد الثاني عام 1988 (ص
34 _ 47). وترجمة عن الألمانية لجيزيلا فالور حجار، دار
غروب في بيروت، 1995 والترجمة العربية لكتاب أفول
الأصنام، ترجمة حسان بورقية، ومحمد الناجي دار أفريقيا
الشرق _ الدار البيضاء 1996.

- The Genealogy of Morals, trans. by W. Kaufmann,
- Ecco Homo, trans. by W. Kaufmann, New York 1967.

وهما منشوران ضمن كتاب Philosophy of Nietzsche ترجمة
ولتر كوفمان للإنكليزية ولكل منهما ترجمة عربية، الأول بعنوان
«أصل الأخلاق وفصلها» تعريب حسن قبيسي، المؤسسة
الجامعية للدراسات والنشر والتوزيع، بيروت 1981 والثاني
«هذا هو الإنسان» ترجمة مجاهد عبد المنعم مجاهد، الهيئة

العامة لقصور الثقافة، القاهرة 1998 وقد اعتمدنا عليها خاصة الأول، Human, all-too-human . والترجمة العربية بعنوان «إنسان مفرط في إنسانيته»، ترجمة محمد الناجي، دار أفريقيا الشرق، الدار البيضاء 1998.

ثانياً: دراسات حول نيتشه وفلسفة القيم:

- Philippa Foot, «Nietzsche the Revaluation of Values».
- W. Kaufmann, Nietzsche: Philosopher, Psychologist, Antichrist, 4 edition, Princeton, New Jersey, 1974. 1.
- F.A. Olafson, in *Nietzsche:* A Collection of Critical Essays, N.Y., 1973.
- K. P. Parsons: Nietzsche and moral change.
- W.M. Urban, «Theory of Value», art. in Encyclopedia Britannica.
- W.M. Urban, «Axiology», in D.D. Runes (ed) Twcnticth Century Philosophy, Philosophical Library,
- W.M. Urban, What is Function of the General Theory of Value, The Philosophical Review, vol XXI, 1908.
- W.M. Urban, *Metaphysics and value in Contemporary American Philosophy*. (ed.) G.P. Adams and W.P. Montague, Macmillan co., New York 1930.
- R. Schacht: Nietzsche, Routledge Kegan Paul, London.
- د. أحمد عبد الحليم عطية: «النظرية العامة للقيمة»، دراسة للقيم في الفكر المعاصر، دار قباء، القاهرة، 2002.

- ستيبان أوديف: على درب زرادشت، دار دمشق بيروت، د. ت.

- اميل برييه، تاريخ الفلسفة، الفلسفة الحديثة ترجمة جورج طرابيشي، الطليعة بيروت، 1987.

- أوجين فنك: فلسفة نيتشه ترجمة الياس بديوي، وزارة الثقافة السورية، دمشق، 1974.

- ايربان، ولبر مارشال: نظرية القيمة ودراسات أخرى، ترجمة ودراسة د. أحمد عبد الحليم عطية، دار النصر، القاهرة، 1996.

- بول طبر: «نيتشه، ما بعد الحداثة والمثقفون العرب»، الفكر العربي المعاصر، العدد 114 ـ 115.

- بيير زيما: التفكيكية، دراسة نقدية، أسامة الحاج، مجد، بيروت، 1996.

- جادامر: «هايدغر وتاريخ الفلسفة»، جورج أبي صالح، الفكر العربي المعاصر، العدد 58 ـ 59.

- جياني فاتيمو: نهاية الحداثة والفلسفات العدمية والتفسيرية في ثقافة ما بعد الحداثة، فاطمة الجيوشي، دمشق، 1998.

- جماعة من الأساتذة السوفيت: موجز تاريخ الفلسفة، توفيق سلوم، دار الفارابي، بيروت، 1998.

- جورج لوكاش: تحطيم العقل، الياس مرقص، دار الحقيقة للطباعة والنشر، بيروت، د. ت.

- جون لوك ماريون، «من الشبه الى ذات النفس»، الفكر العربي

المعاصر، 1988، العدد 58 ـ 59.

ـ جيل دولوز: نيتشه والفلسفة، ترجمة أسامة الحاج، مجد، بيروت، 1993.

ـ جيل دولوز: نيتشه، ترجمة أسامة الحاج، مجد، بيروت، 1998.

ـ جوليفيه: المذاهب الوجودية، فؤاد كامل، الدار المصرية للتأليف والترجمة، القاهرة، 1966.

ـ ريمون رويه: فلسفة القيم، عادل العوا، مطبعة جامعة دمشق، 1960.

ـ سعاد حرب: «هايدغر قارئاً نيتشه»، مجلة العرب والفكر العالمي، العدد السابع، 1998.

ـ صلاح قنصوة: نظرية القيم في الفكر المعاصر، دار التنوير، بيروت، 1984.

ـ عبد الرحمن بدوي: نيتشه، مكتبة النهضة المصرية، القاهرة، الطبعة الرابعة، 1979.

ـ عبد الرازق الدوّاي، موت الإنسان في الخطاب الفلسفي المعاصر، الطليعة، 1992.

ـ عبد الرازق الدوّاي: «الجينالوجيا وكتابة تاريخ الأفكار»، في كتابة التاريخ، منشورات كلية الآداب والعلوم الإنسانية، الرباط.

ـ عبد السلام بنعبد العالي: أسس الفكر الفلسفي المعاصر، دار توبقال، الدار البيضاء، 1991.

- عبد السلام بنعبد العالي: «نحو تاريخ جينالوجي» في ميثولوجيا الواقع، دار توبقال، الدار البيضاء، 1999.

- عادل العوا: القيمة الأخلاقية، مطبعة جامعة دمشق، 1960.

- عادل العوا: العمدة في فلسفة القيم، دار طلاس، دمشق، 1986.

- فتجنشتاين: رسالة منطقية فلسفية، عزمي إسلام، الأنجلو المصرية، القاهرة، 1968.

- كارل لوفيت: من هيغل الى نيتشه، ميشيل كيلو، وزارة الثقافة السورية، دمشق، 1988.

- كامي، البير: الإنسان المتمرد، نهاد رضا، دار عويدات، بيروت، 1983.

- كريستيان ديكام: فلسفة القيم، علي مقلد، العرب والفكر العالمي، العدد التاسع.

- مصطفى لعريضه: «دولوز قارئاً فوكو»: مدارات فلسفية، المغرب، العدد الثاني.

- مكاوي: دراسة عن هايدغر في مقدمة ترجمته، نداء الحقيقة، دار الثقافة للطباعة والنشر، القاهرة، 1977.

- ميشيل فوكو، «نيتشه، فرويد، ماركس»، في فوكو: نظام الخطاب، محمد سبيلا، دار التنوير، بيروت.

- ميشيل فوكو: «نيتشه، الجينالوجيا والتاريخ» ترجمة أحمد السطاتي وعبد السلام بنعبد العالي، في: جينالوجيا المعرفة، دار توبقال، الدار البيضاء، 1988.

ـ هابرماس: القول الفلسفي في الحداثة، فاطمة الجيوشي، دمشق، 1993.

ـ هابرماس: «حول نظرية المعرفة عند نيتشه»، مجلة العرب والفكر العالمي، 58 ـ 59.

ـ هاشم صالح: «الصراع بين العقلانية واللاعقلانية في الفكر الأوروبي المعاصر مشكلة نيتشه»، مجلة الوحدة، العدد 89.

ـ هايدغر: نداء الحقيقة ومقالات أخرى، عبد الغفار مكاوي، دار الثقافة للطباعة والنشر، القاهرة، 1977.

ـ يوحنا قمير: نيتشه نبي المتفوق، دار الشرق، بيروت، 1986.

نيتشه وجذور ما بعد الحداثة

المحتويات

Printed in the United States
By Bookmasters